国家社科基金 2019 年度一般项目（编号：19BJL072）

信息视角下财政 R&D 资助对企业创新融资的影响机理与优化路径研究

孙　辉　著

中国财经出版传媒集团
中国财政经济出版社
·北京·

图书在版编目（CIP）数据

信息视角下财政 R&D 资助对企业创新融资的影响机理与优化路径研究 / 孙辉著. -- 北京：中国财政经济出版社，2025. 5. -- ISBN 978 - 7 - 5223 - 3926 - 9

Ⅰ. F279. 23

中国国家版本馆 CIP 数据核字第 2025X5H018 号

责任编辑：庄　莉　　　　责任校对：张　凡
封面设计：孙俪铭　　　　责任印制：史大鹏

信息视角下财政 R&D 资助对企业创新融资的影响机理与优化路径研究
XINXI SHIJIAOXIA CAIZHENG R&D ZIZHU DUI QIYE
CHUANGXIN RONGZI DE YINGXIANG JILI YU YOUHUA LUJING YANJIU

中国财政经济出版社 出版

URL：http：//www. cfeph. cn
E - mail：cfeph@ cfeph. cn

社址：北京市海淀区阜成路甲 28 号　邮政编码：100142
营销中心电话：010 - 88191522
天猫网店：中国财政经济出版社旗舰店
网址：https：//zgczjjcbs. tmall. com
涿州汇美亿浓印刷有限公司印刷　各地新华书店经销
成品尺寸：170mm × 240mm　16 开　21. 25 印张　280 000 字
2025 年 5 月第 1 版　2025 年 5 月河北第 1 次印刷
定价：88. 00 元
ISBN 978 - 7 - 5223 - 3926 - 9
（图书出现印装问题，本社负责调换，电话：010 - 88190548）
本社图书质量投诉电话：010 - 88190744
打击盗版举报热线：010 - 88191661　QQ：2242791300

前　言

发挥产业政策的信号功能集聚社会创新资源，构建财政资金的创新融资引导机制，是政府推动创新驱动发展战略的必经之路。党的十九大、《“十四五”国家科技创新规划》以及《科技型企业成长路线图规划》等文件强调加大财政对企业创新的扶持力度，优化政府研发投入的结构与效率，以市场机制为基础、以企业为主导，发挥政府引导社会资源支持企业科技创新。

实践中，我国财政 R&D 资助政策有力推动了创新战略的实施，但企业的创新驱动力受制于外部融资约束的现状依然没有改变。当前，科技成果产业化前期的资金要求金额逐渐加大，单纯依靠国家投入已不现实，且理论界对政府补助资金的“馅饼”抑或“陷阱”效应争论已久且还在持续发酵，财政介入创新驱动发展战略的恰当方式、程度与时机等重要问题亟待新的理论框架（Aghion 等，2015；王刚刚等，2017）。

政策初衷与现实的矛盾蕴含着深刻的理论命题：企业创新过程中出现了知识市场和资本市场的双失灵。知识市场失灵可用财政资金去弥补创新成本从而增强企业的创新意愿，而资本市场的核心要素是信息，资本市场失灵的解决之道在于有效发挥信息机制（Bartels 和 Brady，2003；Faccio，2006；Du 等，2010）。已有文献和大量实践案例显示：中国的财政 R&D 资助政策在弥补知识市场失灵同时还兼有资本市场的信息传递功能。

基于此，本书拟从信息视角系统而深入探讨当前中国治理情景下财政 R&D 资助对企业创新融资的作用机理、经济效应以及财政 R&D 资助政策的优化路径。

具体来说，在理论框架构建与数理建模分析的基础上，本书对企业的创新信号反馈展开了实证分析。根据具体的数据结构与内生性问题的解决需求，先后采用了改良的内生转换模型、双向固定效应面板回归模型、Tobit 面板回归模型、推广的混合 Tobit 模型（即两部分模型）等多种计量工具，并结合稳健性分析、分组讨论等手段，检验了企业创新信号对获取市场融资反馈的信号传递效应，以及信号质量因素对企业信号传递效应可能产生的直接与间接影响。

本书从信息的视角出发，将财政 R&D 资助的方向、结构以及动态调整三种行为纳入一个分析框架内。在当前创新驱动发展战略、经济动能转换以及宏观经济政策调整的基本形势下，首先分析并总结了财政 R&D 资助的方向、结构以及动态调整信号效应的特征事实；然后构建一个理论分析框架，系统阐释财政 R&D 资源信号效应的产生机理；进而展开实证研究，包括归纳各个层面的财政 R&D 资助的信号典型事实并分析财政 R&D 资助和市场的信号反馈之间是否存在着显著的正向影响，即对财政 R&D 资助信号效应以及传导机制给出严格检验；再从企业信号强度、信号价值与信号传递环境等质量因素、企业内部异质性与外部政策环境等对创新信号传递效应进行异质性检验。最后，从制度上系统剖析财政 R&D 资助信号效应的成因及影响因素，有针对性地提出改进措施以及政策建议。

本书的主要发现有：

（1）财政 R&D 资助体系的结构特征可以有效激励企业创新，并引导长期的创新融资。理论上说，中国财政 R&D 资助体系是资金流和信息流的集合体，因此，财政 R&D 资助体系体现两大宏观特征。其一，财政 R&D 资助方向向市场传递了新时期中国科技发展的方向和重点领域，是产业布局战略规划，客观上是对受资助项目的技术发展前景和市场潜力进行价值认证，这会对企业以及市场投资者产生影响。其二，财政 R&D 资助强度通过引导财政资金流的集散向市场释放了受资助企业的技术创新能力水平、受资助项目的技术质量、创新价值等方面的软信息和隐性知识，增强了企业创新方面的信息透明度，降低了信息不对称程度。实证上，第 5 章至第 7 章，也验证了财政 R&D 资助对于企业创新效率的提高有积极作用，还能正向引导长期的创新融资。

（2）财政 R&D 资助的动态调整也具有信号效应。理论上，中国财政 R&D 资助存在“培优”和“扶弱”这两类规则的权衡，二者都有助于企业的创新融资，但创新资源配置效率迥异。若创新要素的流动体现“培优”倾向，则财政 R&D 资助信息将对创新融资市场发送有用、有价值的质量信号，能有效引导创新资源配置；若创新要素的流动体现“扶弱”动机更明显，则财政 R&D 资助信息对于处于信息劣势方的市场投资者而言是信息噪音，会增加他们的信息甄别成本，从而降低创新资源配置效率。实证上，第 8 章验证了这个推论，第 9 章至第 11 章进一步验证了财政 R&D 资助信号效应的内在传导机制。

（3）市场环境会对财政 R&D 资助的信号效应产生制约作用。信息披露、信息价值以及信息噪音等方面会直接影响财政 R&D 资助行为对企业创新融资的经济效果。其次，多种行为主体的互动，其决策过程和视觉“盲点”相当复杂和多样，也会对我们做出准确判断造成很大的障碍。这些都是探索创新驱动发展战略中政府引导社会资源向企业科技创新配置、破解企业创新融资约束难题要解决的关键问题。

故此，本书以中国财政治理情景下的实践为准绳，发掘财政 R&D 资助、企业创新和外部融资这三个核心概念的内在逻辑关联，搭建逻辑自洽、符合国情的研究框架，结合我国国情，从信息的角度系统归纳了财政 R&D 资助信号效应的典型事实，结合理论文献的分析深入剖析了财政 R&D 资助信号效应的形成机制并运用相关数据验证了信号效应，有效填补了文献中对财政 R&D 资助研究不够全面、不够严谨、缺乏系统深入的缺陷，为有针对性地制定财政 R&D 资助推动创新驱动发展战略提供了理论支持。

本书的有益性工作主要体现在：第一，研究视角方面有别于以往财政 R&D 资助对企业内部研发投入—产出—行为增量效应的分析框架，本书基于我国企业创新面临的市场环境以及转型期我国经济发展中的政府规划作用，选取信号功能视角，剖析我国财政 R&D 资助对企业创新融资的作用，为新常态下优化财政资助方式、提升创新资源配置效率以及探索财政资金引导社会融资的路径和对策提供新的思路，关键问题和重点难点问题视角独特、新颖且针对性强；其二，学术观点方面提出财政 R&D 资助行为具有信号传递功能，是对中国特色财政理论的进一步阐释和创新；建议主动适应新常态，聚合全社会创新资源增强企业创新驱动力，构建财政资金引导社会创新融资机制，是创新财政支出方式的重大举措，也是对财政推动创新驱动发展战略研究的进一步深化。其三，研究方法和分析工具应用方面运用 Heckman 两步法、倾向得分匹配法以及双重差分法处理实证中可能存在的系统性偏差以及选择性偏差等内生性问题，进行二者因果关系识别；运用机制转移函数（PSTR）检验和识别了中国财政 R&D 资助的三种信号机制，并对不同机制间关系进行实证检验，研究方法和分析工具先进。

本书阐明财政 R&D 资助体系形态演化规律及其内生信号传递机理，可拓展财政、创新经济学和信息经济学的研究范围。为在财政治理过程中探索行之有效的创新促进模式、构建开放高效的创新资源信息共享网络提供新的实践思路。为提升财政 R&D 资助效率、激发企业创新活力、优化创新资源配置效率提供政策支持。

目　录

第 1 章

导　论

1.1 引 言

1.1.1 选题背景

当前，中国经济进入新常态，创新作为国家发展和改革的重要动力已成广泛共识。“十四五”规划明确提出，要坚持创新驱动发展，全方位塑造国家新优势。与此同时，为了推进创新驱动发展战略，近年来中国财政 R&D 投入大幅增长，从 1991 年中国的 R&D 经费占 GDP 比重不足 1% 上升到 2023 年的 2.23%，接近中等发达国家水平。

企业是创新战略的关键环节。高新技术企业更是创新驱动发展战略的生力军与攻坚队。促进高新技术企业是政府扶持政策的重中之重。近年来国家政策文件一再强调①：要加大对高新技术企业的扶持力度。数据显示：以 2023 年为例，高新技术企业户均研发强度普遍在 3% 以上。然而，鉴于高新技术的投入大、风险高、外溢性强特点，仅仅依靠财政资助显得力不从心。财政 R&D 资助可以缓解因外部性而导致的知识市场失灵，使企业摆脱资源匮乏的桎梏，提升企业创新融资的积极性和主动性，但制约企业研发的核心问题是融资约束，这则归属于研发不确定性和信息不对称性而导致的资本市场风险。

事实上，顶层设计层面已经明确了这样的基调，即：发挥产业政策的信号功能集聚社会创新资源，构建财政资金的创新融资引导机制，是政府推动创新驱动发展战略的必经之路。党的十九大、《“十四五”国家科技创新规划》以及《科技型企业成长路线图规

① 比如 2020 年国务院出台文件《关于促进国家高新技术产业开发区高质量发展的若干意见》。

划》等文件强调加大财政对企业创新的扶持力度，优化政府研发投入的结构与效率，以市场机制为基础、以企业为主导，发挥政府引导社会资源支持企业科技创新。实践中，我国 R&D 资助力度不断加强，结构逐渐优化，但企业的创新驱动力受制于外部融资约束的现状依然没有改变。

当前，科技成果产业化前期的资金要求金额逐渐加大，单纯依靠国家投入已不现实，且理论界对政府补助资金的“馅饼”抑或“陷阱”效应争论已久且还在持续发酵，财政介入创新驱动发展战略的恰当方式、程度与时机等重要问题亟待新的理论框架（Aghion 等，2015；王刚刚等，2017）。政策初衷与现实的矛盾蕴含着深刻的理论命题：企业创新过程中出现了知识市场和资本市场的双失灵。知识市场失灵可用财政资金去弥补创新成本从而增强企业的创新意愿，而资本市场的核心要素是信息，资本市场失灵的解决之道在于有效发挥信息机制（Bartels 和 Brady，2003；Faccio，2006；Du 等，2010）。已有文献和大量实践案例显示：中国的财政 R&D 资助政策在弥补知识市场失灵同时还兼有资本市场的信息传递功能。

理论上，财政 R&D 资助政策的初衷在于“四两拨千斤”，运用有限的财政资金引导社会资源去共同投资企业的研发。实践中，财政 R&D 资助政策确实存在附加功能：一方面，获得财政 R&D 资助的企业会被资本市场默认为获得了“高新认定”头衔，这类企业的技术实力、盈利能力与发展潜力更容易获得行业的认可，从而吸引更多的研发资源，实证获得财政 R&D 资助的企业的创新融资效应能够丰富财政 R&D 资助研究；另一方面，财政 R&D 资助的第一梯队是技术密集行业，财政 R&D 资助的直接效应是直接的财政资金的支持与激励，而更深层次的意义在于：向全社会指明了国家的大政方针，引导全社会资源对高新技术的支持与集聚。因而，财政 R&D 资助的政策意图以及额外效应机制更容易体现在高新技术企业。基于此，本书拟从信息视角系统而深入探讨当前中国治理情景下财政 R&D 资助对高新技术企业创新融资的作用机理、经济效应以及财政 R&D 资助政策的优化路径。

1.1.2 问题的提出

市场不完善和企业内部缺陷是解释财政 R&D 资助的基本理论框架。以阿罗为代表的现代经济理论认为企业创新行为的外溢性和风险性为财政干预研发活动提供了正当性（Arrow，1962；Romer，2001）。随后的研究聚焦于知识市场失灵视角下财政 R&D 资助政策对企业自身 R&D 投入—产出—行为的增量效应（Nelson，1959；Lach，2002；Georghion，2004；Clarysse 等，2009）。

然而，随着学界对创新活动本质认识的不断深入，直接的财政干预方式被种种质疑（毛其琳和许家云，2015；魏志华等，2015；黎文靖和郑曼妮，2016）[①]。事实上，学界有关财政 R&D 资助政策的文献主要是聚焦于实际效果，但目前尚未达成一致。结论的不一致，学界一般认为有以下原因：一是所用的财政 R&D 资助的指标包含了混杂内容，导致结论不精准；二是基于政府补贴对企业行为产生“额外行为效应”这个分支文献，学者们认为传统的分析视角混淆了“增量效应”和“信号效应”这两个截然不同的评估框架。为打开企业创新过程的“黑箱”，深入理解财政 R&D 资助影响企业创新绩效的具体作用机制，理论界开始转入信号功能政策评估分析框架（Lerner，1999；李彰和苏竣，2017）。

目前的前沿文献认为：财政 R&D 资助不仅有直接的资源效应，由于其自身的身份地位、行事逻辑，使财政 R&D 资助具有“高新认证”的作用，这种认证使得研发融资的供求双方之间的信息不

① 实践中，制度背景、政府资助规模、资助对象选择、信息不对称程度以及资助资金监管等都会影响政策效果（Romano，1989；Berube 和 Mohnen，2009；解维敏等，2009；Arque 和 Castells，2013；Jaffe 和 Le，2015）。

对称程度降低，极大程度减少研发企业面临的融资难、融资贵以及融资成本高等问题。这就是财政 R&D 资助的信号功能分析框架。

具体来说，以往有关信号效应的文章主要来自劳动经济学和信息经济学，直接谈论财政补贴信号效应的文章极少。但是，依然可以从以往的零碎文章里得到有关本书主题的一些线索。

（1）资本市场失灵视角下财政 R&D 资助对企业创新的作用机理及融资效应

企业创新融资方面面临资本市场失灵（李彰和苏竣，2017），具体表现为研发融资面临严重的融资约束问题。这个问题一直是资本市场的难题，而科技型中小企业由于内部缺陷和正规金融的不可得性，面临的问题最严重，其核心是企业家与外部投资者之间的信息不对称，即便是风险投资、私募基金等专业化的金融中介机构也望洋兴叹。信号效应相关理论认为财政 R&D 资助通过信息传递机制和价值认证机制向市场投资者释放受资助企业创新的积极信号，有助于投资者获得关于企业的软信息和隐性知识，并增强对企业创新价值和潜力的信任（Millan 和 Woodruff，2002；Allen 等，2005；Bai 等，2006；Claessens 等，2008；佘明桂等，2008），有效规避可能面临的逆向选择问题和道德风险问题，降低外部投资者对企业的风险评估（申香华，2014），有利于企业外部融资（Miguel 和 Wouter，2012；Meuleman 和 Maeseneire，2012；Colombo 等，2013）。

（2）中国治理情景下财政 R&D 资助的信号功能及其对企业创新融资的影响

相对于发达国家，中国面临着迥异的市场环境与政府角色，财政 R&D 资助的信号功能具有一定的复杂性。一方面，财政 R&D 资助基于科学严密的项目筛选论证程序（包括事前全面审查评估、事中信息公开以及事后的动态监督管理）以及社会规划者独特的身份优势（包括信息优势、专家库技术优势和国家信用优势），这使财政 R&D 资助者能够较为准确地识别企业研发的真实水平和企业的潜在投资价值（Feldman 和 Kelley，2006；Kleer，2010），财政 R&D 资助信息公告会提供受资助企业的技术创新能力水平、受资助项目的技术质量、发展前景、经济贡献等方面的信息披露认证、创新质量认证以及隐性信用担保，有助于企业吸引外部资金，缓解融资约束，具有信号功能（郭晓丹和何文韬，2011；Soderblom 等，2015；杨洋等，2015；王刚刚等，2017；郭玥，2018）。另一方面，由于政府资助目的多元化、政企投资逻辑的不一致且政府传递信息存在局限性，财政资助信息未必能增加企业的外部融资（Jaggi 和 Baydoum，2001；Riedl 和 Srinivasan，2007）。而且，就创新融资的市场配置效率而言，中国的财政资助存在“扶弱”和“培优”两种规则的权衡（唐清泉和罗党论，2007；朱松和陈运森，2009；邵敏和包群，2011；孔东民等，2013），“培优”规则下的财政研发补贴信息公告能增进创新资源配置效率（Feldman 和 Kelley，2006；谢小芳等，2009；Kleer，2010）；而“扶弱”倾向下的财政 R&D 资助对于市场投资者是信息噪音，会误导其投资决策，从而损害资本市场的资源配置效率（林南，2004；李敏才和刘峰，2012）。

（3）对已有研究的简要评述

已有文献为我们提供了深刻的洞见，但也存在着以下不足：

①在探讨政府推动企业创新绩效时，鲜有针对财政 R&D 资助的信号作用与企业创新融资绩效的关联性研究。目前主要着墨于财政手段的增量功能，对信号功能的作用则涉及较少。

②重实证分析，轻机制探讨。在信号功能视角下，围绕财政 R&D 资助方向和财政 R&D 资助强度对企业创新融资效应的影响，已有研究以实证居多，在影响路径和作用机制上探讨不足。特别是对不同企业的异质性影响甚少涉及。

③未能充分考虑新常态下产业政策中“有限有为政府”定位的现实背景，研究结论的适用性存在局限，也缺乏有针对性的政策评估与设计。

针对高新技术企业的现实需求与理论研究上的不足，本书以财政 R&D 资助的信号传递功能为视角，探究财政 R&D 资助对于企业研发融资的具体机制以及效应。具体来说，本书主要利用我国 2013—2023 年创业板上市企业的非平衡面板数据，对以下几个问题进行探讨：

①财政 R&D 资助能否促进企业的研发融资？对于不同属性的企业，这种信号效应是否存在差异？由于财政 R&D 资助的事前初衷以及事中投放结果的差异，不同的财政 R&D 资助的效应是否存在差异？为此，本书采用文本分析法，通过设置“关键词”去区分企业获得的财政 R&D 资助类型，探究其具体的影响机制。

②基于第一步的结果，进一步探析不同类型的财政 R&D 资助信号的融资效应差异。比如纳入收入类财政 R&D 资助和纳入资产类财政 R&D 资助，它们传递给研发融资市场的信号存在差异。因而，这部分需要验证不同类型的财政 R&D 资助信号的融资效应差异。比如不同产权属性、不同企业年龄、不同企业规模的企业是否存在效应的差异。

③基于第二步异质性检验结果，检验财政 R&D 资助的不同信号机制。根据不同类型的财政 R&D 资助的融资效应，验证不同类型的信号机制。这部分将有助于我们对“财政 R&D 资助如何影响企业创新融资”进行更深入的理解，继续丰富信号传递、信息不对称理论研究，并为我国的创新驱动发展战略研究提供新视角。

1.2 研究视角

公共经济学对于地方政府官员在经济发展中的角色认定经历了前后两代不同的标准：第一代公共经济学理论视地方政府为“仁慈的”，重视地方政府提供公共产品的职责以及如何优化公共产品的配置；第二代公共经济学理论将地方政府看成“自利的”，重视地方政府官员的行为动机。本书基于第二代公共经济学理论，在财政治理和创新驱动发展战略双进程中，从制度机理上关注地方政府的行为逻辑，以及由此导致的地方政府在财政 R&D 资源配置上的行为后果。

本书将运用公共经济学、新政治经济学、财政学、制度经济学、新经济地理学、信息经济学以及战略管理的相关理论，借鉴国内外的理论和实证文献，结合中国的财政 R&D 资源配置的政治逻辑以及制度现实，深入挖掘该行为对于企业创新融资的影响机制以及与此相关的经济后果问题。主要研究包括：财政 R&D 资源配置与企业创新融资典型事实、资本市场融资逻辑、信号机制、社会规划、企业创新能力显示、信息圈层、换届冲击等。

具体的，本书旨在探讨：在优化财政 R&D 资助体系时，如何更好地引导企业创新并解决企业创新中的融资约束问题。其一，考察财政 R&D 资助体系的结构特征如何激励企业创新，并引导长期的创新融资。其二，从财政 R&D 资助效果的影响因素出发，剖析财政 R&D 资助体系演进、企业创新行为和创新融资三者的关系，阐明其微观机理。其三，依据财政 R&D 资助体系的宏观特征和微观基础，探索能更好地激励企业创新动力、加快创新融资引导机制转变并提升中国创新资源配置效率的政策体系。

1.3 方法与数据

针对具体的研究问题和研究层次，将灵活采用事实分析、统计分析、计量实证和理论建模等方法。具体来说，有以下几种方法。

（1）文献研究法。①梳理、分析课题有关的文献资料，揭示财政 R&D 资助信号机制的理论脉络，确立本书研究的起点、主题和基本框架；②总结、归纳、提炼出相关政策文件中受财政 R&D 资助的企业的共性特征，评价财政资助体系的合理性和公平性，梳理财政 R&D 资助政策信号对企业创新融资的主要影响途径，探索创新驱动发展战略下财政 R&D 资助发挥信号功能的路径、规律和经验。

（2）演绎推理法。①基于博弈论的相关概念和原理，构建中国情景下的数理模型，分别考虑创新企业隐藏信息的逆向选择问题和隐藏行动的道德风险问题，对比引入资助前后企业外部融资的不同，进而揭示财政信号机制的作用机理；②围绕财政资助强度和方向等特征，假设这些是既定的，理清财政信号、企业创新与创新融资的逻辑关联；③放松财政资助体系既定的假设，从市场资金的流动入手，构建有空间维度的动态一般均衡模型，进行理论推演和数值模拟，探讨政策的影响。

（3）实证分析法。①采用关键词抓取法界定高新技术范畴、企业主体以及数据匹配，运用 Python 网络爬虫技术获取实证需要的数据集；②基于面板阈值协整模型和动态空间面板模型等方法，从一般化的设定出发，通过严格检验选取合适的模型，考察财政资助特征的影响；③围绕市场资金流动、财政资助体系演进与企业创新融资这一议题，建立有空间维度的动态一般均衡框架，通过估计结构型模型和数值模拟评估政策影响。

主体内容采用实证分析，因此数据非常重要。涉及的数据主要包括两类。

（1）财政 R&D 资助数据集，包括财政 R&D 资助规模、财政 R&D 资助结构、财政 R&D 资助强度等，有三个来源：财政 R&D 资助规模（包括直接形式的财政补贴以及间接形式的税收减免）数据来自官方数据源《中国统计年鉴》《中国财政年鉴》和《中国税务年鉴》，样本期是 2013—2023 年，为年度数据；财政 R&D 支出结构数据主要来源于 *RESSET* 数据库和 *CSMAR* 数据库，其中政府补助从企业年度报告“计入当期损益的政府补助”指标中手工收集，最终选择2013—2023年内370个高新技术上市企业的2960个观测样本；缺失数据根据相应年度的《全国地市县财政统计资料》（2013—2020）补齐。

（2）经济数据，部分数据主要来源于中国工业企业数据库（2013—2015）、《中国工业产业统计年鉴》和《中国统计年鉴》（2013—2023）、中经网数据库和中国资讯行数据库。

（3）缺失数据根据相应年度的《中国统计年鉴》（2013—2023）、《中国财政年鉴》（2013—2023）补齐。

1.4 结构和内容

1.4.1 研究框架

主要目标：财政资金引导企业创新融资的实现机制。具体为：①追溯创新驱动发展战略下财政R&D资助发挥信号功能问题的缘由；②剖析中国情景下财政R&D资助的特点及其事前遴选—事中公告—事后监管行为对资本市场投资者融资决策的经济意义；③阐释中国财政R&D资助信息传递、价值认证以及信息噪音的作用机制；④实证中国财政R&D资助的外部融资效应以及创新资源配置效率；⑤提出中国财政R&D资助引导多元化创新投入资金支持链条的对策以及优化路径。

为了这个研究目标，本书的总体框架可以概括为“两个特征、一个条件、三个层次”（见图1-1）。基本思路是：中国财政R&D资助体系是资金流和信息流的集合体。从宏观上看，财政R&D资助体系包括两大特征，一是资助方向，二是资助强度。它们会影响企业创新行为，进而影响创新融资。

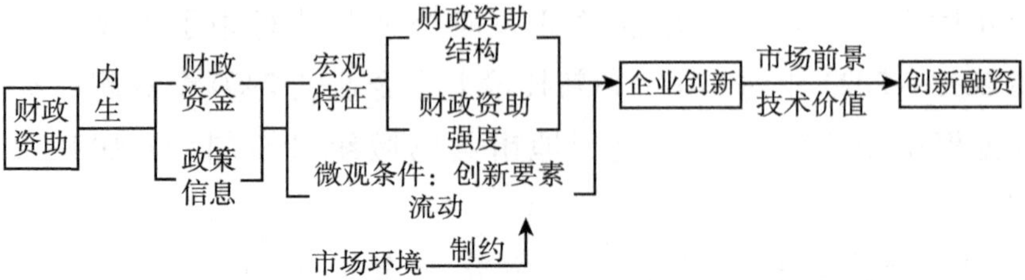

图 1-1　研究框架图

在内容安排上，本书共分为 12 章，具体研究内容包括以下方面。

第一部分主要是理论分析部分。主要有第 1 章到第 4 章的内容。

第 1 章导论，界定本章要研究的对象和问题，同时阐明研究意义、研究方法和本书的结构框架。首先叙述本书的研究背景、目的及意义；其次，介绍本书的研究思路、框架以及使用的研究方法；最后说明本书特色及可能存在的创新点。

第 2 章对涉及的文献进行综述和评价。文献涉及财政 R&D 资助的政治逻辑理论文献、资本市场创新融资约束理论文献、财政 R&D 支出的增量效应文献、财政 R&D 支出的信号效应文献以及财政 R&D 资助波动相关研究。对国内外相关文献进行简要综述，以获得当前该研究的现状和不足之处，从而确立本书研究的具体内容。

其中，2.1 节先对涉及的信息经济学以及财政经济学的相关术语的外延和内涵进行界定；2.2 节基于外部性和市场失灵、信息不对称、信号传递及资源基础理论进行简要论述，为下一阶段分析研究机理和假设奠定基础，重点结合内生增长角度、信息传递、信息密度、信息质量、信息价值等角度全面分析了财政 R&D 资助产生信号效应的内在机制及其影响效应；2.3 节梳理了财政 R&D 资助规模、结构以及变动对企业创新融资的影响方向（包括信息传递、信息密度、信息质量、信息价值）；2.4 节剖析了创新补贴及其细分类型对企业创新融资的内在影响机理；2.5 节梳理了财政 R&D 资助信号波动的影响效应的相关文献。首先是介绍主流的信号效应评价标准、构成要件，在此基础上，从知识外溢和信贷摩擦角度总结了 R&D 资助波动与企业创新融资的传导机制。从而构建财政 R&D 资助信号效应的理论分析框架以及后面各章节的技术基础。

第 3 章构建了财政 R&D 资助信号效应的理论分析框架。首先，基于财政 R&D 资助具有信号功能的事实，将经济体中的企业分为创新能力强型企业和创新能力弱型企业，通过建立基准模型，发现财政 R&D 资助从创新能力强型企业流动到创新能力弱型，总体创新融资额向下波动；而当财政 R&D 资助从创新能力弱型企业流动到创新能力强型，总体创新融资额向上波动。其次，从微观上看，财政资金流是财政 R&D 资助体系形成和发展的条件，它内生的资金流和信息流引导创新资源集聚。据此我们将进行三个层次的分析：①将财政资助体系的宏观特征看作是既定的，考察它们如何作用于企业创新行为，进而影响创新融资；②放松前述假定，从创新要素的流动出发，探讨财政 R&D 资助体系演进、企业创新和创新融资的微观基础；③总结前述分析，从创新要素的流动及其对政策的反应着手，评估政策影响，构建政策体系。最后，在此基础上，形成相应的理论假说供后文实证检验。

第 4 章是剖析财政 R&D 资助信号效应的制度背景和典型事实。这里将结合政府宏观调控中的直接干预措施和间接干预措施、工业化进程、创新驱动发展战略的变迁发展、高新技术企业创新的融资约束进行阐述，同时对地方政府的财政 R&D 资源配置行为特征事实进行介绍。3.1 节考察财政 R&D 资助体系的结构特征如何激励企业创新，并引导长期的创新融资。3.2 节从财政 R&D 资助效果的影响因素出发，剖析财政 R&D 资助体系演进、企业创新行为和创新融资三者的关系，阐明其微观机理。3.3 节依据财政 R&D 资助体系的宏观特征和微观基础，探索能更好地激励企业创新动力、加快创新融资引导机制转变并提升中国创新资源配置效率的政策体系。

第二部分，实证信号效应部分，这部分主要包括第 5 章到第

10 章。基本的研究结构都是：首先，介绍该章的研究背景，提出基本的研究问题；其次，通过理论分析与文献演绎得到几个基本研究假设；再次，就是研究设计，主要交代样本、数据来源以及模型设计；而后，实证检验以及经济意义的解读，最后对本章进行小结。

具体来说：

第 5 章主要是通过理论模型的推演研究财政 R&D 资助变动对企业创新融资的信号传递机理。已有研究认为，中国财政 R&D 资助存在“培优”和“扶弱”这两类规则的权衡，二者都有助于企业的创新融资，但创新资源配置效率迥异。基于以上认识，这章理论模型的构建思路是：从财政 R&D 资助动机切入，考察中国财政 R&D 资助“培优”和“扶弱”这两类规则间的权衡是否影响中国财政 R&D 资助的信号配置效率，据此整合中国财政 R&D 资助变动、信号传递机制与企业创新融资的相关研究，验证中国财政 R&D 资助的信号传递机制的经济效果。最后的模拟结论是：若“培优”倾向更重，则财政 R&D 资助信息将对创新融资市场发送有用、有价值的质量信号，能有效引导创新资源配置；若“扶弱”动机更明显，则财政 R&D 资助信息对于处于信息劣势方的市场投资者而言是信息噪音，会增加他们的信息甄别成本，从而降低创新资源配置效率。

本书的第 6 章基于财政 R&D 资助的信号属性，实证财政 R&D 资助是否推动了企业的研发投资，故此，本章运用 2012—2019 年中小板上市企业数据探讨政府创新资助促进中小板上市企业 R&D 投资的信号功能的逻辑机理。第 6 章从理论和实证两个方面考察财政 R&D 资助方向对企业创新融资的效应以及影响机制实证检验。本部分在财政 R&D 资助结构既定、多个资助方向的条件下剖析财政 R&D 资助的信号传递作用机理，并考察其对企业创新的融资效应，主要围绕财政 R&D 资助方向的信号传递机制对市场的影响展开。基本思路是：财政 R&D 资助体系由各种创新方向的资助构成。

财政 R&D 资助方向向市场传递了新时期中国科技发展的方向和重点领域，是产业布局战略规划，客观上是对受资助项目的技术发展前景和市场潜力进行价值认证，这会对企业以及市场投资者产生影响。

具体的是，在构建财政 R&D 资助方向信息和企业创新融资规模以及其他控制变量的基础上，本书试图在财政 R&D 资助的信号效应框架内更为科学地解释“财政 R&D 资助”形成信号效应的内在机制与实际效果。具体的步骤是：（1）检验资本市场失灵导致地方政府加强财政 R&D 资助行为；（2）检验财政 R&D 资助是否有效地提高了企业 R&D 外部融资；（3）检验财政 R&D 投入是否促进企业创新绩效（TFP）。在实证上，采用 2013—2023 年中小板上市企业面板数据，研究发现财政引导具有显著的解释能力；财政 R&D 资助对企业的 R&D 融资具有显著的正向作用，但是并没有促进企业的创新能力，财政 R&D 资助的确是起到了引导社会创新融资的作用。财政 R&D 活动中存在所有制歧视，但政府补助对国企的 R&D 投资、非高新技术企业以及融资约束低的企业几乎没有影响。研究还发现分析师追踪是政府财政 R&D 资助信号机制的传导机制。在信息不对称的情况下，财政 R&D 资助起到了信号传递作用，是资本市场不健全的重要补充手段。但这种行为长期来看对资本市场的创新绩效并没起作用，违背了政策初衷。本书关于计入资产型财政 R&D 资助的信号功能的分析是对现有文献的深入。

第 7 章研究财政 R&D 资助强度对企业创新融资的信号传递机理及效应研究。本部分在财政 R&D 资助方向既定、不同资助强度的条件下考察财政 R&D 资助对企业创新融资的信号传递机理及效应。基本思路是：财政 R&D 资助强度通过引导财政资金流的集散向市场释放了受资助企业的技术创新能力水平、受资助项目的技术质量、创新价值等方面的软信息和隐性知识，增强了企业创新方面的信息透明度，降低了信息不对称程度。如果财政资金流集中于少数企业，将增强市场对企业创新价值和潜力的信任，从而带来创新要素的集聚和创新资金的扩大，有利于分散创新风险，并促进竞争，因此，集聚会推动创新。而由于拥挤效应、难以在企业间形成“创新—应用”的分工格局和逆向外溢等原因，垄断也会阻碍创新，最终将影响企业的创新融资。

根据上述思路，本书的第 7 章以政府补助的信号传递机制和信息不对称理论为理论基础，利用 2012—2019 年非金融类沪深 A 股上市企业为研究样本探讨财政 R&D 资助对风险投资的影响，并分析了二者之间的关系。

第 8 章财政 R&D 资助变动对企业创新融资的信号传递机理及效应研究。已有研究认为，中国财政 R&D 资助存在“培优”和“扶弱”这两类规则的权衡，二者都有助于企业的创新融资，但创新资源配置效率迥异。本部分从财政 R&D 资助动机切入，考察中国财政 R&D 资助“培优”和“扶弱”这两类规则间的权衡是否影响中国财政 R&D 资助的信号配置效率，据此整合中国财政 R&D 资助变动、信号传递机制与企业创新融资的相关研究，验证中国财政 R&D 资助的信号传递机制的经济效果。基本思路是：若“培优”倾向更重，则财政 R&D 资助信息将对创新融资市场发送有用、有价值的质量信号，能有效引导创新资源配置；若“扶弱”动机更明显，则财政 R&D 资助信息对于处于信息劣势方的市场投资者而言是信息噪音，会增加他们的信息甄别成本，从而降低创新资源配置效率。

基于以上思路，本书的第 8 章利用中国 A 股上市公司 2007—2023 年金融、财务数据，通过构造信息不对称指数进一步验证信号效应，并对不同子样本进行了异质性检验，此后，进行了稳健性检验。

本书的第 9 章主要分析财政 R&D 资助调整以及变动的信号效应。具体来说，利用国民经济产业编码中的二分位产业中的全部国有企业与规模以上非国有企业数据，考察了财政 R&D 资助偏袒性以及变动对于产业 TFP 的影响效应。

这部分主要步骤是：首先就全样本实证财政 R&D 资助偏向与

产业 TFP 之间的关系，其次排除反向因果关系，做稳健性检验，再次做分样本（垄断产业与竞争产业、高价值链产业与低价值链产业）回归，验证不同类型样本的信号效应差异，最后探讨其中的传导机制，主要验证了政府冲击型财政 R&D 资助与国际贸易冲击型财政 R&D 资助的效应的差异。

第三部分是信号机制的验证。这部分主要依据财政 R&D 资助体系的宏观特征和微观基础，探索能更好地激励企业创新动力、加快创新融资引导机制转变并提升中国创新资源配置效率的政策体系。这部分主要包括第 10 章到第 12 章。

本书的第 10 章利用中国 A 股上市公司 2007—2023 年金融、财务数据，通过盈余管理视角分析社会投资者跟投的机制。具体来说，首先，在 PSM 合理匹配财务亏损企业和非财务亏损企业之后，总体分析了财政 R&D 资助的信号效应；其次，分析了子样本（机构投资者和个人投资者的区别，财务亏损企业与非财务亏损企业区别）的信号效应的异质性；再次，通过将盈余管理（应计盈余管理和真实盈余管理）变量加入模型并构造交互项，从而验证了盈余管理的影响机制；最后，做了稳健性检验。

第 11 章结合了信号传递理论、国家创新系统理论与社会关系理论等多重理论视角，探讨了企业向市场传递权威性补贴认证信号的融资反馈效应，同时对“入门槛效应”机制进行了检验和稳健性检验。具体来说，首先验证了财政 R&D 资助总体上的信号效应，其次验证其异质性，最后更换盈余管理变量的度量方式，以及替换子样本之后做稳健性检验。

第 12 章探讨了企业向市场传递权威性补贴认证信号的融资反馈效应，同时对“信用信息”机制进行了检验和稳健性检验。具体来说，首先，验证了财政 R&D 资助与融资约束之间的关系；其次，验证了财政 R&D 资助与信用评级准确性与可靠性以及上市公司违约概率的关系；再次，通过了三步中介效应与 Sobel 检验验证信用等级（违约概率）在财政 R&D 资助与融资约束之间是否起到中介作用；最后进行了稳健性检验。

第 13 章是对本书的总结。对本书的研究成果进行理论概括和提升。具体来说，首先，针对全书的理论研究和实证分析归纳了研究的主要结论和观点。其次，针对财政 R&D 资源错配的典型事实、形成机制以及政策效应结论提出了建议，并提出可能的创新之处。最后，针对理论研究方面的局限性，提出了本书研究的不足之处和进一步的研究展望。

1.4.2 研究思路

本书拟按以下思路展开：

（1）文献回顾。在概念界定以及市场失灵、信息不对称、信号传递、资源基础论以及结构洞等理论基础综述前提下，重点就信息传递视角、信息价值视角以及信息噪音、财政 R&D 资助强度以及资助方向对企业创新的影响机理和其外部融资效应等文献进行梳理，从而确定本书的研究重点是：信号视角下财政 R&D 资助对企业研发融资的效应以及传导机制。

（2）理论构建。通过构建概念框架和数理模型，导出可验证的命题或假说。而在具体实证章节，还有具体分析的理论文献演绎企业创新融资效果及信号效应的作用机理，并提出本书的研究假设。

（3）数据收集和整理。以企业为分析单元，围绕资助方向、资助强度、资助强度变动、企业创新能力数据（包括专利数据和新产品产值两个维度）以及外部融资等构建数据库。

（4）实证分析。构建合理的计量模型，对上一步提出的命题或假说进行检验，并就政策影响进行模拟和评估。

（5）总结研究发现。参照政策评估结果，提出可行的政策建议。综上所述，本书的研究思路如图 1－2 所示。

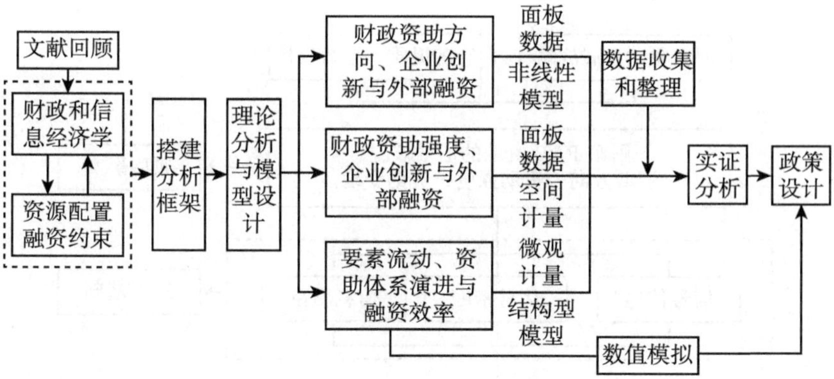

图 1－2 本书的研究思路

1.4.3 技术路线

遵循主流经济学的规范做法，本书的研究分为六个层次，如图 1－3 所示。

第一个层次是根据研究背景提出研究问题，并总结本书的研究意义。

第二个层次是梳理相关文献并找到研究的切入点。

第三个层次是理论分析范畴，通过文献佐证和经验分析构建财政 R&D 资助信号效应的理论分析框架，形成有待检验的研究假说。

第四个层次是典型事实描述，将财政 R&D 资助方向、财政 R&D 资助强度以及财政 R&D 资助变动三个层面财政 R&D 资助与企业创新融资二者之间的相关关系通过统计数据、表、图的形式表示出来。

第五个层次是相关经验研究，并对中介效应、调节效应等方面进行实证，并对检验结果进行稳健性检验和内生性处理。

第六个层次是结论及建议。

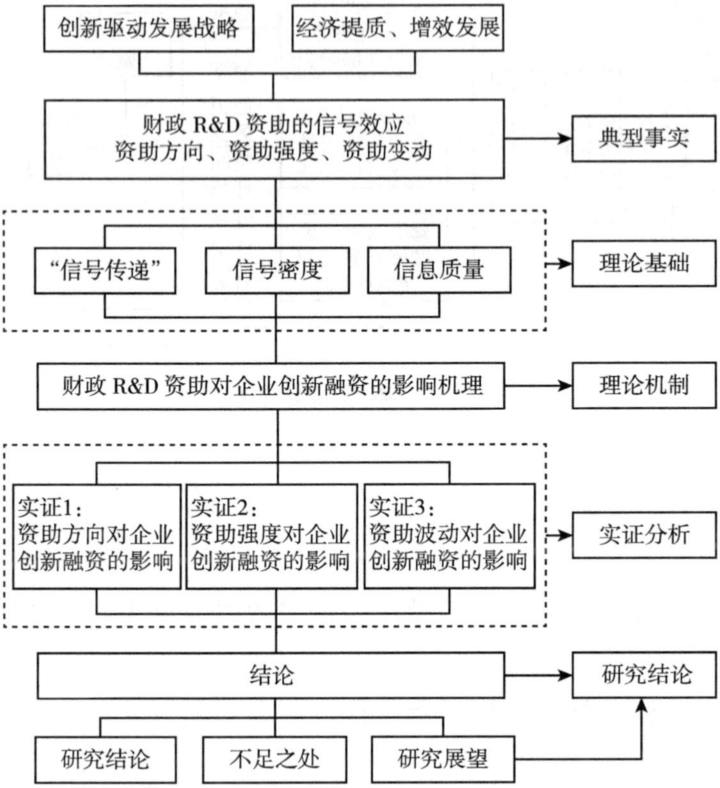

图 1－3　技术路线图

1.5　本书的创新、研究难点与不足

1.5.1　创新之处

基于本书的研究重点，创新有如下几点：

（1）研究视角方面：有别于以往财政 R&D 资助对企业内部研发投入—产出—行为增量效应的分析框架，本书基于我国企业创新面临的市场环境以及转型期我国经济发展中的政府规划作用，选取

信号功能视角，剖析我国财政 R&D 资助对企业创新融资的作用，并从资本市场配置效率的角度深入探讨财政信号的有效性，为新常态下优化财政资助方式、提升创新资源配置效率以及探索财政资金引导社会融资的路径和对策提供新的思路，关键问题和重点难点问题视角独特、新颖且针对性强。

（2）学术观点方面：①鉴于财政手段直接干预企业创新的积弊，提出财政 R&D 资助行为具有信号传递功能，是对中国特色财政理论的进一步阐释和创新；②建议主动适应新常态，让财政资金发挥“四两拨千斤”的功效，聚合全社会创新资源增强企业创新驱动力，构建财政资金引导社会创新融资机制，是创新财政支出方式的重大举措，是对财政推动创新驱动型战略研究的进一步深化。

（3）研究方法和分析工具应用方面：①较之以往简单分析财政 R&D 资助与企业所获得融资的相关性研究，本书运用 Heckman 两步法、倾向得分匹配法以及双重差分法处理实证中可能存在的系统性偏差以及选择性偏差等内生性问题，进行二者因果关系识别；②区别于已有文献只考虑某一种机制，本书运用机制转移函数（PSTR）检验和识别了中国财政 R&D 资助的三种信号机制，并对不同机制间关系进行实证检验，研究方法和分析工具先进。

1.5.2 研究价值

其一，学术价值：①从财政资助体系的结构特征和微观机理切入，搭建基于信息视角的财政 R&D 资助推动企业创新融资的分析框架，可有效整合相关研究，为加快向创新驱动型增长转变提供新的理论视角。②紧扣新常态下中国财政 R&D 资助体系变迁的特征事实，剖析不同类型创新的特点与分工及其市场效益，阐明财政 R&D 资助体系形态演化规律及其内生信号传递机理，可拓展财政、创新经济学和信息经济学的研究范围。

其二，应用价值：①基于财政 R&D 资助体系的结构与变迁，将信息传递机制的思路整合到创新驱动型发展战略的实践中，为在财政治理过程中探索行之有效的创新促进模式、构建开放高效的创新资源信息共享网络提供新的实践思路。②从创新要素的流动及其对政策的反应着手，对财政 R&D 资助政策的效果进行评估，能揭示新型财政治理策略、创新驱动发展战略和供给侧改革的关联，实现政策联动，为提升财政 R&D 资助效率、激发企业创新活力、优化创新资源配置效率提供政策支持。

1.5.3 研究难点及不足

本书的研究重点：①理顺财政 R&D 资助、企业创新与创新融资的逻辑关系，搭建信号视角下财政 R&D 资金引导多元化创新融资机制的分析框架。②从信息披露、信息价值以及信息噪音等方面考察财政 R&D 资助行为对企业创新融资的影响机理与经济效果，构建信息视角下财政 R&D 资助方式优化的评价标准。③基于信号传递视角，剖析财政 R&D 资助体系的宏观特征在信息经济学的含义及其经济效应，探索财政 R&D 资助政策间功能有机协调的施策路径。④从财政 R&D 资助信号功能的微观机理着手，考察外部投资者对财政 R&D 资助政策的反应及其资金流变动，对健全和完善推动稳定的多元化创新投入资金支持链政策体系进行理性设计。

本书的研究难点：①财政 R&D 资助、企业创新和外部融资这三个核心概念有着各自的内涵和边界，其相关模型多是国外经验的凝练，难以解读当前中国发展凸显的诸多新问题。以中国财政治理情景下的实践为准绳，发掘三者的内在逻辑关联，搭建逻辑自洽、符合国情的研究框架，是本书要解决的首要问题。②本书的重点是构建行之有效的政策体系。这涉及多种行为主体的互动，其决策过程和视觉“盲点”相当复杂和多样，对我们做出准确判断会造成很大的障碍。通过系统分析，探索创新驱动发展战略中政府引导社会资源向企业科技创新配置、破解企业创新融资约束难题的有效路径，是本书要解决的关键问题。

本书的研究局限性：鉴于数据的不可得，本书没有涉及。这需要今后数据完善后补充进来。但是值得说明的是，本书主要强调的是从制度层面透视的分析范式以及制度因子做实证这种方法。从宏观的角度看待这个问题，是从全局上，从长远看把握住了解决财政R&D资源错配问题的方向。财政R&D资源错配问题涉及的面很广，本书选用的主要是政府自身框架内的制度因素来对该问题进行分析，就算在本身框架内，也存在一些遗漏，比如金融和社保制度，国有企业的问题，就业问题，所幸这些方面的遗漏无损于结论的客观性，但是精确性和严密程度却有一定影响，这些是今后进一步推进的方向。

第2章

文献综述

企业创新是近年来金融学界越来越关注的一个话题，一支创新经济学的文献专注于探讨金融与企业创新的关系，这些文献已经详细而深刻地阐释了企业创新融资的困境和资金来源是什么，也提及了金融市场和金融制度在多大程度上影响了企业创新的启动、过程、特征和结果。这些文献对本书的研究主题——财政资助行为如何影响企业的创新融资提供了洞见。鉴于财政 R&D 资助的间接效应问题还处于起步阶段，本书旨在从信息传递的角度讨论财政 R&D 资助对于企业创新融资的影响效应问题。即从财政 R&D 资助的信号属性的角度讨论财政因素如何影响金融企业、金融市场以及金融制度三个层次对企业创新融资的影响机理与效应问题。在开始具体的工作之前，本章将按照财政 R&D 资助的规模、结构以及调整和企业创新融资的相关研究、财政 R&D 资助信号属性的典型事实、形成机制及其影响效应三个部分对现有文献进行系统的梳理，为后文的研究工作提供研究基础和逻辑起点。

2.1 相关概念

由于财政 R&D 资助以及企业创新融资都属于比较前沿的学术问题，而本书是在这个基础上进行理论和实证分析，因此，这部分先总结归纳以往权威、前沿文献对于相关的基本概念的基础分析。

2.1.1 财政 R&D 资助

财政 R&D 补助这个概念根植于政府资助，因而，有必要先界定清楚政府资助的内涵。

（1）政府资助的内涵

基本本书的研究目的，本书按照政府补助的实现方式来进行概念分类。

现有研究中，狭义的政府补助实现方式被认为主要有资金支持、税收减免、政府采购等措施（Guellec 等，2004；杨震宁等，2021），因而主要包括研发补助、财政补贴（Feldman 和 Kelley，2017）、税收返还（Kang，2009）、政府采购（Shu 和 Wang 等，2013）等。而广义的政府补助实现方式被认为在狭义概念基础上还应包括做好知识产权保护的监督工作。即它应该包括宏观导向政策、特定产业的补助政策、科技鼓励政策等（龙静等，2021）。

一般教科书将政府资助界定为财政拨款、财政贴息、税收返还以及无偿划拨非货币性资产。这接近于狭义概念的政府补助，然而，过于狭窄的界定可能会歪曲政府资助的目的。而且，鉴于2020 年以来，我国各地财政运行艰难，过于狭窄的政府资助界定可能会导致找不到足够大的样本。

实际上，随着近年来财政情况的变化，我国财政治理实践以及财政理念发生了较大的更新，达成的共识是：发挥产业政策的信号功能集聚社会创新资源，构建财政资金的创新融资引导机制，是政府推动创新驱动发展战略的必经之路。与此相对应的文献，比如党的十九大、《“十四五”国家科技创新规划》以及《科技型企业成长路线图规划》等文件强调加大财政对企业创新的扶持力度，优化政府研发投入的结构与效率，以市场机制为基础、以企业为主导，发挥政府引导社会资源支持企业科技创新。

因而，我国官方文件里对政府资助的定义也发生了变化[①]。基于此，本书采取广义概念的定义，更符合实践以及政府资助的初衷。

---

① 这可以从《中华人民共和国国民经济和社会发展第十四个五年规划纲要》看出。该纲要明确提出，要继续强化政府资助力度。内容包括：1）制订并实施鼓励创新的产业政策；2）建立各种创新基金；3）为企业研发提供补贴以及税收激励政策、金融政策；4）主导搭建官产学研平台；5）通过政府采购支持企业创新等。

(2) 财政 R&D 补助的内涵

基于以上有关政府资助的界定，本书延续这个逻辑去梳理相关的财政 R&D 补助数据。一般教科书沿用 Guellec 等（2004）的分析框架，将政府创新补助限定在企业研发直接补贴、公共研究资助①以及研发企业缓解经营压力类税收减免这三类。由于财政 R&D 补助的关键词是创新、研发，因而，本书后续的指标选取需要细分这三类财政惠企支出的目的。大致仅限定为前两类，它们可以从企业各个年度披露的政府补贴数据中获取。

然而，遵循“十四五”规划纲要的要求，由于财政 R&D 补助的关键词是创新、研发，因而，本书将运用“关键词”的方法，采用大数据文本分析，将其中的“创新补贴”爬取出来。具体的关键词主要从附表 3 特惠型产业政策的具体内容以及附表 4 研发费用加计扣除政策的变迁获得②。为了后文分析的方便，本书借鉴 Rothwell 和 Zegveld（1985）以及邢会等（2022）的做法，将财政 R&D 资助政策分为“供给推动类”“需求拉动类”以及“环境支持类”三类。具体的分类如表 2－1 所示。

表 2－1 本书界定的财政 R&D 资助政策概况

分类	政策主要内容	政策主要目的	初始政策来源
供给推动类	科技投入、人才投入、信息服务	为企业创新提供研发过程支持	国发〔2008〕38 号；国科发〔2011〕19 号；国发〔2010〕32 号
需求拉动类	政府采购、用户补贴、价格指导、应用示范	为企业创新提供研发变现支持	国发〔2018〕32 号；国办发〔2016〕35 号；国科发高〔2015〕3 号；泰政发〔2018〕166 号；国办发〔2013〕8 号

① 公共研究指的是高等院校、研发平台、科教场所等进行的技术创造研究。

② 具体的爬取方式将在后续文章里详细列出。

续表

分类	政策主要内容	政策主要目的	初始政策来源
环境支持类	直接研发财政补贴、财税优惠、金融支持、知识产权保护	为企业创新提供制度环境支持	财税〔2007〕31 号；国办发〔2017〕80 号；国发〔2012〕28 号；国发〔2009〕36 号

基于本书的研究目标，鉴于激励效果的差异，余下章节主要根据上市公司年度披露的政府补贴数据，运用“关键词”的方法进行细致分类，从而梳理出符合章节实证要求的财政 R&D 补助数据予以研究。

2.1.2 企业创新融资

(1) 高新技术企业

现代经济学一般认为，企业的运作主要靠市场机制，因而，经济学界一直对于政府补助对企业创新“是否必要、有多大必要和如何补助”存在着广泛的争议。但古今中外的经济学者都认为：政府应及时出现在市场失灵的领域。而且，它们基于市场失灵理论、政府干预理论、创新理论和信息不对称等理论，一般都认为高新技术企业具有知识技术密集程度高、财政资金投入量大、未来发展空间广阔及研发风险大这四大特征，也就是说它们面临着较大的市场失灵、承担着与自己收益严重不对称的研发风险，因而，各国政府都将高新技术企业的研发作为主要的资助对象。基于此，本书将选择高新技术企业作为研究对象。

各国研究学者一般认为“高新技术”具有较大的收益外溢性，对此，我国在 2016 年的国家政策①里明确界定了高新技术企业的特

① 国家政策明确说明，高新技术企业指在经营活动中能够通过持续不断地创造技术从而形成核心竞争力和独具知识产权的企业，具体的认证要求主要包括成立时间、知识产权、技术人员占比、研发费用占比、产品收入占比、创新能力、安全保障等。

征，并且提出了高新技术企业的认证要求。事实上，获得高新认定的企业不仅可以直接获得后续很多的政策优惠，而且还会获得市场的品牌溢价、资本价值溢价以及社会光环。鉴于制造业生产率是一国生产力的主要标志，为了契合研究任务，选择创业板上市的企业为研究对象。

（2）企业创新

由于本书的研究主题是企业创新融资，因此，还需要界定清楚什么是企业创新。一般教科书将其界定为：企业通过引入新概念、新技术、新设备、新工艺、新材料和新管理方式等，对现有技术和产品进行改进和升级，从而创造市场优势和竞争优势的过程。关于企业创新的研究源于经济学家熊彼特有关“创造性破坏”的论述，其后，大量的创新经济学家从各种角度对其进行了分类，如表2－2所示。

表2－2　企业创新基本分类

分类角度	分类标准	分类内容	代表性经济学者
创新重点	创新类型	技术创新、价值创新和结构创新	Dolton
	创新领域	产品或服务创新、生产流程创新、组织结构创新和人际关系创新	奈特
	创新内容	产品创新、技术创新、市场创新、管理创新和组织创新	芮明杰、常修泽和戈晓宇
知识跨度	创新状态	原始创新、集成创新、二次创新	Joseph Schumpeter
创新效果	创新目的	实质性创新和策略性创新	黎文靖和郑曼妮；邢会等

由此可见，要界定清楚企业创新也不是一件容易的事，值得说

明的是，首先，本书所指的企业创新主要是实质性创新，要剔除掉策略性创新这种概念，其次，本书所指的企业创新是代表可以产生价值链高附加值的 R&D 活动部分。

一般文献将内涵延展到了企业创新活动过程和企业创新活动结果。其中，企业创新活动过程包括 R&D 资源投入、R&D 活动的科研产出以及 R&D 产品等所有能带来高价值或者减少成本消耗的管理模式变革或劳动效率类活动；企业创新活动结果[①]则包括企业的专利申请量、专利授予数、企业的研发产品所占市场份额、企业研发新产品经营收入等数据。

（3）企业创新融资

准确地说，企业创新融资难融资贵的问题可以发生在企业整个生命周期的任何一个阶段。跟所有企业一样，创新融资的方式大致有如表 2－3 所列几种方式。

表 2－3　　企业创新融资的方式梳理

融资方式	行动主体	融资模式	典型方式
直接融资	外部投资者	股权融资	发行股票
银行贷款	银行、公募股权投资者	债权融资	抵押贷款
直接补贴	政府	政策性融资支持措施	创新基金、科技贷款
合作融资	合作伙伴	共担风险，共享收益	风险投资
税收优惠	政府	税收减免	研发费用加计扣除政策

由于本书主要讨论政策的财政 R&D 资助对于企业创新融资的影响，因而，在后文的具体计算中，企业的创新融资需要剔除企业获得的研发直接补贴和税收优惠等内容。为了使研究更具针对性，本书考虑到科创企业由于轻资产，缺乏业绩和实物担保，这类企业

① 鉴于获取的便捷、准确以及抗干扰性，国内外学界一般使用结果类的指标用以衡量企业创新绩效（沈锭荣等，2012）。

的创新融资实际上也使银行和公募股权投资者难以参与其中，鉴于国际惯例，大量创新型企业是求助于风险投资，因而，本书后续的实证分析中将企业创新融资限定为风险投资这种途径。

2.1.3　企业的信号传递

企业的信号传递问题已然在战略管理研究领域得到了较多的关注（Bergh 和 Gibbons，2011；Connelly 等，2011；Bergh 等，2014）。该领域的研究从资源基础与动态能力的角度（Barney，1991；Teece 等，1997；Teece，2007），强调企业主动通过改善信息的不充分与不对称性，降低创新活动存在的高风险与高不确定性，缓解创新活动普遍面临的融资约束问题，争取到更优的金融资源与社会资源等。故此，参考 Spence（1973；1974）对于“信号”的表述，本书将“企业创新信号”定义为可以揭示其潜在创新能力或创新前景信息的一系列可观测行动。进而将“企业的创新信号传递行动”定义为直接的创新投入或创新成果的展示行为，以及第三方权威机构认证的企业创新信息传递的相关行动。

一般来说，分析企业的创新信号传递效果，需要探讨如下几个基本问题：

①企业选择传递的创新信号是否有效？这是实践活动中行为主体关注的最终目的。为了合理评估企业创新信号的有效性并提供理论基础，需要就有效信号的前提要求与信号传递均衡等对相关观点进行梳理回顾。

②谁适合释放创新信号？国家创新系统理论关于创新主体的互动性，政府在创新体系中扮演的协调者角色以及社会资本理论关于社会网络与“结构洞”的观点，为选择理想的信号接收对象提供了富有启发性的理论基础，本章将在后文中对相关观点进行梳理回顾。

③企业传递的创新信号与企业融资效果之间是如何作用的？社会资本理论关于社会资本所具有的生产性特点及社会资本基于信任

关系和信息网络等形式存在的一系列观点，为解释企业创新信号的发送动机，阐述信号在不同主体间的流动过程，并最终评价创新信号的成本与收益提供了一个思考框架。本章将在后文中对相关观点进行梳理回顾。

综上，本章将在信号传递理论、国家创新系统理论与社会资本理论的理论基础上，对企业创新信号传递效果的理论基础加以梳理与概述。同时，本章的第二部分，也将从企业的各类创新信号、企业向市场投资者（Market - based financiers）传递创新信号的角度，回顾并评述国内外的相关研究，为后文的研究设计提供理论与经验基础。

2.2 理论基础

2.2.1 信号传递理论

信号传递理论是关于市场中有效信号传递与反馈的理论，旨在缓解交互双方存在的信息不对称问题。信息经济学与新古典经济学的最大差别，在于改变了经典的经济学研究范式中关于完全信息的假设，开始强调在不完全信息和非对称信息的条件下，信息本身可能产生的价值及其对资源分配的影响（Stiglitz 和 Weiss，1981；Stigler，1984；Stiglitz，2002）。信息不对称发生时候，信息的交互就显得十分必要。

最初的信号传递模型由经济学家 Spence（1973）在其经典论文《人才市场的信号传递》（*JOB MARKET SIGNALING*）中提出，他以人才市场为例，阐述了不同能力的应聘者在应聘过程中的信号传递行为。在他的模型里，假定教育对生产率没有影响，这与传统强调教育对雇员生产率水平的人力资本理论是截然不同的。信号传递理论是单纯作为一种信号存在，以此向雇主提供关于应聘者潜在能力的信息（Weiss，1995）。也就是说，即便教育对于个体没有能力提升价值，雇主以雇员的教育程度为依据发放工资仍然是有利可图的。

此后有大量的研究者从理论与实证两方面不断完善信号传递理论[①]的内涵与外延。但基本思想依然是：信号传递具有战略效应。信号传递理论的本质在于信号发送者作为内部人拥有外部人无法直接观测到的有关个人（如 Spence，1973）、产品（如 Kirmani 和 Rao，2000）或组织（如 Ross，1977）的私有信息。这些私有信息为内部人提供了评价自身潜在能力或质量信息的特殊视角与特殊优势（Connelly 等，2011）。

信号传递理论最早由 Spence（1973）用于研究劳动力市场的信息不对称，而后 Ross（1977）将其应用于财务金融领域，建立了资本结构信号模型。而资本市场的信息传递机制主要集中于企业通过自身行为直接传递信号。目前，前沿的文献又将应用范围拓展到了政府政策领域第三方间接传递信号。这方面的开山之作是 Lerner（1999），该文开始探讨了政府激励政策的额外效应，而国内的傅利平等（2014）则颇有前瞻性地构建了政府补贴与企业创新之间的信号传递机制，其构建的信号传递模型如图 2 -1 所示。

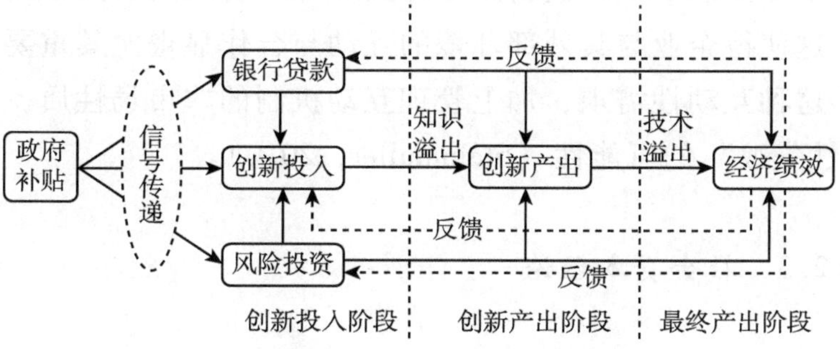

图 2 -1　信号传递模型

① 市场环境中各类主体之间都会存在因信息不对称导致的沟通壁垒，而若占据信息优势的一方愿意向外界以释放信号的方式搭建交流平台，那么占据信息弱势的一方便能够跨越信息鸿沟，实现双方共同利益最大化，这种以无形的信号传递信息的模式便是信号传递机制。

如图 2 - 1 所示，政府补贴与企业创新之间的信号传递机制主要表现为：首先，对于企业的研发创新活动，政府补贴资金可以直接弥补研发成本从而缓解企业的融资约束，直接起到资源效应；其次，获得政府的补贴可以对外展示国家科技研发方面的大政方针以及产业导向，引领一国企业的研发方向，夯实一国的高新技术可持续发展力量；最后，最终的产出阶段能产生经济绩效，从而对传统金融机构以及风险投资机构有良好的市场潜力反馈以及风险承担能力反馈，从而促进企业研发的良性循环。

2.2.2 国家创新系统理论

经典的创新理论很少讨论引致创新的信息交互过程。但近年来的国家创新系统理论关注创新过程中各类创新要素与机制的互动与协作。它拓展了基于市场失灵理论的政策基础（List，1841），它特别强调了国家政府作为系统协调者在该系统中的中心作用（Arundel，2007；Bercovitz 和 Feldmann，2006；Nelson，1993）。

参考 Soete 等（2010）的梳理，国家创新系统理论中有关创新的交互学习要点如下：创新企业与其外部环境之间需要不断互动与合作，这使得企业与其外部环境的互动与合作显得尤其重要。正是创新的这种互动性需求，加上管理互动机制的非市场性质，增加了“系统性失败”的可能性（Steinmuller，2010）。

2.2.3 社会资本理论

Bourdieu（1985）将社会资本定义为以声誉、权威、头衔等为符号，以社会契约为制度化形式（Bourdieu，1985；吴军、夏建中，2012）。他认为社会资本具有高度的生产性特点。行动者凭借社会资本，不仅可以直接获得发展所需的经济资源，例如政府补贴或银行贷款等，一方面可以通过与行业专家或具备专业知识的权威人士接触，获得物化的文化资本，另一方面可以通过取得信任背书的机构建立关联，从而获得制度化的文化资本。

此后，美国社会学家 Coleman（1988）又对社会资本进行了更为系统的论述，对社会资本理论的形成起到了关键性作用。他认为社会资本主要有五种存在形式，即：

（1）基于信任关系的义务与期望。基于这种定义，则可信的社会资本会促进风险创新项目的融资。创新融资的信任度越高，则越能减少不确定性和交易成本，使得风险投资者更可能投资于存在风险的创新活动（Aghion 和 Howitt，1992；Akcomak 和 ter Weel，2009）。

（2）基于社会关系的信息网络。若行动人所处社会关系网络承载了有效信息，则他就能为自己的行动提供更多的便利。实际上，企业通过主动申请政府补贴，让政府利用自己的专家网络对企业潜在资质与研发项目加以审核评估的过程，就是一个企业利用社会关系创造社会资本的过程。同样地，市场投资者通过与政府的联系获得关于企业的质量信息，最终为企业的创新活动提供资助，也是一个典型的利用基于信息网络的社会资本获得投资机会的过程。处在社会关系中的每一方都能从中获益，企业获得了来自政府与市场投资者所提供的发展资金，市场投资者寻找到了理想的投资标的，而政府通过激励企业创新推动了社会整体的技术溢出与技术进步。

（3）具有规范与有效惩罚、权威性以及多功能、有意创建的社会组织。根据“结构洞”理论，企业通过处于各自相互独立的社会关系网络连结点位置为企业带来新的资源。这种利用社会关系网络的位置优势，获得使用其他形式资本的机会，就是一种社会资本。Burt（1992）的社会资本理论既适用于解释企业之间的合作与联盟，也适用于解释企业与政府、市场间的信息与资源交互。

2.2.4 资源基础理论

Penrose 率先提出了资源基础理论，该理论认为：其一，企业类似一个蓄水池，可以容纳无限的生产资源；其二，每个企业都有各自独特的资源禀赋，而这些资源禀赋会使得企业的市场竞争能力、经营战略、营销策略存在较大差异；其三，独特的资源禀赋使企业在发展资源的获取途径上存在差异。这主要体现在不同的企业所有制属性、企业规模、企业年限、企业经验等差异[①]。因此，就本书关注的主题而言，财政补贴作为企业发展的重要外部资源，会深刻影响企业的资源获取能力和规模。财政补贴与企业其他的创新资源存在一定的关联，值得研究。

2.2.5 财政 R&D 资助效果的两种分析框架

如前所述，学界一直对于政府补助对企业创新“是否必要、有多大必要和如何补助”存在着广泛的争议。但市场失灵理论、政府干预理论、创新理论和信息不对称等理论达成的共识就是：政府应支持高新技术企业的创新活动。

一直以来，学界主要关注财政资金的资源属性，着眼于企业创新过程中出现了知识市场失灵，而一般认为：知识市场失灵可用财政资金去弥补创新成本从而增强企业的创新意愿。以阿罗为代表的现代经济理论认为企业创新行为的外溢性和风险性为财政干预研发活动提供了正当性（Arrow，1962；Romer，2001）。随后的研究聚焦于知识市场失灵视角下财政 R&D 资助政策对企业自身 R&D 投入—产出—行为的增量效应（Nelson，1959；Lach，2002；Georghion，2004；Clarysse 等，2009）。

实践中，各国政府研发投入的总量逐年加大，结构也不断优化，但企业的创新驱动力受制于外部融资约束的现状依然没有改

① 如不同的企业所有权性质，通常情况下相比非国有企业，国有企业获取资源的途径更加全面和便捷；如不同的企业规模，规模相对大的企业可能由于成立的年限更久、市场经验更丰富等积累的资源也更多，因此这些企业的资源获取能力可能更优。

变。当前，科技成果产业化前期的资金要求金额逐渐加大，单纯依靠国家投入已不现实，且理论界对政府补助资金的“馅饼”抑或“陷阱”效应争论已久且还在持续发酵，财政介入创新驱动发展战略的恰当方式、程度与时机等重要问题亟待新的理论框架（Aghion等，2015；王刚刚等，2017）。

随着学界对创新活动本质认识的不断深入，直接的财政干预方式被种种质疑[①]。实践中，政策效果也没有获得一致的结论[②]。在打开企业创新过程的“黑箱”过程中，人们发现，原来企业的创新研发活动同时存在着知识市场和资本市场的双重失灵。为了更好说明问题，这里不妨将二者的区别进行列示如表2-4所示。

表2-4 两类市场失灵概念的比较

失灵类型	成因	经济后果	研发激励政策主旨	税收优惠行为逻辑
知识市场的失灵	知识的正外部性	企业研发投入意愿不足	弥补创新成本	关注政策的创新增量效应本身
资本市场的失灵	企业家与投资人信息不对称	企业投入的财务实力不足	缓解融资约束	关注政策对企业外部融资的信号效应

注：此表按照李彰和苏竣（2017）提出的增量—信号分析框架以及国外专家关于政府科技计划前沿问题的说法制作而成。

如表2-4所示，资本市场的核心要素是信息，资本市场失灵的解决之道在于有效发挥信息机制（Bartels和Brady，2003；Faccio，2006；Du等，2010）。由此，理论界开始转入信号功能政策评估分析框架（Lerner，1999；李彰和苏竣，2017）。

① 相关的文献包括Mamuneash和Nadiri（1996）；Gorg和Strobl（2007）；魏志华等（2015）；安同良等（2009）；毛其琳和许家云（2015）；黎文靖和郑曼妮（2016）。

② 制度背景、政府资助规模、资助对象选择、信息不对称程度以及资助资金监管等也会影响结论（Romano，1989；Berube和Mohnen，2009；解维敏等，2009；Arque和Castells，2013；Jaffe和Le，2015）。

纵观学界对财政 R&D 资助效果的研究，绝大部分是直接效应的讨论，主要关注财政 R&D 资助资金本身对于企业创新的输血功能，因而关注的是资源属性，而近年来出现的有关间接效应的讨论，实际上关注的是财政 R&D 资助这个行为的资金引导作用，关注的信号功能。而考虑到近年来政策的提法可知，信号功能才是财政 R&D 资助政策的主旨。

2.3 文献述评

2.3.1 中国的财政 R&D 资助如何发挥信号功能

政府补贴会产生资源获取和信号传递两种机制。但就财政 R&D 资助的初衷来看，最主要的是发挥信号传递机制的作用。企业的研发创新需要源源不断的资源投入，如前文所说，发挥产业政策的信号功能集聚社会创新资源，构建财政资金的创新融资引导机制，是政府推动创新驱动发展战略的必经之路。党的十九大、《“十四五”国家科技创新规划》以及《科技型企业成长路线图规划》等文件强调加大财政对企业创新的扶持力度，优化政府研发投入的结构与效率，以市场机制为基础、以企业为主导，发挥政府引导社会资源支持企业科技创新。

实际上，企业创新过程中出现了知识市场和资本市场的双失灵。知识市场失灵可用财政资金去弥补创新成本从而增强企业的创新意愿，而资本市场的核心要素是信息，资本市场失灵的解决之道在于有效发挥信息机制[①]（Bartels 和 Brady，2003；Faccio，2006；

① 就中国而言，企业家与外部投资者之间的信息不对称会削弱企业为研发活动筹集资金的能力，面临严峻的融资约束。即便是风险资本这类专业化的金融中介机构也难以完全解决这一难题。

Du 等，2010）。企业创新融资方面面临资本市场失灵（李彰和苏竣，2017）。已有文献和大量实践案例显示：中国的财政 R&D 资助政策在弥补知识市场失灵同时还兼有资本市场的信息传递功能。

具体来说，信号效应相关理论认为财政 R&D 资助通过信息传递机制和价值认证机制向市场投资者释放受资助企业创新的积极信号，有助于投资者获得关于企业的软信息和隐性知识，并增强对企业创新价值和潜力的信任（Millan 和 Woodruff，2002；Allen 等，2005；Bai 等，2006；Claessens 等，2008；余明桂等，2008），有效规避可能面临的逆向选择问题和道德风险问题，降低外部投资者对企业的风险评估（申香华，2014），有利于企业外部融资（Miguel 和 Wouter，2012；Meuleman 和 Maeseneire，2012；Colombo 等，2013）。

如上文介绍，Lerner（1999）是该领域的开山之作，这篇文献基于美国的中小企业研发资助项目激励政策评估，研究发现：获得财政资助的企业其后都获得了资本市场的跟投。究其原因，该文认为：获得财政资助实际上获得了高新企业技术认证，有助于疏通企业外部研发融资供给渠道。自此之后，Kleer（2010）构建了包括政府、企业及金融机构三个行为主体的理论模型，厘清了信息不对称情境下，金融机构会对接政府补贴释放的有效信号从而跟投。接着，Meuleman 等（2012）通过构造实验组（获得政府资助企业）和对比组（未获政府资助企业）在实验后的融资表现发现，实验组能够获得良好的资本市场表现。

实际上，已有文献和大量实践案例显示：中国的财政 R&D 资助政策在弥补知识市场失灵同时也兼有资本市场的信息传递功能。比如郭玥（2018）构建信号传递理论分析模型，并基于中国 A 股上市公司 2008—2015 年的数据实证发现了创新补助存在信号效应，创新补助与企业研发投入和研发产出有显著的正向相关性，基于这个结论，推测：创新补助存在额外福利。但是，彭江平等（2019）则得出不一样的结论，该文章认为外部市场更关注企业的盈利能力，政府补贴未必能获得外部投资者的跟投。而徐军玲等（2020）则以高新技术为样本实证发现：获得“高新技术”认定是否会获得更多创新资源取决于当地的经济发展水平以及政企关系。

这实际上就开始涉及了信号效应的异质性的实证。这些异质性主要体现在企业自身所有制（白洁，2020）、外部环境（夏清华等，2020）以及企业所在区域（张永安等，2020）。

2.3.2 中国治理情境下信号功能的复杂性

相对于发达国家，中国面临着迥异的市场环境与政府角色，财政 R&D 资助的信号功能具有一定的复杂性。

一方面，财政 R&D 资助基于科学严密的项目筛选论证程序（包括事前全面审查评估、事中信息公开以及事后的动态监督管理）以及社会规划者独特的身份优势（包括信息优势、专家库技术优势和国家信用优势），因而，财政 R&D 资助行为可以释放出企业高新技术认定、潜在市场发展前景以及投资价值的利好信号（Feldman 和 Kelley，2006；Kleer，2010），财政 R&D 资助信息公告会提供受资助企业的技术创新能力水平、受资助项目的技术质量、发展前景、经济贡献等方面的信息披露认证、创新质量认证以及隐性信用担保，有助于企业吸引外部资金，缓解融资约束，具有信号功能（郭晓丹和何文韬，2011；Soderblom 等，2015；杨洋等，2015；王刚刚等，2017；郭玥，2018）。

另一方面，由于政府资助目的多元化、政企投资逻辑的不一致且政府传递信息存在局限性，财政资助信息未必能增加企业的外部融资（Jaggi 和 Baydoum，2001；Riedl 和 Srinivasan，2007）。而且，就创新融资的市场配置效率而言，中国的财政资助存在“扶弱”和“培优”两种规则的权衡（唐清泉和罗党论，2007；朱松和陈运森，2009；邵敏和包群，2011；孔东民等，2013），“培优”规则下的财政研发补贴信息公告能增进创新资源配置效率（Feldman 和

Kelley，2006；谢小芳等，2009；Kleer，2010）；而“扶弱”倾向下的财政R&D资助对于市场投资者是信息噪音，会误导其投资决策，从而损害资本市场的资源配置效率（林南，2004；李敏才和刘峰，2012）。

事实上，有关财政R&D资助信号是否有效也是存在前提条件的。以往的文献主要从政企博弈、寻租等角度对其抑制作用进行解释。但这种视角依然是资源分析框架下的分析。不在本书的信号效应讨论范围。实际上，最早对信号效应提出质疑的文献是Howell（2015），该作者阐述道：尽管获得美国的研发资助计划与否与外部投资者的研发融资存在显著的正向相关性，但是，进一步的研发发现：获得美国的研发资助计划与否与获得研发资助的多少是两个问题，有些在获得初始融资后，并没有后续的研发融资跟进，且根据访谈结果，外部市场投资者在选择目标投资企业时候更加看重企业的盈利能力，因此，信号效应的前提并不存在。国内的郭晓丹等（2021）则从异质性角度验证出：企业在获得政府补贴之后，社会投资者和银行会进行跟投，而机构投资者则不会跟投。

实际上，之前的文献也讨论过其中的原因。比如毛其淋等（2015）基于政府补贴的“适度区间”理论，该文认为：超出适度区域的补贴会抑制企业创新绩效，并向外界传递出该企业存在“寻租”“公司治理不规范”等负面标签。实际上，兰军等（2019）以及闫志俊等（2017）也得出类似的结论[①]。而李莉等（2015）还基于我国转型期的制度背景构建了政企的不完全信息动态博弈模型，研究认为：在研发信息的博弈过程中，企业可能会为了获得财政资源而策略性选择传递虚假研发信号。

① 兰军等（2019）以东三省的小微企业为研究对象，也得出类似的结果。即发现：小微企业可能存在为了获得更多的资源和政策优惠而迎合的策略性创新行为。闫志俊等（2017）以传统制造业和新兴企业作为研究对象，通过对比研究发现相比传统制造业，补贴对新兴企业创新能力的负向影响更强，这说明其对政府补贴激励政策的依赖性更重，弱化了自我研发的自主性，并且未将政府补贴用于刀刃上，而是盲目转向生产部门寻求产能扩张，进而导致研发能力降低。

2.3.3 企业如何传递有效的创新信号

关于企业如何向特定目标传递有效信号，现有研究做出了丰富的信号类型探索，包括股利政策（Bhattacharya，1979）、投资水平（Luo 等，2002）、企业负债（Ross，1977）、大股东或高管增减持行为（Cohen 等，2012）等，以此揭示企业的盈利能力、营运能力、财务风险、成长能力等重要内部信息。聚焦到企业如何向外界有效传递自身创新能力信息，不妨将现有文献对于创新信号传递的决策思路整理为三种类型：第一类以事前的创新投入部分作为信号，例如企业的研发支出信息；第二类以事后的创新产出部分作为信号，例如企业的专利信息；第三类以较为权威的第三方认证作为信号，例如企业获得的政府补贴信息。基本本书的研究主题，下面主要梳理权威的第三方认证机构信号。

（1）专业的金融中介机构，如投资银行、风险投资机构等主要通过与企业建立伙伴关系或提供风险资助来传递认证背书信息。这方面主要有以企业获取的专业金融机构关联或投资信息作为认证信号的相关研究。例如 Gulati 和 Higgins（2003）从社会资本理论的角度，选择以年轻企业与金融组织（如风险投资、投资银行间的社会网络关系（Network tie）类型来揭示企业的潜在价值，并由此对外产生认证信号效应。他们认为，年轻企业与关键组织建立联系，可以获得价值信息与能力的获取渠道，并得以克服年轻企业在存续时间或规模上的劣势；企业与第三方权威机构建立的社会关系，可以降低新创企业的不确定性，且这种不确定性越高，这种社会关系的信号传递价值越大。再如 Davila 等（2003）选择以风险投资机构的资助事件来揭示初创企业的潜在质量信息；初创企业往往面临较大的人才招聘困境，风险机构的认证可以帮助他们获取潜在应聘者的关注与信任，从而获得更优的人力资本增长。类似地，Sanders 和 Boivie（2004）也选择以企业获得的风险机构投资来传递其潜在质量信息。当市场存在严重的信息不对称时，市场投资者会寻找辅助信息源来避免逆向选择与道德风险问题，而来自风险投资机构的投资认证信息是非常重要的信息渠道。

（2）各级政府机构主要通过为企业发放补贴来传递认证信息。这里根据认证信号的类型，又可细分为以具体的补贴项目为信号与以企业获得的补贴金额为信号两种研究路径。

其一，以具体的补贴项目（如国家科技计划）为认证信号的代表性研究来自 Lerner（1999）。他最早从信号传递理论的视角，探讨企业参与美国小企业创新研发计划（SBIR）存在的信号功能，认为该信号向外部投资者传递了企业的内部质量信息。此后，Feldman 和 Kelley（2006）以企业是否参与美国先进技术计划（ATP）为信号，Meuleman 和 De Maeseneire（2012）以企业是否参与比利时政府科技计划（IWT – Flanders）为信号，Söderblom 等（2015）以企业是否参与瑞典国家创新计划（VINNOVA）为信号，分别探讨并验证了这些国家科技计划之于外部投资者信号传递功能的存在。在国内，高洪利等（2017）以企业是否参与国家级的火炬项目，探讨企业参与优质研发项目所可能产生的认证效应。李彰和苏俊（2017a）以企业是否参与国家高技术研究发展计划（“863计划”），探讨其向市场投资人传递的积极信号。

其二，以企业获得的补贴金额为认证信号的代表性研究包括：Wu（2017）以企业获得的研发补贴揭示其潜在能力信息，由此实现对债权投资者的信号传递功能。Chen 等（2018）选择以企业获得的研发类补贴与非研发类补贴为创新信号，由此实现对股权投资者的信号传递功能。高艳慧等（2012）以企业获得的政府补贴额度作为声誉信号进行创新信息传递①。

① 他们认为，政府以社会财富最大化为目的对企业予以补贴，通过对企业信息的收集、比较和规划，可以达到按需求和能力进行分配以及抑制逆向选择的目的。由此，政府对企业和行业的补贴可以看作是对企业的认证和对行业的扶持，可以揭示企业的真实质量以及所处行业的前景信息。

值得说明的是，许多学者对风险投资认证信号功能提出质疑，他们认为：不论多么专业的风险投资机构，其涉足企业的占比毕竟是有限的，且依赖于较为发达的资本市场体系，可能因资本市场失灵风险而丧失信息的权威性与准确性（Lerner，2002；李彰和苏俊，2017a）。尤其在我国资本市场发育尚不够成熟的制度背景下，政府在信念共知性与普适性上的独特优势，目前可能还没有其他金融中介机构可以取代。

2.3.4 企业创新信号传递与市场创新融资反馈的研究梳理与评述

基于上文的分析以及本书的研究主题，这部分主要聚焦于政府补贴认证信号的市场融资反馈。具体又从如下几个方面进行梳理。

（1）政府补贴认证信号的市场融资效果，主要有三个视角的实证结果

其一，信号效应理论的文章一般认为：首先，企业获得政府资助更像一种奖励，这种奖励公告本身就具有对潜在投资者的信号价值，尤其是对于本就难以吸引市场投资者的小型企业来说。它将产生“光环”效应，增加获得补贴资助企业研发活动的外源融资可能性（Feldman 和 Kelley，2006）。其次，当一个以高标准评审和科学诚信著称的政府机构认为一个有风险的研究项目值得拨款资助时，它实际上也证明了这项技术是有市场价值以及商业化潜力、潜在盈利能力以及合理回报率，因而，企业获得的政府补助对市场投资者产生了认证效应（Meuleman 和 Maeseneire，2012）。最后，由于政府在筛选资助项目时存在动机优势、信息优势，可以有效避免逆向选择问题（Lerner，2002；1999），因而，政府研发资助项目的评审专家对于哪些技术和企业最有前途有着相当深刻的见解，这是传统财务报表分析所欠缺的。

其二，体制理论的视角的文章一般认为：当外部利益相关人无

法直接观测到新创企业的真实质量信息时，他们会通过观察该企业的关联机构的质量来帮助他们反推其隐藏信息。此时，政府就成为较为理想的关联选择。他们认为政府具备知识优势，且在尽职调查上具有专业优势，因此，政府的资助行为就传递了重要的合法性背书，可以通过认证帮助缺乏追溯信息的新创企业获得合法性。获得补贴的新创企业因为与一个具有声望的政府机构建立联系，可以向外界发送关于企业合法性（Legitimacy）的信号，这种合法性有利于新创企业克服新进入缺陷（Liability of newness），从而得到更多人力资本与金融资本（Söderblom 等，2015），且这种之于人力资本与外部融资获取的信号效应能产生巨大且长期的绩效影响。

其三，资源基础观（Resource - based view）的视角认为：研发补贴资源具有高价值性、稀缺性、不可完全模仿性、不可战略替代性等特质，使得其可以实现其对于外部市场的信号传递作用。企业拥有的研发补贴资源，一方面补充了企业所需的创新资金，降低了企业的外部融资杠杆比例，另一方面也展示了企业的优质研发项目信息，并揭示了其未来可能拥有的持续性竞争优势信息，由此降低了市场投资者的投资风险，提升了投资者对企业价值的预期，最终增加了企业获得外部融资的可能性（Plank 和 Doblinger，2018）。

（2）政府补贴认证信号效应的实证路径

主流的实证研究路径考察了企业通过参与具体的补贴项目（如国家科技计划）对其获取外部融资的影响，不过实证结论尚存争议。例如 Feldman 和 Kelley（2006）以企业是否参与美国先进技术计划（ATP）为信号，证实了这一权威性政府认证信息对其他各类资助来源的积极作用，既能吸引到更多风险资本，也能帮助获取到更多来自战略联盟或其他政府补贴项目的资助；Söderblom 等（2015）以企业是否参与瑞典国家创新计划（VINNOVA）为信号，证实了国家科技计划对初创企业获取股权融资的积极作用。然而，Meuleman 和 Maeseneire（2012）以企业是否参与比利时政府科技计划（IWT - Flanders）为信号，发现参与国家科技计划仅可以帮助中小企业获得更多长期债权融资，但这一认证效应对获取股权融资的作用并不显著；此外，高洪利等（2017）也发现，对于我国新三板高科技上市企业来说，参与国家火炬计划对股权融资的认证效应亦不显著。

另一条实证研究路径主要以企业获取的政府补贴金额为信号考察其融资激励效应。例如 Wu（2017）实证了企业获取的研发补贴强度对其获取长期贷款的认证信号效应；且相对于国有企业，民营企业所获研发补贴的认证效应更强。再如 Chen 等（2018）将企业获得的政府补贴划分为研发类补贴与非研发类补贴，其中研发类补贴的政策目标一是为缓解创新固有的溢出性与不完全占有属性导致的市场失灵问题，二是为缓解信息不对称导致的创新融资缺口问题；非研发类补贴的政策目标则是为克服创新系统在激发非研发创新活动上的失灵问题。他们认为研发类补贴在向市场传递企业潜在技术能力的积极信息的同时，也传递出了关于企业研发项目风险的负面信息，并通过实证数据验证了研发类补贴信号对企业获取股权 IPO 存在的“U”型影响机制，同时企业性质对研发类补贴的信号传递效应存在调节作用；与之相对地，非研发类补贴则向市场传递了关于企业组织能力与市场能力的积极信息，并验证了其对于股权投资者存在的正向信号效应。

综上，这支文献的评述如下：

第一，现有研究对不同类型政府认证信号的效应差异化对比尚不充分。除了 Chen 等（2018）在研究中涉及了两种不同类型认证信号的效应比较问题，即研发类补贴与非研发类补贴的认证效应对比，其他研究普遍都基于某种单一的认证信号类型进行市场反馈效应的验证（例如某一国家科技计划或者企业获取的研发补贴），未能进一步对比不同类型认证信号的效应差异。尤其是针对不同类型的市场投资者，是否存在差异化的信号类型偏好，以及是否由此带来截然不同的反馈信号，当前的研究尚未涉及这些话题。本书将在实证环节，以企业是否参与国家科技计划、企业是否获取研发创新型补贴这两种不同类型的政府认证信号，分别展开对债权投资者、股权投资者这两种不同类型市场投资者的信号效应验证。

第二，现有研究对政府补贴的认证效应与强度效应的区分尚不充足。实际上，企业是否获得政府补贴，与企业获得了多少政府补贴，是两种截然不同的信号。Bianchi 等（2019）将企业是否获得补贴认证看作一种“指示信号”，主要目的在于揭示信号发送者与其竞争者之间的质量差别；同时，他也将企业获得了多少补贴看作一种“激活信号”，主要目的在于揭示信号发送者本身的质量属性。在部分信号管理类文献中，也用到了“信号强度”的概念来探讨这种强度效应（Connelly 等，2010），但信号强度对外源融资的影响在既有文献中存在争议性结论。虽然 Wu（2017）通过实证发现，企业获取的研发补贴强度越高，可以帮助企业获取到越多的长期贷款。但 Lerner（1999）却发现，获得较多 SBIR 资助的企业相比获得较少资助的企业，在补贴的影响效应上并没有显著差别。这表明，获得 SBIR 资助本身已足以产生充分的认证效应，资助金额的强度提升并不会相应提升补贴信号的认证效应。高洪利等（2017）通过实证也发现，只有“指示信号”会产生认证效应，在获得政府研发支持的企业中，所获补贴额度对其外源融资的获取并无显著促进作用。

因此，本书后续将在实证环节通过理论假设与实证检验两方面的具体分析，来对政府补贴的认证效应与强度效应的作用机制与实际影响加以对比。

第三，现有研究大多忽略了政府补贴认证与市场融资间可能同时存在的两种类型的内生性问题。一方面，政府补贴的筛选过程可能存在选择性偏误（Selection bias），即政府可能会基于某些偏好进行补贴企业的选择，而这些偏好又恰好与市场投资者的偏好趋同，因此需要额外检验市场对于目标企业的偏好究竟是源自于其所释放的认证信号，还是来自这些与政府选择偏好相类似的其他因素。另一方面，还需要警惕政府认证信号与市场融资之间是否存在双向因果问题。也就是说，政府之所以会给予目标企业相应的补贴认证，究竟是因为该企业有着良好的市场融资作为背书，还是源自政府对其潜在质量信息的主动挖掘。因此，本书后续将在实证环节通过引入内生转换模型来对上述两种内生性问题加以检验，以避免实证结论存在偏误。

2.4 本章小结

本章是全书理论核心支持部分，对财政 R&D 资助与企业创新融资的相关研究进行了较为系统的梳理。本章阐述了企业创新信号传递决策的理论基础，尝试融合国家创新系统理论、信号传递理论与社会资本理论的研究视角，为后续章节进一步阐述企业创新信号的传递与反馈等创新信息交互机制提供理论依据。这些理论基础尤其为探讨政府这一特殊的非市场机制，如何在该创新信号体系中发挥系统协调作用，实现企业与外部投资者等各类创新主体的连接与互动，提供了新的分析思路。由此，从庞杂的研究思路中找出了一条行之有效的研究设计思路，并为后续章节的有序展开提供了丰富的论据与逻辑基础。

第3章

理论分析与研究假设

承接上一章的文献综述，财政资助对外部投资者具有信号传递属性，能够给企业带来社会投资跟进。本章首先从我国财政 R&D 资助制度的信号属性来系统分析财政 R&D 资助对企业创新融资的作用机制，接着考察了其中的重要作用渠道（中介效应），最后探讨了影响因素的调节效应，进而提出有待检验的假说。

3.1　理论分析框架设定

1996 年美国的风险投资协会调研结论讲清了风险投资在美国高科技领域的核心作用。此后，世界各国都在复制美国政府的成功经验。我国是在 1998 年政协"1 号提案"之后，实践界和学术界开始探讨：在风险投资推动高科技事业发展过程中，政府应该扮演何种角色。

3.1.1　理论模型假设

本书基于 SCHERT LER（2000）和 POT ERBA（1987）以及 GOM PERS（1999）等模型，构建财政 R&D 资助释放的企业创新信号对企业创新融资的资本市场反馈的理论分析框架基础。下面针对这几个模型梳理如下：

供给面。SCHERT LER（2000）率先探讨政府行为对风险投资供给影响的理论模型。该模型针对风险投资者和创业者之间存在最优契约关系以及双边道德风险问题，本章假定二者存在"财富传递效应"。具体假设如下：①财政 R&D 资助会调高风险投资者的期望收益，从而促进风险投资供给；②政府补贴活动使得缺乏投资经验的风险投资者也能够参与风险投资。即：政府的公共补贴能从存量和增量两个维度增加风险资本的供给。该模型可以给本书提供洞见，然而，这个模型没有考虑风险投资者和创业者之间的信息不对称问题。事实上，本书的根本出发点就是讨论“资本市场存在广泛的信息不对称”这个大问题，因而，下文将在该模型的基础上进行信息不对称条件下的契约设计。

需求面。POT ERBA 和 GOM PERS 等的研究率先探讨政府行为对风险投资供给需求的理论模型。这些模型假定：风险投资业的发展与高水平的创业者数量以及高质量的投资项目数量呈显著的正向相关性。模型的研究结论也表明：①政府的公共补贴能够增加创业者的期望收益，继而激励创新创业，由此增加风险投资需求；②投资收益所得税的降低会激励更多的人力资本（包括科技型和管理型人才）去创办自己的企业，从而增加了对风险资本的需求。

同样，这个模型也给了本书深厚的学术基础支持，然而，该模型讨论的激励机制只考虑到“创业者”的努力程度对于企业价值的影响，无视风险投资者的努力程度的作用，这不符合资本市场的实际情况。事实上，风险投资者和创业者之间存在一个双边道德风险问题，契约双方的努力程度都会影响到风险企业的最终价值[①]。因此，本书将该模型的激励问题拓展为存在双边道德风险的激励问题。

总之，这些模型以及基本的研究结论，构成本书理论分析模型的研究前提条件，即：①政府行为通过激励创业者的期望收益可以吸引更多的人力资源集聚到创新创业活动中来，提供了更高水平的创业者；②政府行为通过成本弥补以及背书，使一些项目呈现了“高质量”的光环，提供了高质量的投资项目。为了说明这个问题，本章余下部分在信息不对称条件下进行风险投资者和创业者之间最佳契约设计以及双边道德风险的激励相容问题研究，通过建立

① 风险投资者不仅仅向风险企业投入资金，他们还充分利用自己的企业管理经验对风险企业给予管理支持，如企业战略的制定、市场开拓等，因此，风险投资者也需要激励以增加风险企业的价值。

理论模型研究政府对风险投资者的补贴如何影响二者的收益分配关系，从而解析财政 R&D 资助对风险投资者的影响机制。

3.1.2　理论模型的建立

综上所述，本书吸收 SCHERT LER（2000）和 POT ERBA（1987）以及 GOM PERS（1999）模型的基本思想，并借鉴刘志伟等（2007）的研究框架，在其基础上，进行了如下两个方面的拓展：（1）引入信息不对称条件，在此前提下讨论风险投资者与创业者之间的契约设计以及政府资助对这个最优契约的影响；（2）引入双边道德风险。在此前提下，讨论风险投资者与创业者双方的道德风险以及政府资助对二者的影响；（3）引入不确定性视角，在此前提下讨论新技术的不可预见性、市场的随机变化等不可控因素对于风险企业的未来价值的影响。

基本模型设定如下：假设在一个封闭经济中，存在一个代表性创新融资需求者、风险投资者以及政府。①代表性的创新融资需求者。该需求者主要拥有很难变现或估值的创意、专利等无形资产，缺乏创新融资所需要的资金[①]；②代表性的风险投资者。他/她是风险偏好者，向风险企业提供融资支持、管理经验支持，这些都可以增加风险企业的市场价值；③代表性政府。该政府是理性经济人，能够筛选出最符合政府发展规划以及市场潜力的企业作为资助对象，能够在财政支持力度、资助方向以及动态调整上做最优的资金配置，并对其后的财政资金使用进度进行监督、管理，并做到信息权威、公开、透明。

出于简化考虑，设风险企业的未来价值取值为 0 和 x_i，其概率分别为 p_1 和 p_2，且假定创业者和风险投资者都能估算成功概率 p_2 的数值。假定技术的可行性和成熟程度、产品和市场的保护性、顾

① 若能得到风险投资者的项目融资，创业者将组织建立 1 个风险企业。

客对产品的接受程度等决定项目本身质量的因素为既定[①]，设定项目的状态为 t_i，在 $i=1, 2, \cdots, n$ 不同状态下，具有各自不同的质量水平[②]。

假设创新融资需求者的努力程度为 e，风险投资者的努力程度为 v，则

$X_i = x_i p(e,v)$

其中，$p(e,v) = e^{1-\alpha} v^{\alpha}$

这里，α 表示努力程度对于企业价值的重要性。

进一步假定创业者和风险投资者的负效用函数分别为：

$u(e) = 0.5ae^2$

$u(v) = 0.5bv^2$，其中 a 和 b 均为正数。

假定所需要的创新融资发展资金总额为 I，创业者的持股比例为 s（有政府补贴时用 s' 表示），风险投资者的持股比例为 $1-s$（有政府补贴时为 $1-s'$），风险企业实现最终价值 π_i。

则，风险投资者的期望收益是 $U_{v_i} = p_h(1-s)x_i e^{1-\alpha} v^{\alpha} - 0.5bv^2 - I$，

创业者的期望收益是 $U_{e_i} = p_{h_i} s_i x_i e^{1-\alpha} v^{\alpha} - 0.5ae^2$

则，这个行动博弈就是求解 $\max U_{e_i} = 0.5(1+\alpha) M_s^{2-\alpha} (1-s)^{\alpha} p_h^2 x_i^2$

约束条件为：$U_{v_i} = 0.5(2-\alpha) M_s^{1-\alpha} (1-s)^{1-\alpha} p_h^2 x_i^2 - I \geqslant 0$

为了求解有政府补贴时创业者与风险投资者之间的收益分配关系，为简化处理，设政府对风险投资者的投资损失给予一个固定比例 θ 的补偿，政府的补贴量为 $p_1 \theta I$

则此时，风险投资者的期望收益是 $U'_{v_i} = p_h(1-s)x_i e^{1-\alpha} v^{\alpha} - 0.5bv^2 - I + p_1 \theta I$，

创业者的期望收益是 $U'_{e_i} = p_{h_i} s_i x_i e^{1-\alpha} v^{\alpha} - 0.5ae^2$

① 如在项目开发前已经确定，且其后不再改变。

② 继续假设创业者和风险投资者的努力程度只对风险企业未来价值的大小产生影响，对其分布情况不会产生影响。

则，可以描述如图 3 - 1 所示[①]。

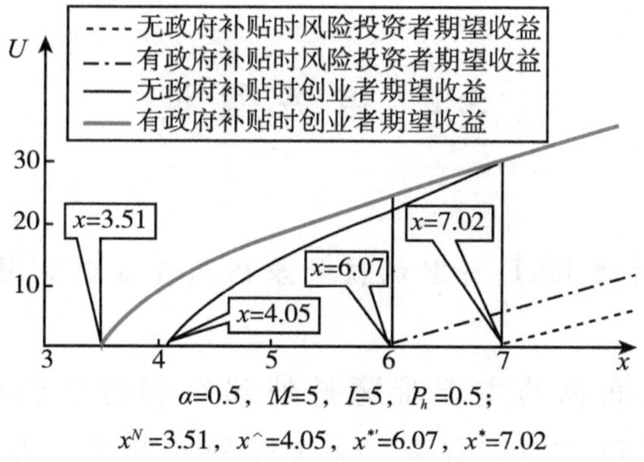

图 3 - 1　模拟的结果

从图 3 - 1 不难看出：

对风险投资者的财政补贴与创新融资需求者的期望收益呈现显著的正向相关性。即：二者存在一定的“财富传递效应”，这将吸引更多的创新资源投入创业活动中来，促使更多高质量的投资项目涌现。

这种“财富传递效应”对不同质量的投资项目影响是不同的。具体来说，有以下几点。

其一，当企业未来市值低于 6. 07 时，财政补贴可以提高创业者的期望收益，而不能增加风险投资者的期望收益增加；在此区域的直接投资项目投资价值偏小。因而，此时呈现“财富传递效应”[②]。

其二，当企业未来市值高于 6. 07 而低于 7. 02 时，财政补贴可以同时提高风险投资者和创业者的期望收益；这是政策效应最好的体现。

其三，当企业未来市值大于 7. 02 时，政府补贴会提高风险投

① 此处只呈现了最终的结果，篇幅所限。如果需要过程文件，可以联系笔者索取。

② 当没有政府补贴时，不能获得风险资本的投资；在有政府补贴时，处于这一区域的投资项目就具有了投资价值，能够获得风险资本的投资。

资者的期望收益，但不能提高创业者的期望收益[①]。

3.2 相关假设

3.2.1 财政 R&D 资助的信号属性与企业创新融资

企业创新面临的主要难题是外部性和融资约束，然而财政 R&D 资助毕竟只是引导资金，大规模的外部投资跟进（包括私募基金、风险投资以及传统金融机构）方可解决因融资难、融资贵、融资成本高所导致的融资约束问题。因此，本节讨论财政 R&D 资助的信号功能对高新技术企业创新融资的影响。

其一，获得财政 R&D 资助的企业视同获得了“高新认证”，这种高级别的认可会提升投资者对该企业研发项目的认可。其中的逻辑在于：财政 R&D 资助的筛选程序相当科学、严谨、规范，会对企业的高新技术项目进行综合考察和评估。这一筛选流程的间接作用就是高新认证，使得潜在的社会投资者获得了不容易获得的软信息以及盈利前景的积极信号。

其二，获得财政 R&D 资助的企业视同获得了“监管承诺”，有助于缓解社会投资者可能遇到的投资后道德风险问题。财政 R&D 资助经费大多是分阶段到账、分阶段评估、中期检查等流程，这种做法有助于缓解信息失灵中的逆向选择和道德风险。从而，给企业外部投资者带来可置信承诺。

其三，获得财政 R&D 资助的企业视同获得了后期“信用风险背书”。综上所述，企业获得财政 R&D 资助之后，资助机构后续

---

① 政府补贴使风险投资者的投资风险降低了，因此可以吸引更多的资金投入风险投资活动中来，从这一角度来说，政府补贴可以增加风险资本的供给。

会启动持续跟踪程序，随时掌握企业的研发进展以及动态，这就间接有助于跟外部投资者同步信息，降低投资者的投资风险。

其四，财政 R&D 资助的逻辑主要是围绕公共项目，因此本身带着“试错”的考量，故此，国家会对开展研发实验的企业予以适当的“兜底”，从这个意义上，财政 R&D 资助可以视同“隐性经营风险担保”。于此，获得财政 R&D 资助的企业获得了扶持认证，有助于社会投资者的风险评估，提升外部研发融资者对项目的信心以及投资收益的信心。从而有助于研发融资额的提升。

综上，可知：财政 R&D 资助具有信号功能。但要确认财政 R&D 补助是否能够传递出显著信号的问题，应进一步剖析政府和外部市场在投资上进行差异化决策过程的问题。

值得注意的是：政府的资助逻辑是出于市场失灵，政府资助的项目往往也意味着“高风险、高溢出”等特点；而市场投资的逻辑是“低成本、高回报”。因此，市场投资者是否认同政府的资助项目是信号传递机制的关键。

根据第一部分的理论分析框架设定结论，财政 R&D 补助向利益相关者传递的信号会对企业产生影响。

首先，“获得资助”相当于在技术能力方面、发展前景方面以及政企关联方面获得了“官方安全认证”，对于外部投资者而言，这些都是社会责任水平、可持续发展能力、经营状况以及营商环境方面积极的信号。

其次，“获得资助”也可以被认为是“风险认证”的消极信号。

最后，如若创新补贴是不连续的，并不能形成信号的持久优势。

综上，财政 R&D 资助承载了两种属性的信号，在不同的创新补贴规模下，这两种信号的强度存在差异。具体来说，在获得资助初始，由于规模未有骤升趋势，外部投资者并不会把企业与负面的研发风险进行联系，此时，积极信号占优，会吸收更多的社会投资者跟投；然而，随着财政 R&D 资助规模增至临界点，高额的创新补贴提醒外部投资者将“资助”与风险属性挂钩，此时，消极信号占优，企业的创新融资将会下降。

因此，本章提出第一个研究假说如下：

H1：财政 R&D 资助的规模对企业的外部研发融资具有倒“U”型效应。

3.2.2 中介效应

如第 2 章理论基础所示，与传统的金融机构不同，风险投资机构愿意承担投资风险去追逐高额的投资收益。即：初创企业即使没有外界的投资风险承诺，只要具有良好市场前景或者技术潜力，也是风险投资市场的宠儿。故此，信号效应主要体现在调查投资对象的初期筛选阶段，此时，企业的创新能力以及随之而来的企业市场价值都是未知数。但是，在此场景下，企业若是获得了财政 R&D 资助，则该资助流程就向市场传递了该企业的优秀创新能力、融洽的政商关系、值得信任的还款保证等有效的软信息，故此，获得财政 R&D 资助本身就是企业值得投资的可观察性指标，有助于企业获得更多的风险投资。

因此，基于信息传递的机制理论，上面一部分基本解决了获得资助的信息对企业以及投资者是否具有重要影响的问题，本节则需要解决该信号效应具体通过何种投资者、何种渠道作用。众所周知，资本市场对于研发融资的主要影响因素是企业价值。因而，本节主要基于信息披露领域理论成果（理论基础、现状、影响因素以及经济效果）、利益相关者理论及企业社会责任信息的经济后果部分研究成果以及企业价值影响因素，从信息传播、投资者关系、信息环境等多方面进行分析中介效应。

（1）信息传播。在基本信息披露方面，魏雪（2014）实证发现：企业客户类无形资产的披露会带来良好的市场反应，更容易被投资者发现、青睐，该类公司被认为具备先发优势。在社会责任信息披露方面，大部分学者认为企业社会责任信息披露有利于企业价值的提升（Ingram，1978；Anderson 等，1980）、企业声誉的增强（Bebbington 等，2008；李新娥等，2010；Dhaliwal 等，2015）、企业权益资本成本降低（汪炜等，2004）、企业投资效率提升（曹亚勇等，2012）以及降低分析师盈利预测误差（何贤杰等，2012；钱明等，2017）。且已有文献认为：政府信息与被资助企业之间存在一定的收益、风险关联性（Olsen 等，1985；Cohen 等，2008；Pandit 等，2011；王雄元等，2017；彭旋等，2018）。政府关注有助于信息的快速传播（Cen 等，2017a；王亚娟等，2014）。综上，这个角度来看，政府资助信息披露，可以使得投资者获取公司供应链层面信息，直观反映出企业研发的基本状况，使外部投资者及金融机构更多了解企业供应链的稳定性、营业收入的成长预期以及供应链上合作方的未来发展状况，进一步对企业重新估值。

（2）投资者关系。Kong（2011）实证发现，在中国信任度较差的地区，政企关系有助于降低交易成本。Lai 等（2012）实证发现，企业利好的信息会影响资本市场估值，进而影响投资者决策。黄晓波等（2015）在此基础上，认为政企关系通过“业务—财务—市场”的关系影响企业经营业绩和经营风险，进而影响投资者决策。Luo 等（2015）、Guan 等（2015）发现政企关系越紧密，分析师跟踪的概率越大。总之，政企关系的利好信息会在资本市场引起积极正面的反应。

（3）制度环境。为加强对财政资助信息的管理，增加资本市场信息透明度，我国自 2001 年以来不断修订和增添《公开发行证券的公司信息披露内容与格式准则》，多项准则都规范了资助信息披露标准。这些披露制度要求，一方面提高了上市公司年报财务信息的透明度，能够有效地抑制虚假交易；另一方面，企业详细地公布企业研发信息，将增加资本市场中企业的高价值信息含量，加大投资者对企业研发及其他方面的认知。在此基础上，投资者将更详细和准确地分析公司成长性，从而避免市场“逆向选择”，保护投资者利益。在有效理论假说的支持下，这些披露制度起到了优化资本市场信息环境的初衷。

3.2.3 调节效应

本书第2章理论基础提到，不同性质的企业以及不同规模的企业，存在不同的资源吸收能力，因而，本节主要从企业性质和企业规模两个方面分析调节效应。

（1）企业所有权性质

在特定环境下，国有企业在政府补助和企业创新融资之间的关系上与非国企存在差异。国有企业在特殊政治环境和官员任命方式下具有与生俱来的“政治优势”，这使得该类企业在传统金融体系中的金融资源可达性概率和额度更高。然而，也会使这类企业缺乏市场竞争力和市场灵敏度，从而在其他外部创新融资中表现欠佳。加之国有企业代理制度的不完善、管理层积极性较低等原因，这种企业性质的差异使得政府补助政策在国有企业中的激励效果远远低于非国有企业。这意味着政府补助在非国有企业中的激励效果可能更为显著。因此，政府补助政策的实施和效果可能会有所不同，但总体来说，政府补助对非国企的创新融资有更显著的正向作用，主要原因有以下几点：

其一，政策支持方面。政府补助通常是为了鼓励企业进行创新和投资，非国企通常更符合这种创新和投资的特点，因此社会投资者更容易受到政府补助的影响。

其二，信息不对称方面。非国企通常处于产业链的中下游，市场竞争较为激烈，获取政府补助信息存在一定的难度，这种信息不对称有助于减少资金风险和节约交易成本。

其三，与金融机构合作较少。相比于国企，非国企可能更容易受到金融机构的信贷歧视，获得资金支持的机会相对较少。然而，政府补助可以为非国企提供更多的资金支持，促进其创新融资的发展。

其四，市场机会。政府补助可以帮助非国企抓住更多的市场机会，促进企业的创新和发展。这些机会可能会吸引更多的投资者关注非国企，从而增加其融资渠道。

其五，推动风险投资发展。政府补助可能为非国企提供更多的风险投资机会，这有助于促进风险投资市场的成熟和发展。这对于非国企来说，不仅可以获得资金支持，还可以学习风险投资市场的运作方式。

其六，激励机制。政府补助通常与非国企的创新融资表现相关联，这有助于激励企业更加注重创新和融资的发展。这种激励机制可以促进非国企的创新融资能力提升。

根据以上分析，本书提出：

H3：相比于国有企业，财政 R&D 资助对非国有企业创新融资有更显著的作用。

（2）规模差异

创新经济学领域一个热门研究方向是研究创新活动与企业规模之间的联系。一般来说，规模大的企业具有更强大的资源获取能力，也更能获得官方认可，故此，企业规模是外部投资者投资决策考虑的重要指标。

首先，同样是获得财政 R&D 资助，当被资助对象是小规模企业时，则外部投资者更倾向于认同该企业的高新技术创新能力。而当被资助对象是大规模企业时，外部投资者未必认同该企业的研发能力，从而未必跟投该研发项目。

其次，为了获得外部投资者的跟投，大规模企业基于强大的知识产权保护措施以及获取创新资源的能力，拥有多样化的吸引投资策略、沟通渠道、沟通力度以及营销方案，包括项目推荐会、论证会、“门面装饰”、信用记录、高新认证等，从而可以提升研发项目的知晓度，进而缓解自身与外部市场的信息不对称问题；而谈及小规模企业，由于它们缺乏完整的信用记录、不稳定的现金流和缺乏流动性的抵押物，在传统金融市场面临较大的信贷歧视，存在较大的信息不对称问题。在此情况下，小规模企业由于没有太多的资源去做身份包装和营销策划，无法有效宣传或者夸大自身的技术能力[①]。

综上所述，企业规模差异会影响信号效应的强度，故此，提出本书的第四个基本研究假说如下：

H4：就信号传递效应而言，大规模企业与小规模企业存在较大差异。

3.3 本章小结

本章通过对理论模型、影响机理的梳理与总结后认为：政府创新补贴对外部投资者释放正反两种属性的信号，因而，总体来说，财政资助会对企业的创新融资产生倒“U”型效应。其中的影响机制是信息传播、投资者关系、信息环境。

① 外部投资者不会重视大规模企业创新补贴带来的正面信息，而逐渐把目光放置于小规模企业身上。

第 4 章

中国财政R&D资助的特征及其对企业创新融资的信号效应

本书旨在从信号效应的角度讨论财政 R&D 资助对企业创新融资的影响效应以及影响机制问题，因此，需要建立二者之间的关联，如果财政 R&D 资助对创新融资的解释作用不足，那么我们就失去了研究的意义。基于此，本章先行判断财政 R&D 资助的信号属性的基本事实及创新融资的典型事实，进而保证后续工作能够沿着论证的路径有逻辑地展开。具体思路如下：首先，通过比较生产率与财政 R&D 资源份额的差异，初步判断微观企业、中观产业以及宏观层面财政 R&D 资助的事实特征；其次，分别从企业规模、企业性质以及所在行业三个维度考察企业创新融资特点；最后，以 215 家高新技术企业为研究样本，在规模、结构和调整三个维度考察财政 R&D 资助与创新融资之间的相关性，初步对理论框架进行检验。

4.1　财政 R&D 资助的基本情况

在本章正式展开之前，本节先梳理一下财政 R&D 资助的主要政策。具体如表 4-1 所示。

表 4-1　财政 R&D 资助的主要政策梳理

类别	级别	时间	文件名	相关政策内容
财政引导政策	国家	2011 年	《关于进一步促进科技型中小企业创新发展的若干意见》	拓展科技型中小企业融资渠道
		2015 年	《科技部关于进一步推动科技型中小企业创新发展的若干意见》	拓宽融资渠道、加大对科技型中小企业的财政支持力度、完善落实税收支持政策
		2019 年	《关于新时期支持科技型中小企业加快创新发展的若干政策措施》	加强金融资本市场对科技型中小企业的支持

续表

类别	级别	时间	文件名	相关政策内容
财政引导政策	地方	2009 年	《关于加强科技金融结合促进科技型企业发展的若干意见》	围绕发展科技信贷、创业投资、科技保险等方面提出意见
		2018 年	《关于加强科技金融结合促进科技型企业发展的若干意见》	围绕完善政策体系、服务体系、创新支持方式等方面提出意见
税收优惠政策	国家	2016 年	《高新技术企业认定管理办法》	依据本办法认定的高新技术企业可按有关规定申请税收优惠
		2017 年	《关于提高科技型中小企业研究开发费用税前加计扣除比例的通知》	研发费用按照实际发生额的 175% 在税前加计扣除

由于本章主要描述典型事实，故本节余下部分还要主要根据第 2 章有关创新研发的定义以及财政研发资助的定义获得相关实例。本章借鉴郭玥（2018）的做法，运用文本分析法，通过“关键词”抓取到 2013—2019 年政府对于 215 家高新技术样本企业的财政 R&D 资助名目[①]。

① 具体来说，是将确定为“创新补贴”的所有补贴名目相加得到财政 R&D 资助的金额。结合高新技术行业的特点，创新补贴的筛选范围包括：（1）与技术创新相关的关键词，包含创新、研发、科技、孵化等；（2）与政府投入项目相关的关键词，包含 863、小巨人、星火计划、科技支撑计划等；（3）与人才引进相关的关键词，包含产学研、万人计划、巨人计划、引才引智等；（4）与高新技术相关的关键词，在信息技术行业中如深度学习、物联网、云平台、云计算、人工智能、机器人等。

4.1.1　财政 R&D 资助规模

具体来说，本章此处主要是以股票代码为 300036 的上市公司（北京超图软件股份有限公司）2018—2019 年的情况为样本企业进行说明。具体的财政 R&D 资助细节如表 4－2 所示。

在该年度区间内，该企业获得的财政资助共计 12 项，总金额高达 0.12494 亿元。详细如下：根据第 2 章有关创新研发的定义以及财政研发资助的定义标准，该企业获得了两类财政资助。

第一类是财政 R&D 资助，比如表 4－2 所列的第 1 至 9 项，具体包括：科学城企业研发费用创新支持补贴（补贴金额为 388.9 万元）、产业发展专项经费国家大学科技园管委会补贴（补贴金额为 142 万元）、基于深度学习的国土资源智能监管平台系统项目（补贴金额为 120 万元）、北京市高新技术成果转化项目认定补贴（补贴金额为 100 万元）、高新资金拨款（补贴金额为 100 万元）、二三维一体化智慧国土管理平台系统项目（补贴金额为 80 万元）、成果转化重点项目政策扶持项目（补贴金额为 70 万元）、科技局通过对软件企业的综合考量后酌情发放补助资金（补贴金额为 50 万元）、北京市朝阳区科学技术委员会技术市场补贴（补贴金额为 30 万元），该类合计金额为 0.10809 亿元。

第二类是非创新财政补助。具体包括 2018 年上海市促进文化创意产业发展财政扶持资金项目补贴（补助金额为 38.5 万元）、2018 年市工业和信息化专项资金项目（补助金额为 80 万元）以及 2019 年度服务贸易专项资金申报补贴（补助金额为 50 万元），合计金额为 0.01685 亿元。

表 4 - 2　　　　　政府补贴数据筛选实例

序号	政府补贴名目	补贴类型	本期项目金额（万元）	补贴总额（万元）
1	科学城企业研发费用创新支持补贴	创新补贴	388.9	1080.9
2	产业发展专项经费国家大学科技园管委会补贴	创新补贴	142	
3	基于深度学习的国土资源智能监管平台系统项目	创新补贴	120	
4	北京市高新技术成果转化项目认定补贴	创新补贴	100	
5	高新资金拨款	创新补贴	100	
6	二三维一体化智慧国土管理平台系统项目	创新补贴	80	
7	成果转化重点项目政策扶持项目	创新补贴	70	
8	科技局通过对软件企业的综合考量后酌情发放补助资金	创新补贴	50	
9	北京市朝阳区科学技术委员会技术市场补贴	创新补贴	30	
10	2019 年度服务贸易专项资金申报补贴	非创新补贴	50	168.5
11	2018 年市工业和信息化专项资金项目	非创新补贴	80	
12	2018 年上海市促进文化创意产业发展财政扶持资金项目补贴	非创新补贴	38.5	

数据来源：CSMAR 数据库样本企业相关信息。

4.1.2　财政 R&D 资助方向及调整

在得知了财政 R&D 资助规模之后，本书还需要讨论财政 R&D 资助方向。由于之前的研究不区分财政 R&D 资助和财政非 R&D 资助，本书为了后文的主题更聚焦，对此进行区分。

（1）为了更显著体现二者的差异，图 4－1 报告了两类补贴的情况。

由图 4－1 可知，我国的财政资助力度逐年上升，由此可见，我国财政补助的力度之大，但财政 R&D 资助的增速缓于财政非 R&D 资助的增速[①]，说明，财政 R&D 资助门槛和标准更高，为了使财政资助结构趋于合理化以及为了对接技术导向，财政 R&D 资助的发放更趋于精准、细致。

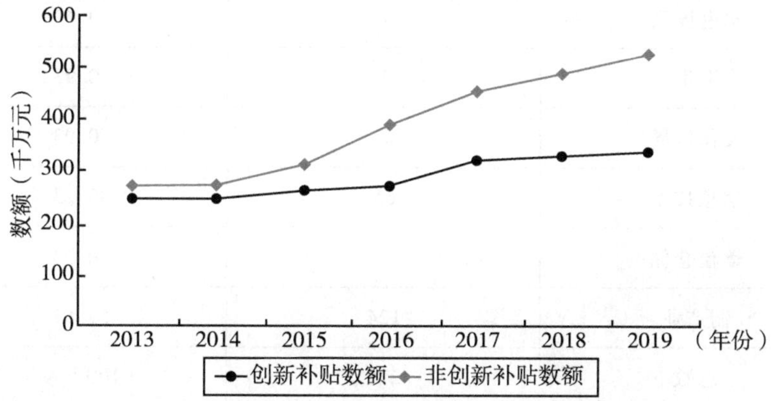

图 4－1　2013—2019 年各年度样本企业获得不同补贴的情况

数据来源：CSMAR 数据库样本企业相关信息。

（2）为了详细知道国家创新补贴的方向，本部分详细梳理了

① 2015—2017 年政府补贴的增长速度快于 2017—2019 年的增长速度，说明近年来大量发放补贴扶持企业的现象已开始放缓。

样本期间我国财政 R&D 资助的行业分布①。具体见表 4－3。

表 4－3　　研究样本行业分布情况

行业	数量（个）	占比（%）
采矿业	3	1.40
公共环保	3	1.40
建筑业	2	0.93
金融业	2	0.93
农林牧渔	3	1.40
批发零售	1	0.47
商务服务	2	0.93
科研服务	3	1.40
水电煤气	1	0.47
卫生	2	0.93
文化传播	2	0.93
信息技术	65	30.23
运输仓储	2	0.93
制造业	124	57.67
总数	215	100

数据来源：WIND 数据库样本企业相关信息。

如表 4－3 所示，样本中制造业的高新技术企业占企业总数量的 57.67%，信息技术行业中的高新技术企业的数量占比为 30.23%，

① 各行业获得的创新补贴在 2013—2019 年有逐步增长的趋势，且增长幅度较大的行业主要是信息技术、科研服务、制造业和公共环保四大领域，说明近年来能够更加容易获得创新补贴的企业一般都以科学研究、清洁生产、计算机技术为支撑。

仅次于制造业。其他行业中的高新技术企业数量与制造业、信息技术行业相差较大，差距明显。具体的数据分布梳理如表 4 -4 所示。

表 4 -4　2013—2019 年各行业样本企业收到政府创新补贴的情况

（单位：十万元）

行业	2013 年	2014 年	2015 年	2016 年	2017 年	2018 年	2019 年
采矿业	37	107	38	112	68	153	138
公共环保	170	108	106	192	384	203	422
建筑业	58	168	97	55	39	79	85
金融业	69	113	142	94	275	123	129
农林牧渔	74	148	46	124	100	119	109
批发零售	4	1	0	3	15	0	1
商务服务	47	10	35	63	199	91	133
科研服务	78	163	185	219	233	322	416
水电煤气	114	41	18	82	150	55	155
卫生	89	19	102	176	120	150	217
文化传播	65	68	11	36	3	20	51
信息技术	1396	1520	1923	2084	2134	3288	3263
运输仓储	18	12	27	39	77	113	114
制造业	8500	8943	10690	11831	18238	17940	18918

数据来源：CSMAR 数据库样本企业相关信息。

如表 4 -4 所示，各行业获得的创新补贴在样本期间有增长趋势，且增幅行业主要分布在信息技术、科研服务、制造业和公共环保四大领域，这说明我们的财政 R&D 资助是符合产业规划和技术规划的。

企业异质性方面的对比。

如前文的理论分析所示，不同产权属性、不同企业规模的信号效应存在差异。具体如图 4－2 所示。

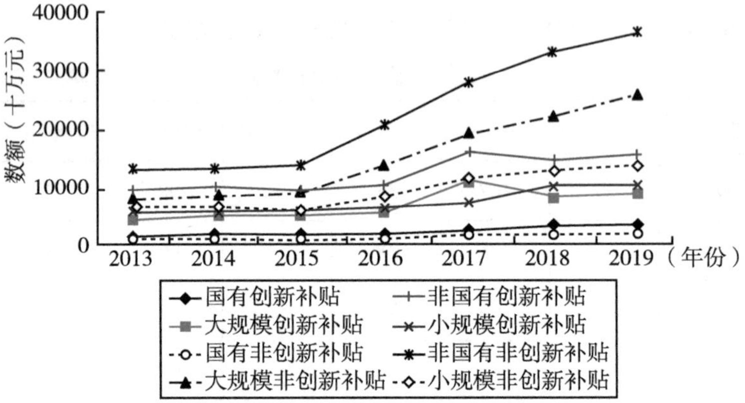

图 4－2　2013—2019 年不同情况下各年度样本企业获得的两类补贴的情况

数据来源：CSMAR 数据库样本企业相关信息。

如图 4－2 所示，在样本期间，就财政 R&D 资助增幅而言，非国有企业高于国有企业；中小规模企业高于大规模企业。这进一步说明，我国的财政 R&D 资助方向在企业性质、企业规模上都在逐步优化。这在一定程度上可以说明：较之国有企业，非国有企业的研发能力在增强，持续存活的概率在增强，中小企业的市场风险以及不确定性也在逐渐减少。当然，这样的结论有待后文进行实证以及给予逻辑解释。

4.2　企业创新融资的基本情况

4.2.1　风险投资类融资情况

就本书关注的主题而言，为了呈现财政 R&D 资助的信号融资效应，本章整理了 2013—2019 年样本企业前十大股东的融资情况[①]。具体如图 4－3 所示。

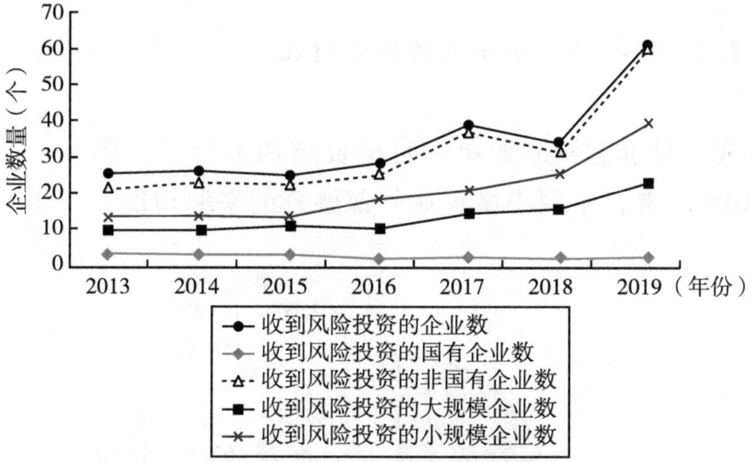

图 4－3　2013—2019 年不同情况的样本企业收到的风险投资情况（单位：个）

数据来源：CSMAR 数据库样本企业相关信息。

如图 4－3 所示，总体来说，2013—2019 年对样本企业进行风险投资的企业数量在逐年增加，而 2016 年开始呈现显著的增长态势。结合前文财政 R&D 资助的情况，可见，财政 R&D 资助与样本企业收到的风险投资存在一定的相关性[②]。就企业性质而言，样本期间收到风险投资的国有企业数增幅不大，而非国有企业的增速激增，这说明：风险投资者正在扭转以往传统金融的"所有制歧视"，更多关注企业的实际研发能力和市场潜力，更愿意投资这类看似风险更大的企业；就企业规模而言，样本期间收到风险投资的小规模企业数激增，而大规模企业的增速不明显，这部分说明：风险投资者正在扭转以往传统金融的"规模歧视"，更多关注企业的

① 具体来说：若股东名称中含有与风险投资相关的信息，则说明该企业在该年度收到了外部市场的融资，即企业在获得政府补贴后，传递出了显著的研发信号，进而吸引到外界的融资。

② 说明近年来随着政府补贴的加大投入，外部市场投资的活力也逐渐被释放。

实际研发能力和市场潜力，小规模企业的知识产权优势越来越得到风险投资者的重视。

4.2.2 科技型中小企业的融资情况

首先，外部融资来源单一且融资结构不合理。图 4－4 反映了截至 2019 年末，全国小微企业外部融资的来源情况。

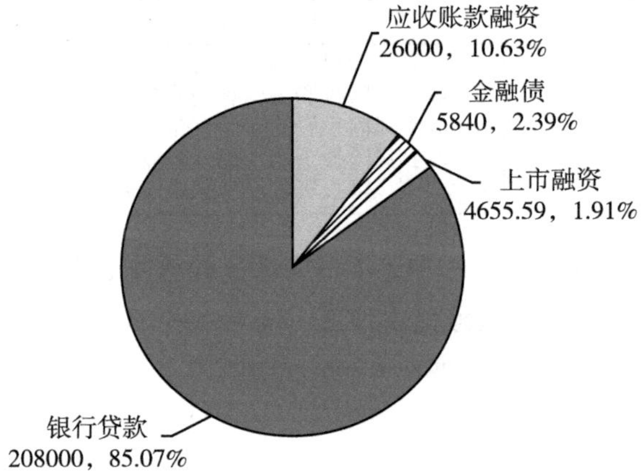

图 4－4 2019 年全国小微企业外部融资来源（单位：亿元）

数据来源： CSMAR 数据库样本企业相关信息。

其次，从贷款可得性而言，科技型中小微企业从传统金融机构获得的外部融资十分有限。目前的融资规模难以满足科技型中小企业的健康发展。具体参见图 4－5。

最后，从融资成本来看，科技型中小企业融资贵问题突出。表 4－5 反映了截至 2019 年 12 月，不同规模的企业的融资成本情况。由表 4－5 可知：就融资成本而言，从高到低的顺序依次是：大型企业、中型企业、小型企业和微型企业，即：企业规模与融资成本成反比。科技型中小微型企业的融资成本甚至是大型企业的 2 倍。融资贵严重地阻碍了中小微企业的外部融资。

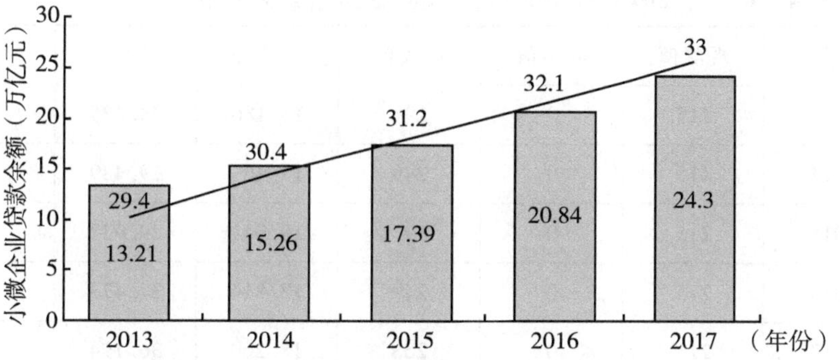

图 4 -5 2013—2017 年全国小微企业贷款情况（单位：万亿元）

数据来源：CSMAR 数据库样本企业相关信息。

表 4 -5 企业融资成本

企业规模	大型企业	中型企业	小型企业	微型企业
贷款利率（%）	4.33	5.09	5.67	5.79
融资成本（%）	3.89	4.46	6.69	7.08

数据来源：《2019 年中国中小企业年鉴》。

4.3 财政 R&D 资助信号融资的典型事实

4.3.1 财政 R&D 资助（规模、结构）与企业创新融资

基于以往的文献，甚少有直接研究财政 R&D 资助与企业创新融资相关性的。故此，本节将从以下规模和结构两个方面来填补这方面典型事实的空缺。

其一，根据我国财政 R&D 资助年份而言，收集企业创新绩效情况如表 4 -6 所示。

表 4 -6　　2013—2019 年样本企业创新绩效的情况

年份	观测值	最小值	最大值	平均数	标准差	中位数
2013	215	0	195	15. 186	28. 225	5
2014	215	0	249	17. 465	29. 489	7
2015	215	0	197	18. 041	29. 937	7
2016	215	0	249	17. 814	31. 473	7
2017	215	0	258	18. 200	36. 194	6
2018	215	0	252	13. 818	29. 818	4
2019	215	0	225	11. 883	24. 096	4

数据来源：CSMAR 数据库样本企业相关信息。

如表 4 -6 所示，2013—2019 年样本企业的创新绩效均值由 18. 2 变为 11. 8837，说明样本期间，企业的创新绩效差距在缩小。对照前文的数据，样本企业于 2017 年获得最多的财政 R&D 资助，而在表 4 -6 中，申请发明专利的均值也是期间最大值，故此，二者呈现显著的正向相关性。而这一年的方差也是最大值，这意味着 2017 年获得的财政 R&D 资助是个拐点数值，其后在缩小差距。

其二，就异质性典型事实而言，不同所有权和不同企业规模存在较大差异。具体情况由图 4 -6 呈现。

由图 4 -6 可知：

（1）样本期间，国企的发明专利申请数量趋于平稳，而非国有企业的发明专利申请数量变动较大，这与前文展示的两类所有制企业获得的财政 R&D 资助情况大致相同。这充分说明：产权性质对财政 R&D 资助的创新绩效存在异质性。

（2）样本期间，不同规模的企业的发明专利申请数量均有波动，且其各自的波动轨迹均与其所获得的财政 R&D 资助的波动方向一致。这充分说明：企业规模对财政 R&D 资助的创新绩效存在异质性。

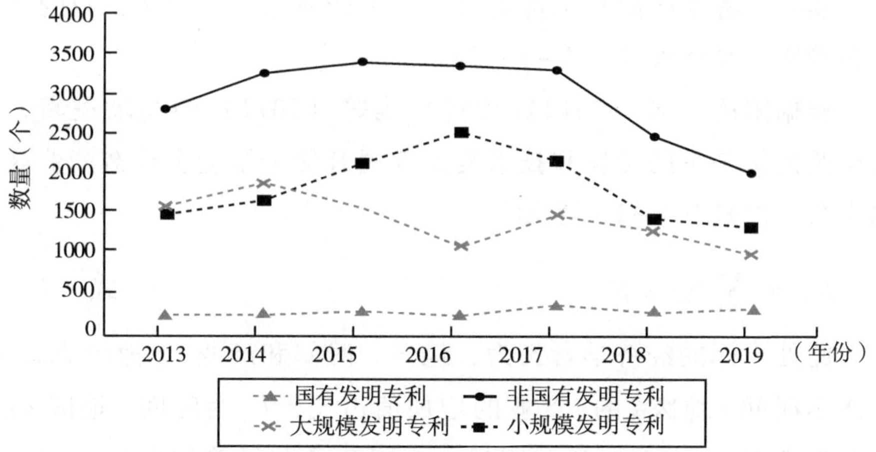

图 4-6　2013—2019 年不同情况的样本企业专利申请情况

数据来源：CNIPA 专利检索数据库样本企业相关信息。

4.3.2　财政 R&D 资助调整与企业创新融资

财政 R&D 资助的偏袒性描述。中国的区域经济发展不均衡已是不争的事实，而在财政 R&D 资源的分配过程中，也存在地区偏向性。数据显示，样本期间东部地区的研发经费和研发人员投入年均值分别占比 70.58% 和 67.44%，东部地区聚集了绝大多数的研发活动和财政研发资源，呈现出显著的空间集聚特征。如果忽略研发活动和财政的创新研发资源配置活动的空间差异，而只是根据全样本层次的 R&D 活动对 TFP 的相关性进行判断，如 Liu 和 White（2001）以及 Li（2009）认为的那样，则结论可能失之偏颇。在总体财政 R&D 资源规模一定的前提下，如果有某种机制可以使得财政 R&D 资源在不同生产率的区域间进行配置，则全体社会的 TFP 都将得到改进。

理论上，财政 R&D 资源的分配要根据各地区的技术优势、创新环境、资源禀赋而定。下面将从三个方面呈现各地区的基本情况。

其一，各地区的技术优势可从中国产业结构高度化指数的空间分布看出，具体如式（4－1）所示。

根据宋凌云等（2012）和黄亮雄等（2012）的文献逻辑，本书按照比例关系的优化和技术复杂度提升两个维度去构造产业高度化指数，由式（4－1）表示：

$$H_{it} = \sum_{j=1}^{J} S_{ijt} \times F_{ijt} \qquad \text{式（4－1）}$$

此处小标的经济学含义为：地区、时间和产业，j 为产业总数；S_{ijt} 表示时间 t 地区 i 的 j 产业的增加值占比；F_{ijt} 为时间 t 地区 i 的 j 产业生产率[①]。此时，H 数值越大，则意味着经济体中生产率高的产业占比越大。

下文用上述公式计算出来的 H 指数为例分析中国产业结构高度化的区域分布和时间趋势。

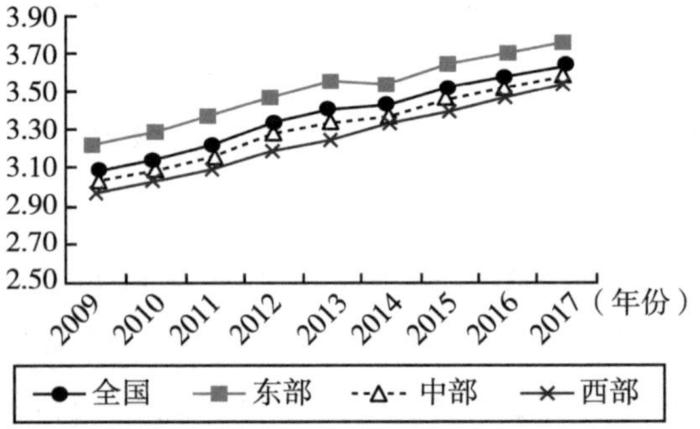

图 4－7　高度化指数的时间趋势

---

① 反映产业生产率的指标很多，例如，劳动生产率（工业增加值/就业人数）、资本生产率（工业增加值/资本存量）、增加值率（工业增加值/工业总产值）、全要素生产率等。这部分用全要素生产率（Total Factor Productivity，TFP）来表征。对于产业全要素生产率的测算步骤为：首先使用工业企业数据库的企业微观样本算出企业的全要素生产率，在具体的测算当中，运用了 Levinsohn 和 Petrin（2003）提出的 LP 法、Olley 和 Pakes（1996）提出的 OP 法等；然后按照增加值比例加权加总企业的全要素生产率，得出各省（市、区）四位数产业的全要素生产率。OP 法与 LP 法为测算微观企业全要素生产率的主要方法。OP 法是基于半参数的一致估计方法，但它一般要求企业投资额不能为零，而在实际中并非每个企业每年都有正的投资。LP 法针对该缺陷，做出相应的修正，引入中间品投入指标代替投资作为代理变量（鲁晓东和连玉君，2012）。

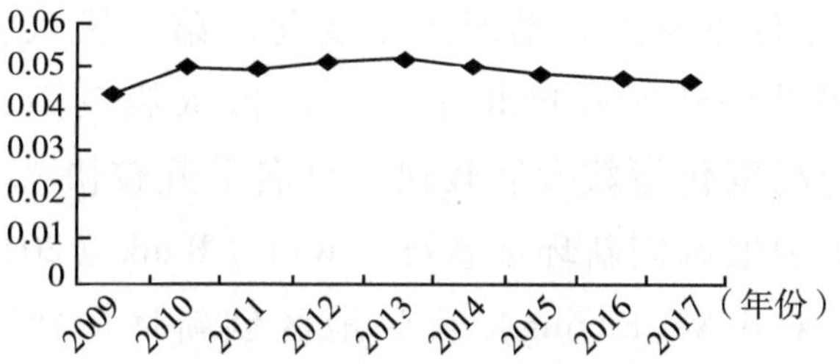

图 4－8　高度化指数的变异系数

图 4－7、图 4－8 呈现了 2009—2017 年中国及其区域的产业结构高度化随时间的变化趋势。总体来看，产业结构变得越来越高级，向生产率水平更高的产业集中。但东部中部和西部三个地区的产业结构升级有分化的趋势。具体可以列表 4－7 来看区域分布。

表 4－7　　中国的产业结构调整：高度化指数的区域分布

年份	梯度	指数范围	省（市、区）
2007	一	3. 145—3. 466	北京、上海、广东、山东、江苏、湖北、福建、河北
	二	3. 167—3. 162	浙江、天津、内蒙古、海南、吉林、四川、云南、辽宁
	三	2. 918—3. 166	重庆、安徽、河南、贵州、黑龙江、广西、宁夏、山西
	四	2. 746—2. 931	湖南、青海、陕西、甘肃、江西、新疆
2017	一	3. 769—3. 988	上海、福建、内蒙古、山东、海南、四川、天津、河北
	二	3. 697—3. 786	广东、北京、江苏、重庆、安徽、青海、湖北、吉林
	三	3. 582—3. 697	湖南、广西、江西、河南、贵州、云南、辽宁、陕西
	四	2. 869—3. 587	宁夏、浙江、山西、甘肃、黑龙江、新疆

数据来源：笔者根据公式，采用工业企业数据库测算而来，在笔者已出版专著里有详细的计算过程说明。

由此可见，样本期初，第一、二技术梯队主要集聚在东部沿海地区[①]，但到了样本期末，情况起了变化。第一梯队主要集聚在天津周围，东部沿海地区高度化生产率指数依然较高，但排名在退后，而西部的高度化指数发展较快，排名上升较快[②]。

其二，中国地区创新环境状况。World Bank（2011）构建调整净储蓄（Adjusted Net Saving）反映地区创新环境状况。根据相关计算方法统计得表 4－8。

表 4－8　　中国地区创新环境状况　　单位：元

年份	梯度	指数范围	省（市、区）
2007	一	3118.99—7639.34	北京、上海、广东、天津、浙江、江苏、福建
	二	1499.78—2598.89	山东、河南、辽宁、河北、黑龙江、海南、新疆
	三	829.78—1345.98	湖北、江西、吉林、内蒙古、山西、安徽、青海
	四	－576.09—779.98	四川、陕西、广西、甘肃、云南、贵州
2017	一	15111.72—28598.32	北京、上海、浙江、江苏、福建、辽宁、天津
	二	8705.56—14793.48	广东、山东、吉林、河北、黑龙江、湖北、内蒙古
	三	5870.67—8034.89	湖南、河南、陕西、海南、四川、安徽、江西
	四	2176.78—5870.89	山西、广西、云南、甘肃、贵州、新疆、青海

数据来源：作者根据公式测算而来，在作者已出版专著里有详细的计算过程说明。

由此可见，样本期初，第一、二技术梯队也主要集聚在东部沿海地区，但到了样本期末，情况起了变化。第一梯队东部沿海地区高度化生产率指数依然较高，但排名在退后，而西部的创新环境指

① 第一梯队中仅有湖北不属东部地区。

② 出现这种状况源于：（1）四位数产业构造的高度化生产率指数考察的仅是工业产业，相对来说，东部省区的第三产业比重增幅更大，即东部省区向第三产业调整的情况并没有考虑到；（2）产业转移。发达地区为了发展服务业，转移部分企业，这些企业并非全是落后企业，具有一定水平的生产率。

数发展较快，排名上升较快①。

其三，中国地区的资源禀赋分布②。本书采用分位数方法度量生态文明评价指数的空间分布，并因此度量地区的资源禀赋分布。具体如表 4 -9 所示。

表 4 -9　　中国资源禀赋指数的区域分布

年份	梯度	指数范围	省（市、区）
2007	一	-0.0598—0.1756	上海、广东、山东、浙江、江苏、河南、四川、福建、
	二	-0.1189—0.0534	北京、河北、广西、湖南、黑龙江、辽宁、云南、湖北
	三	-0.1789—0.1186	天津、江西、陕西、吉林、重庆、海南、山西、安徽
	四	-0.5179—0.2398	甘肃、贵州、青海、宁夏、西藏、新疆、内蒙古
2017	一	0.3739—0.9898	北京、上海、广东、江苏、河南、浙江、河北、山东
	二	0.2112—0.3679	天津、内蒙古、陕西、辽宁、湖南、福建、山西、四川
	三	0.0219—0.1897	湖北、安徽、云南、海南、江西、广西、黑龙江、新疆
	四	-0.4798—0.1229	吉林、重庆、贵州、甘肃、宁夏、青海、西藏

数据来源：作者根据公式测算而来，在作者已出版专著里有详细的计算过程说明。

2007 年，第一梯队主要集中在东部沿海地区，如，第一梯队中除河南和四川外，都属于东部地区。第四梯队，全是西部省份，从而形成了东高西低的分布状况。到 2017 年，东高西低的分布状

① 出现这种状况源于：（1）四位数产业构造的高度化生产率指数考察的仅是工业产业，相对来说，东部省区的第三产业比重增幅更大，即东部省区向第三产业调整的情况并没有考虑到；（2）产业转移。发达地区为了发展服务业，转移部分企业，这些企业并非全是落后企业，具有一定水平的生产率。

② 本书参照韩永辉等（2015），采用全局主成分分析模型（Generalized Principle Component Analysis，GPCA）测算的生态文明发展指数度量各省区的生态经济协调程度。

况并没有改变。此时，第一梯队的省份除河南外，均是东部省份；而第四梯队大部分是中西部省份。各省的生态文明发展是一个曲折上升的过程。在总体上升的大趋势下，部分省市在部分年份出现了下降，这表明各省市资源禀赋指数有一定的波动性[①]。

其四，本章根据 Moran's 散点图整理得到财政 R&D 资源的空间集聚形式及其变化如表 4-10 所示。

表 4-10　　财政 R&D 资源的空间集聚

集聚类型	2001 年	2010 年	2019 年
H-H	北京、上海、天津、江苏、山东、辽宁、吉林、黑龙江、河南、湖南	上海、江苏、北京、天津、辽宁、吉林、黑龙江、山东、河南、湖南	北京、天津、上海、山东、河南、湖北、湖南、江苏、安徽、福建
L-H	河北、福建、重庆、浙江、安徽、江西、新疆	河北、浙江、江西、山西、吉林、海南、新疆	浙江、江西、河北、山西、吉林、海南、新疆
L-L	海南、贵州、内蒙古、广西、云南、青海、宁夏	内蒙古、贵州、云南、广西、重庆、甘肃、青海、宁夏	重庆、贵州、云南、甘肃、内蒙古、黑龙江、广西、青海、宁夏
H-L	广东、山西、湖北、四川、陕西、甘肃	广东、四川、陕西、黑龙江、辽宁	广东、四川、陕西

数据来源：作者根据公式测算并统计而来。

① 各省区仍然需要继续努力寻求稳固各地生态文明发展的长效机制，建立和完善各种巩固生态文明建设成果的政策和制度机制。省域生态文明发展表现出一定的地域不平衡特征。生态文明指数上升最快的五个省依次为山东（指数提高了 0.8221）、广东（0.6431）、江苏（0.6425）、河南（0.5935）、内蒙古（0.5242）；指数上升最慢的依次为西藏（指数仅提高了 0.0405）、青海（0.1336）、甘肃（0.1436）、吉林（0.1460）、黑龙江（0.1525）。从提升幅度的比较看，上升最快的五个省份的提升幅度是上升最慢的五个省份的 5.234 倍，区域间差异明显。从区域分布看，指数上升较快的五个省属于东、中部地区，上升较慢的五个省分别为西部和东北，表明中国仍需努力探索一条区域间协调平衡发展的生态文明共同进步道路。

由表4-10可知，H-H形式[①]主要集聚在东部地区，而L-L形式主要聚集在西部地区（除内蒙古外）[②]，而中部地区主要位于L-H和H-L俱乐部中。由以上四个俱乐部集聚模式可知：我国财政 R&D 资源配置存在空间分布的不均衡和空间依赖性。

4.4　本章小结

本节先对财政 R&D 资助、企业创新融资的基本情况进行分析，接着，分别从规模、结构和调整三个维度，提炼了财政 R&D 资助与各个层次和维度的创新融资的相关性典型事实，从而为后三章的实证奠定基础。

① 其中北京、天津、上海、江苏、山东、河南、湖南始终位于H-H俱乐部。

② 其中内蒙古、广西、贵州、云南、青海、宁夏这六个省份在样本期间一直属于L-L俱乐部。

第 5 章

财政R&D资助的信号效应
——基于政府视角

财政 R&D 资助的信号属性具有重要的政策含义。在后文验证这个信号之前，我们需要实证财政 R&D 资助是否推动了企业的研发投资，故此，本章运用 2012—2019 年中小板上市企业数据探讨政府创新资助促进中小板上市企业 R&D 投资的信号功能的逻辑机理。实证结果表明：全样本来看，政府创新资助与中小板上市企业 R&D 投资显著正相关；分样本而言，政府创新资助对中小企业 R&D 投资的拉动效果与企业股权性质、资产负债率水平及利息保障倍数大小有关，融资约束是政府补助效果的关键中介变量。将融资约束作为解释变量加入实证模型中进一步研究发现，政府创新资助大大缓解了中小板上市企业的外部融资约束，外部投资者显著提升了中小企业的 R&D 投资。本章的研究结论丰富了该主题在中小板市场的相关研究，有利于政府充分发挥产业政策的作用，使政府补助资源效用最大化。

5.1　引　　言

发挥产业政策的信号功能集聚社会创新资源，构建财政资金的创新融资引导机制，是政府推动创新驱动发展战略的必经之路。党的十九大、《“十四五”国家科技创新规划》以及《科技型企业成长路线图规划》等文件强调加大财政对企业创新的扶持力度[①]。但随着科技成果产业化前期的资金逐渐加大，单纯依靠国家投入已不现实，且理论界对政府补助资金的“馅饼”抑或“陷阱”效应争论已久且还在持续发酵，财政介入创新驱动发展战略的恰当方式、程度与时机等重要问题亟待新的理论框架（Aghion 等，2015；王

① 实践中，我国政府研发投入的总量逐年加大，结构不断优化，有力地推动了创新驱动发展战略的实施。

刚刚等，2017）。

政策初衷与现实的矛盾蕴含着深刻的理论命题：企业创新过程中出现了知识市场和资本市场的双失灵。知识市场失灵可用财政资金去弥补创新成本从而增强企业的创新意愿，而资本市场的核心要素是信息，资本市场失灵的解决之道在于有效发挥信息机制（Bartels 和 Brady，2003；Faccio，2006；Du 等，2010）。

以阿罗为代表的现代经济理论认为：政府干预研发活动的正当性在于企业创新行为的外溢性和风险性（Arrow，1962；Romer，2001），这是一种知识市场失灵视角。随后的研究在此视角下聚焦于财政 R&D 资助政策对企业自身 R&D 投入—产出—行为的增量效应（Nelson，1959；Lach，2002；Georghion，2004；Clarysse 等，2009）。随着学界对创新活动本质认识的不断深入，人们发现：制度背景、政府资助规模、资助对象选择、信息不对称程度以及资助资金监管等会影响政策效果（Romano，1989；Berube 和 Mohnen，2009；解维敏等，2009；Arque 和 Castells，2013；Jaffe 和 Le，2015），直接的财政干预方式被种种质疑（Mamuneash 和 Nadiri，1996；Gorg 和 Strobl，2007[①]）。实证研究中，结论也并不一致。“激励效应”和“挤出效应”以及“门槛效应”都有充足的证据。

理论上，政府补贴对创新产出影响存在两个属性：其一是资源属性，财政 R&D 资助无疑会直接增加企业的研发资源，从而激励企业研发的投入，这是激励效应：政府补贴超过一定限度，可能导致企业过于依赖政府，挤出企业自身的研发费用，导致交易成本上升，对企业创新投入发挥替代作用，这是挤出效应；其二是信号属性，一方面，政府资助会释放“认可标签”产生积极信号，政府的认可可以改善信息不对称，有利于外部增加投资，进而缓解企业融资约束，从而补充创新资源，另一方面，财政 R&D 资助会被外

① 国内相关文献还包括；魏志华等（2015）；安同良等（2009）；毛其淋和许家云（2015）；黎文靖和郑曼妮（2016）。

部融资者解读为“公共利益高、市场风险大”等消极信号[①]。

由此可见，目前实证研究主要是讨论政府补贴的资源属性，单纯观察政府补贴对于企业投入的影响，混淆了财政 R&D 资助的“直接效应”与“间接效应”，没有厘清“增量功能”与“信号功能”的差异。事实上，为打开企业创新过程的“黑箱”，深入理解财政 R&D 资助影响企业创新绩效的具体作用机制，理论界已经开始转入信号功能政策评估分析框架（Lerner，1999；李彰和苏竣，2017）。基于此，本书拟探讨当前中国治理情景下政府 R&D 资助的信号功能，具体探讨政府创新资助对企业创新融资的作用机理以及政府 R&D 资助政策的优化路径。

融资约束可以视作厘清这两个功能差异的关键变量。Hall（1992）和 Himmelberg 以及 Petersen（1994）认为，企业 R&D 投资存在着融资约束，其面临的外部融资困境比其他融资困境更严重，从而抑制了企业 R&D 投资。基于政府补助信号传递机制的视角，财政 R&D 资助是通过缓解企业的外部融资约束从而促进企业的 R&D 投资。因此，本书将主要探讨融资约束对政府补助与中小企业 R&D 投资关系的作用程度，这对激励中小企业的 R&D 活动，提高其存在价值具有现实意义。

企业 R&D 投资的高投入、企业 R&D 投资的长期性、研发产出的不确定性以及企业与投资者之间的信息不对称性，导致市场对企业研发的投资积极性不高。此外，由于国有企业或大型企业更受国有银行的青睐，民营中小企业更不易获得银行贷款（林毅夫、李永军，2001）。在经济增速放缓、经济结构改革、外部融资受限的背景下，政府补助成为我国中小企业 R&D 活动主要外部融资来源。同时，政府补助能在一定程度上缓和融资约束的负面影响（雷鹏

① 技术创新和新创企业具有周期长、投入高和风险大的特征，针对研发活动的政府补贴也可能向外部投资者传递企业具有高度不确定性的消极信号，阻碍外部投资者向企业提供投资，不利于企业的外部融资。

等，2015）。

在此背景下，本书通过我国 2011—2018 年中小板上市企业的数据，探讨政府补助通过融资约束对中小板上市企业 R&D 投资产生的具体影响，对企业积极提高自身的 R&D 投资以及有效提升自己的企业价值具有重要的现实意义。同时，可以向政府当局及时反映政府补助机制的作用效果与不足，通过完善我国的产业政策传导机制以及创新补助资源的配置，帮助我国中小企业摆脱融资困境，摆脱其研发创新积极性不足的局面，提升企业自身创造力和发展力，同时，有利于优化市场结构，提高中小企业市场的活力。

5.2 理论基础与研究假设

5.2.1 政府创新资助与企业创新投入的关系

（1）政府补贴对企业创新投入的信号功能

自布兰克和斯蒂格勒 1957 年探讨了政府补助与企业 R&D 投资之间的关系之后，类似的实证研究很多。主要有“激励效应”（戴晨和刘怡，2008；解维敏等，2009；Romano，1989；Berube 和 Mohmen，2009；Jaffe 和 Le，2015）、“挤出效应”（Mamuneas 和 Nadin，1996；Lach，2002；郑绪涛，2009；魏志华等，2015）以及倒“U”型关系（王文煜等，2015；吴晓晓等，2015；毛其淋等，2015）。迄今，二者的关系无法达成一致的结论，随样本、研究方法不同而有差异。

理论界对政府补助资金的“馅饼”抑或“陷阱”效应争论已久且还在持续发酵，说明这个问题远远没有得到解决，还是个“黑匣子”有待打开。实践中，财政介入创新驱动发展战略的恰当方式、程度与时机等重要问题亟待新的理论框架（Aghion 等，

2015；王刚刚等，2017）。政策初衷与现实的矛盾蕴含着深刻的理论命题：企业创新过程中出现了知识市场和资本市场的双失灵。

第一个失灵是与研发投资相关的公共产品有关，可以认为是知识市场的失灵。知识溢出到潜在的竞争对手，使得投资研发的组织无法获得与其投资相关的全部回报，私人创新激励达不到社会最优水平点（Hamberg，1966；Scott，1984；Mansfied，1986；卢馨等，2013）。

第二个失灵是创新者和潜在的投资者之间的信息不对称，可以称为“资本市场的失灵”（李彰和苏竣，2017）。投资者不能满怀信心地预测早期技术的价值，尤其是在成功前景高度不确定、时间跨度较长、需要多阶段投资的情况下。

政府补助企业 R&D 投资的作用渠道主要是行为额外性[①]和信号功能这两个渠道。然而，就中国的中小研发企业而言，这两个分析框架是交织在一起的。一方面，政府研发补助会作为资金流，企业现金持有量的增加，能对冲企业的 R&D 投资—现金流敏感性，在一定程度上缓解企业 R&D 投资对企业内部的现金流依赖（卢馨等，2013），改善企业的研发现金流敏感性，通过分摊创新成本以及提高风险承受能力，从而增加企业的研发投资（雷鹏等，2015）；另一方面，信号功能理论认为，研发资助能够向市场投资人传递企业的积极信号，从而帮助缓解融资约束。在政府补助的信号传递机制（郭玥，2018）下，市场投资者基于这种补助的额外认证，对企业的认可和评价会有所提升（王刚刚，2017），企业外部融资约束有所缓解，外部融资渠道变宽，企业 R&D 投资会相应增加。

（2）资本市场失灵视角下财政 R&D 资助对企业创新的作用机理及融资效应

中小研发企业面临的最大问题是企业家与外部投资人间的信息

① 政府研发补助会作为资金流直接影响企业的自由现金流入量，导致企业 R&D 投入额直接增加，从而促进企业内部 R&D 活动，这称之为政府补助的研发额外性（郭玥，2018）。

不对称。而中国情景下，企业家与外部投资者之间的信息不对称尤甚。中小研发企业具有以外部合法性不足和内部资源缺乏为特点的“新生劣势”（彭伟、符正平，2015；杨艳、景奉杰，2019），存续时间大多不超过 5 年（何晓斌等，2013），体现出低成长率、轻资产、高风险、少传统抵押物以及知识资产的专用性，会削弱企业为研发活动筹集资金的能力，面临严峻的融资约束。即便是风险资本这类专业化的金融中介机构也难以完全解决这一难题，企业创新融资方面面临资本市场失灵（李彰和苏竣，2017）。

信号效应相关理论认为财政 R&D 资助通过信息传递机制和价值认证机制向市场投资者释放受资助企业创新的积极信号，有助于投资者获得关于企业的软信息和隐性知识，并增强对企业创新价值和潜力的信任（Millan 和 Woodruff，2002；Allen 等，2005；Bai 等，2006；Claessens 等，2008；余明桂等，2008），有效规避可能面临的逆向选择问题和道德风险问题，降低外部投资者对企业的风险评估（申香华，2014），有利于企业外部融资（Miguel 和 Wouter，2012；Meuleman 和 Maeseneire，2012；Colombo 等，2013）。

（3）中国治理情景下财政 R&D 资助的信号功能及其对企业创新融资的影响

相对于发达国家，中国面临着迥异的市场环境与政府角色，财政 R&D 资助的信号功能具有一定的复杂性。

一方面，由于政府资助目的多元化、政企投资逻辑的不一致且政府传递信息存在局限性，财政资助信息未必能增加企业的外部融资（Jaggi 和 Baydoum，2001；Riedl 和 Srinivasan，2007）。而且，就创新融资的市场配置效率而言，中国的财政资助存在“扶弱”和“培优”两种规则的权衡（唐清泉和罗党论，2007；朱松和陈运森，2009；邵敏和包群，2011；孔东民等，2013），“培优”规则下的财政研发补贴信息公告能增进创新资源配置效率（Feldman 和 Kelley，2006；谢小芳等，2009；Kleer，2010）；而“扶弱”倾向下的财政 R&D 资助对于市场投资者是信息噪音，会误导其投资决策，从而损害资本市场的资源配置效率（林南，2004；李敏才和刘峰，2012）。

另一方面，财政 R&D 资助基于科学严密的项目筛选论证程序（包括事前全面审查评估、事中信息公开以及事后的动态监督管理）以及社会规划者独特的身份优势（包括信息优势、专家库技术优势和国家信用优势[①]），财政 R&D 资助信息公告会提供受资助企业的技术创新能力水平、受资助项目的技术质量、发展前景、经济贡献等方面的信息披露认证、创新质量认证以及隐性信用担保，有助于企业吸引外部资金，缓解融资约束，具有信号功能（郭晓丹和何文韬，2011；Soderblom 等，2015；杨洋等，2015；王刚刚等，2017；郭玥，2018）。

然而，更应该注意到中国治理情景下，政府对经济的主导作用以及对市场的示范效应。中国财政 R&D 资助体系是资金流和信息流的集合体。从宏观上看，财政 R&D 资助体系包括两大特征，一是资助方向，二是资助强度。财政 R&D 资助体系由各种创新方向的资助构成。财政 R&D 资助方向向市场传递了新时期中国科技发展的方向和重点领域，是产业布局战略规划，客观上是对受资助项目的技术发展前景和市场潜力进行价值认证，这会对企业以及市场投资者产生影响。财政 R&D 资助强度通过引导财政资金流的集散向市场释放了受资助企业的技术创新能力水平、受资助项目的技术质量、创新价值等方面的软信息和隐性知识，增强了企业创新方面的信息透明度，降低了信息不对称程度。它们会影响企业创新行为，进而影响创新融资。从微观上看，财政资金流是财政 R&D 资助体系形成和发展的条件，它内生的资金流和信息流引导创新资源集聚（如图 5-1 所示）。由此可知，中国情境下，政府的创新补助促进企业的 R&D 投入。

① 使得政府能够较准确地识别企业真实质量和投资价值（Feldman 和 Kelley，2006；Kleer，2010）。

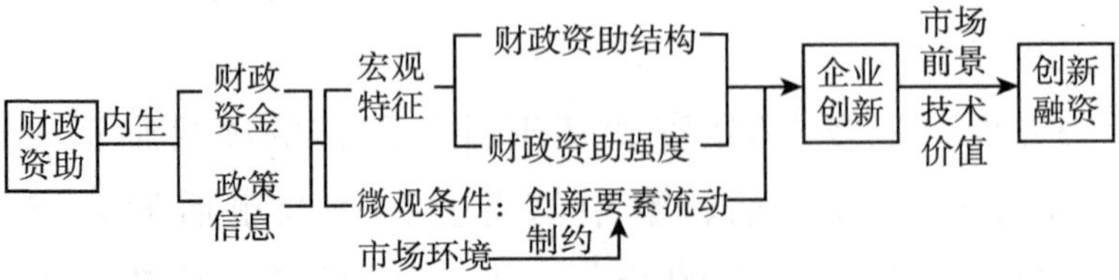

图 5－1　总体框架

5.2.2　融资约束在其中的关键作用

已有研究认为，中国财政 R&D 资助存在“培优”和“扶弱”这两类规则的权衡，二者都有助于企业的创新融资，但创新资源配置效率迥异。若“培优”倾向更重，则财政 R&D 资助信息将对创新融资市场发送有用、有价值的质量信号，能有效引导创新资源配置；若“扶弱”动机更明显，则财政 R&D 资助信息对于处于信息劣势方的市场投资者而言是信息噪音，会增加他们的信息甄别成本，从而降低创新资源配置效率。由此可知，政府创新资助的信号功能聚焦于中国财政 R&D 资助是否能有效引导外部投资者。即要验证企业 R&D 投资中的外部融资约束是否是其中的关键中介变量（杨洋等，2015；吴伟伟和张天一，2021）。其逻辑机制可参见图 5－2。

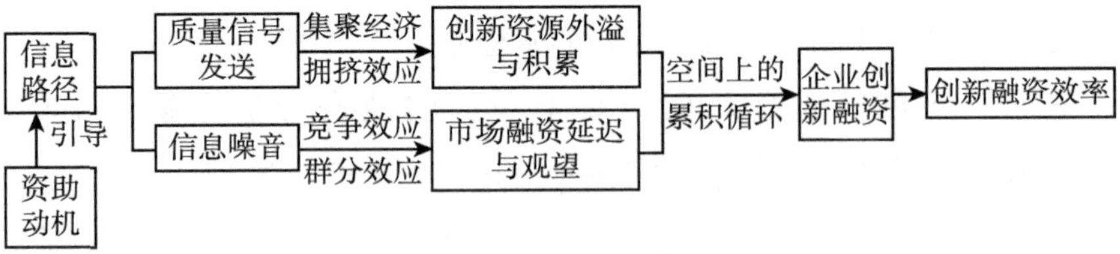

图 5－2　财政 R&D 资助动机、异质信息传递路径
与企业创新融资效率

实际上，融资约束作为衡量企业创新资源配置效率（企业内外部融资成本）的重要观察指标被广泛研究。Greenwald、Stigliz 和 Weiss（1984）认为：由于资本市场的不完备（不对称信息、代理成本等）导致企业内、外部融资成本存在差异。Brown、Fazzari 和 Petersen（2012）实证发现：全球主要经济体都存在企业创新的融资约束问题。融资约束在一定程度上可以用来衡量企业的创新资源配置效率。政府补助会通过外部融资成本和补助信号传递等因素缓解企业的 R&D 融资约束，从而促进企业 R&D 投资。因此，融资约束在中国财政 R&D 资助的信号功能中发挥着不可忽视的中介作用。具体的逻辑可见图 5-3。

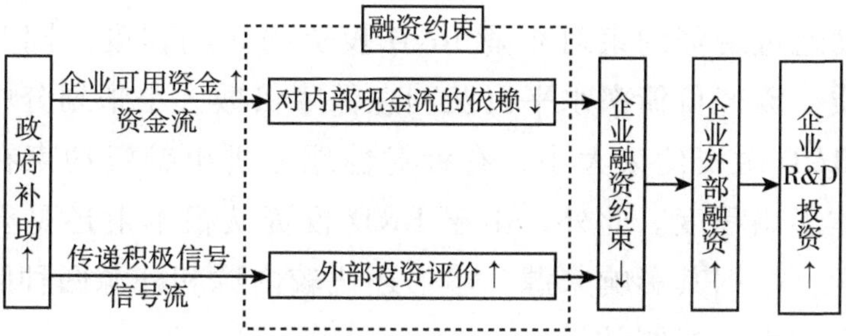

图 5-3　融资约束的中介作用机制

尽管有学者注意到融资约束对两者之间关系的影响，但将融资约束作为中介变量的研究并不多，也很少在中小板上市企业实证分析中研究其在这对关系中的具体传导路径以及影响深度（Beaudryetal，2001；Baernanke 和 Kuttner，2005；张新民等，2017；陈冬华等，2010）。

但是，现有文献得出的基本结论有以下几点。

其一，金融市场发展对企业 R&D 投资的促进作用受到地方政府干预的影响（解维敏，2011），国有中小企业和民营中小企业存在显著的融资约束差异（张新民等，2017）。在既定补贴规模下，财政 R&D 资助对于不同所有制企业的蓄水池效应与挤占效应存在显著的差异。国有企业的优势会减少外部投资者对其研发风险的担忧，挤占效应更加容易对非国有新创企业产生不利影响。因此国有新创企业的融资约束对研发补贴和创新投入关系的作用弱于非国有新创企业（Liang 等，2012；刘贯春等，2019；Piotroski 和 Zhang，2014；Luo 等，2011；闫海洲、陈百助，2018）。

其二，在具体的融资约束测度上，企业资产负债率最高的 30% 为融资约束弱组，最低的 30% 为融资约束强组（卢馨等，2013）；利息保障倍数数值越低，公司拖欠债务的可能性越大，利息保障倍数最大的 30% 为融资约束弱组，最小的 30% 为融资约束强组（Carpenter 和 Guariglia，2008）。

由此，下文将研究主体确定为我国中小板上市企业，研究政府创新补助通过融资约束对企业 R&D 投资的激励程度。同时，利用股权性质、资产负债率水平以及利息保障倍数大小来划分中小板上市企业 R&D 融资约束大小，有针对性地分析出融资约束在两者之间的具体影响程度。此外，由于 R&D 投资从根本上还是企业资金配置问题，根据其影响来源，本书还比较内源和外源两种路径综合检验融资约束的机制效果。

5.3 实证策略

5.3.1 实证模型

综合政府资助主题的相关文献，借鉴现有研究方法，构建模型如下：

$$RD_{it} = \alpha_i + \beta_1 GS_{it-1} + \beta X_{it} + u_i + v_t + \varepsilon_{it} \qquad 式（5-1）$$

其中 RD_{it} 为 i 市 t 年的企业研发投入指标，并对其进行了取对数的处理（包群等，2013），由于研发资助是研究的关键变量，因而我们综合了国内外主要学者的最新研究文献（卢馨等，2013；雷鹏等，2015；郭玥，2018；徐维祥等，2018），在式（5－1）中 GS_{it-1} 代表 i 市 t 年企业获得的政府创新资助数额的对数值，数据主要来源于企业年度报告中的“计入当期损益的政府补助”指标的滞后一期来反映政府补助政策的滞后效应。在稳健性检验中，本书采用计入当期损益的政府补助与企业当年的营业收益比作为政府资助的代理变量。

X_{it} 是一系列控制变量，包括净资产收益率（*ROE*）、企业规模（*Size*）、股权集中度（*OC*）、企业投资机会（*Q*）、企业成长性（*S*）。

式（5－1）反映了政府创新资助对企业研发投入的直接效应。为了进一步检验融资约束在政府补助促进中小板上市企业 R&D 投资过程中的中介效应，本书借鉴郭玥（2018）的研究，将企业分为国企和民企两组。借鉴卢馨等（2013）和连玉君（2010）研究，把企业当年资产负债率和利息保障倍数两个指标分别按大小排序，其中融资约束低组为前 30% 的样本，高组为后 30% 的样本。

为了更严谨地获取其影响效应，本书借鉴前人做法，在基准模型中加入中介变量（*CF*）及其交叉项（$GS \times CF$），从内源融资约束与外源融资约束两条作用路径，检验融资约束的中介效应。具体公式如下：

$$RD_{it} = \alpha_i + \beta_1 GS_{it-1} + \beta_2 CF_{it} + \beta_3 CF_{it} \times GS_{it-1} + \beta X_{it} + u_i + v_t + \varepsilon_{it} \quad \text{式（5－2）}$$

其中 β_3 为交乘项的系数，当交乘项显著时，即证明融资约束的中介作用有效[①]。

具体变量指标的说明如表 5－1 所示。

① 本书用企业经营活动产生的现金流量净额来表示内源融资约束（卢馨等，2013），借鉴 Cleary（1999）和况学文（2010）的做法，利用财务指标构造外部融资约束指数。

表 5-1　　　　变量指标说明

变量	指标	变量含义
被解释变量	企业 *R&D* 投资（ln*RD*）	企业研发投入额，并取自然对数
解释变量	政府补助（ln*GS*）	政府补助额，并取自然对数（滞后一期）
中介变量	融资约束（*CF*）	根据企业股权性质、资产负债率和利息保障倍数进行划分
	内源融资约束（*CF*1）	经营活动产生的现金净流量
	外源融资约束指数（*CF*2）	运用多元判别分析法将资产负债率、流动比率、营运资金比率构造的融资约束指标
控制变量	企业成长性（*S*）	营业收入增长率 =（期末营业收入 - 期初营业收入）/期初营业收入
	企业盈利性（*ROE*）	净资产收益率 = 净利润/净资产
	企业规模（*Size*）	总资产的自然对数
	股权集中度（*OC*）	第一大股东持股比例
	企业投资机会（*Q*）	企业托宾 *Q* 值 = 企业市值/重置成本

5.3.2　描述性统计与数据来源

本书选取中小板上市企业为样本的原因有二：其一，以中小板企业为样本的相关研究少见；其二，中小企业是新经济下研发创新的主力，中小企业保持可持续的 R&D 投入，是保持市场活力和经济稳定发展的必经之路。

本书根据以下标准筛选有效数据：1. 剔除金融类企业；2. 不包括 ST、*ST 企业；3. 不包括年份或变量缺失的企业。最终选择 2012—2019 年 370 个中小企业板上市企业的 2960 个观测样本。本书数据主要来源于 *RESSET* 数据库和 *CSMAR* 数据库，其中政府补助从企业年度报告“计入当期损益的政府补助”指标手工收集。

样本主要变量的描述性统计结果见表 5 - 2。

表 5 - 2　　　　　　　　全体样本的描述性统计

变量名称	变量解释	样本容量	平均值	标准差	最小值	最大值
ln*RD*	企业研发	2960	17. 8931	1. 2068	12. 3559	22. 2235
ln*GS*	政府补助	2960	15. 9998	1. 2578	9. 2103	20. 7593
S	营业收入增长率	2960	0. 2516	1. 9469	- 0. 8007	84. 9920
ROE	净资产收益率	2960	0. 0507	0. 0631	- 0. 6476	0. 5981
Size	企业规模	2960	21. 8631	0. 8776	19. 1987	25. 5225
OC	股权集中度	2960	0. 3288	0. 1436	0. 0415	0. 8649
Q	托宾 q 值	2960	2. 2331	1. 5002	0. 4673	31. 4002

图 5 - 4 汇总了 2011—2018 年所有有效企业的政府补助与企业 R&D 投资的关系。由此发现，政府补助越多，企业 R&D 投资随之增长。下文将通过回归分析，判断企业 R&D 投资与政府补助的数量关系在统计上是否显著。

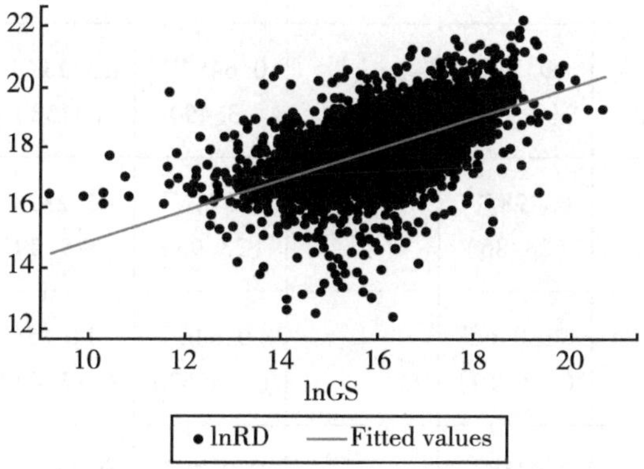

图 5 - 4　企业 R&D 投入与政府补助相关性

5.4 实证结果

本书的模型设定为固定效应模型，具体实证结果如表 5 - 3 所示，模型（1）、模型（2）分别为无控制变量和有控制变量的基准回归；模型（3）、模型（4）表示是对模型（1）、模型（2）进行个体、时间双向固定的回归；模型（5）、模型（6）为稳健性检验，其中模型（5）为将“企业投资力度”替换“企业投资”；模型（6）为随机效应模型。

表 5 - 3　　全样本的回归结果

	(1) ln*RD*	(2) ln*RD*	(3) ln*RD*	(4) ln*RD*	(5) ln*RDI*	(6) ln*RD*
ln*GS*	0. 325 *** (24. 82)	0. 0889 *** (7. 84)	0. 131 *** (10. 57)	0. 0724 *** (6. 40)	0. 913 *** (4. 04)	0. 101 *** (9. 05)
S		0. 0107 * (2. 27)		0. 0146 ** (3. 12)	0. 151 (1. 62)	0. 00996 * (2. 11)
ROE		0. 317 (1. 74)		0. 645 *** (3. 49)	13. 23 *** (3. 58)	0. 458 * (2. 55)
Size		0. 798 *** (38. 86)		0. 674 *** (23. 93)	- 5. 232 *** (- 9. 29)	0. 801 *** (41. 31)
OC		- 1. 046 *** (- 6. 19)		- 0. 646 *** (- 3. 63)	- 12. 15 *** (- 3. 42)	- 0. 874 *** (- 6. 00)
Q		0. 0238 ** (3. 05)		0. 0229 * (2. 47)	0. 862 *** (4. 65)	0. 0280 *** (3. 63)

续表

	(1) ln*RD*	(2) ln*RD*	(3) ln*RD*	(4) ln*RD*	(5) ln*RDI*	(6) ln*RD*
常数项	12.70*** (60.54)	-0.715 (-1.68)	15.22*** (79.02)	1.914** (3.25)	123.3*** (10.47)	-1.032** (-2.62)
N	2960	2960	2960	2960	2960	2960
模型设定	*FE*	*FE*	*FE*	*FE*	*FE*	*RE*
个体固定效应	*Y*	*Y*	*Y*	*Y*	*Y*	*N*
时间固定效应	*N*	*N*	*Y*	*Y*	*Y*	*N*
R^2	0.1923	0.5443	0.4353	0.5602	0.0763	
F/Wald	616.26	514.38	248.80	252.48	16.38	3328.34

注：①***、**和*分别表示通过1%，5%和10%的显著性检验；②括号内是 *t* 检验值；③“*FE*”和“*RE*”分别表示固定效应模型和随机效应模型。

根据表5-3[①]的全样本的回归结果可知：

在模型（1）中，政府创新资助（ln*GS*）与企业 R&D 投入（ln*RD*）存在显著的正向关系。ln*RD* 在模型（1）的系数为0.325，即当政府补助（*GS*）增加1%时，企业研发投入（*RD*）会提高0.325%，指标系数对应的 *P* 值为0.000。在对时间和个体双向固定之后的模型（3）中，ln*GS* 对应的系数为0.131，对应 *P* 值为0.000。

加入控制变量营业收入增长率（*S*）、企业规模（*Size*）、托宾q值（*Q*）后，模型（2）中，政府创新资助（ln*GS*）的系数依然显著为正。值得注意的是，净资产收益率（*ROE*）系数为正，但并不显著，可能是因为行业或公司的异质性，导致企业的盈利性对企业研发行为的影响差异较大。而股权集中度（*OC*）在1%的置

① 根据回归结果，各组模型 *F* 统计量对应的 *P* 值均小于0.001，说明模型在1%的置信水平下显著，模型设定合理且有意义。

信水平下显著为负，这可能意味着：私营中小企业主的投资积极性不高。

在对时间和个体双向固定之后的模型（4）中，控制变量的显著性都有所提高，说明由于公司的异质性，盈利性对中小板上市企业的 R&D 投资作用有所差别，但均具有促进作用。

模型（4）通过改变被解释变量的衡量方式与模型设定，各变量系数虽稍有改变，但政府补助 lnGS 与企业 R&D 投资 lnRD 的关系仍十分显著，再次确证了政府补助对中小企业 R&D 投资呈显著性的正向影响，成功检验了分析结果的稳健性。

因此，本书通过上述实证研究认为：政府补助对中小板上市企业 R&D 投资的影响是显著正向的。

5.5 异质性分析

5.5.1 分样本检验

基于前文所述实证结果的异质性，这部分将基于融资约束进行分样本检验，如果根据融资约束进行的分样本存在显著的差异，则在一定程度上，意味着融资约束是政府资助的信号功能的重要中介变量。

根据前文的理论梳理以及文献分析，这部分将从所有制异质性、资产负债率差异以及企业金融化差异三个角度来进行分样本检验。具体而言，是将企业股权性质、资产负债率的高低及企业利息保障倍数的大小作为融资约束强弱的分组指标，借此深入地研究融资约束在政府补助促进中小板上市企业 R&D 投资过程的中介效应，以期从融资约束的角度来分析政府补助与中小板上市企业 R&D 投资之间的影响。

具体的回归结果如表 5－4 所示。

表 5-4　　　　分样本回归结果

	融资约束弱组			融资约束强组		
	(1)	(2)	(3)	(4)	(5)	(6)
	国有中小企业 ln*RD*	资产负债率高 ln*RD*	利息保障倍数高 ln*RD*	民营中小企业 ln*RD*	资产负债率低 ln*RD*	利息保障倍数低 ln*RD*
ln*GS*	0.121*** (3.57)	0.0958*** (3.59)	0.0726*** (3.33)	0.0944*** (7.64)	0.0362 (1.89)	0.0349 (1.69)
S	0.035 -0.92	0.0272* -2.23	-0.00479 (-0.72)	0.0109* (2.41)	0.0127 (1.81)	0.0433 (1.2)
ROE	-0.034 (-0.05)	0.975* (1.99)	0.347 (1.01)	0.159 (0.78)	0.407 (1.37)	0.386 (1.12)
Size	0.935*** (14.99)	0.829*** (15.22)	0.822*** (22.09)	0.768*** (35.49)	0.772*** (19.41)	0.770*** (18.25)
OC	-0.63 (-1.08)	-1.470*** (-3.54)	-0.922** (-2.61)	-1.098*** (-6.03)	-1.205*** (-4.06)	-1.253*** (-4.17)
Q	0.0710** (2.68)	0.0318 (1.08)	-0.00043 (-0.03)	0.0244** (2.97)	0.0165 (1.76)	0.0354** (3.03)
常数项	-4.499*** (-3.46)	-1.505 (-1.31)	-0.79 (-1.00)	-0.123 (-0.27)	0.753 (0.87)	0.798 (0.92)
N	498	888	888	2242	888	888
模型设定	*FE*	*FE*	*FE*	*FE*	*FE*	*FE*
R^2	0.4889	0.4495	0.5536	0.5755	0.5111	0.5165
F	105.22	91.87	128.55	439.72	116.72	105.22
个体效应	显著	显著	显著	显著	显著	显著

注：①***、**和*分别表示通过1%，5%和10%的显著性检验；②括号内是 *t* 检验值；③“*FE*”和“*RE*”分别表示固定效应模型和随机效应模型。

（1）不同股权性质的中小板上市企业存在差异。国有中小板上市企业的 ln*GS* 系数明显比民营中小板上市企业的 ln*GS* 系数大。可能在同时接受政府补助的国有中小企业与民营中小企业之间，外部 R&D 投资者会更倾向于投资国有企业进行 R&D 投资；同时，可能在大型企业与中小企业之间，外部 R&D 投资者会选择风险相对较小的大型企业。在中小板上市企业中，民营企业的 R&D 融资约束更强。

（2）不同资产负债率的中小板上市企业存在差异。模型（2）的 ln*GS* 系数显著为正，而模型（5）的 ln*GS* 系数为正，但不显著，说明资产负债水平高的企业，其融资约束较小，促进作用较明显。

（3）不同利息保障倍数的中小板上市企业存在差异。通过对比表 5－4 利息保障倍数大小两组的数据，发现利息保障倍数高的中小企业，政府补助对企业创新投资的影响显著。而该影响在利息保障倍数低组中并不显著。

政府补助对中小板上市企业 R&D 投资的促进作用受企业股权性质、资产负债水平高低、利息保障倍数大小影响。而根据文献，这三种分类是融资约束的观察指标，根据分样本回归结果，政府补助对中小板上市企业 R&D 投资的影响在融资约束弱组的显著性更明显，而在融资约束强组显著性不明显，说明融资约束程度显著影响着政府补助对中小板上市企业 R&D 投资的激励程度。

由此可知：融资约束在政府补助促进中小板上市企业 R&D 投资过程中具有中介作用。

5.5.2 传导机制的进一步检验分析

要验证政府补助的信号功能，有必要区分这种融资约束在政府补助促进中小板上市企业 R&D 投资过程中的具体作用。实际上，本书认为：政府补助的信号功能一方面体现在降低企业现金流敏感性上（卢馨等，2013），另一方面体现在示范效应上。即政府创新补助不仅降低企业内部融资约束，也能降低外部融资约束。

（1）这部分用中小企业的经营活动产生的现金流量净额作为

企业内源融资约束（*CF*1）的指标。表 5－5[①] 为内源机制实证结果，模型（1）、模型（2）分别为个体和时间双向固定下无控制变量和有控制变量的回归结果；模型（3）为公式（5－2）的基准回归；模型（4）是对模型（3）进行时间、个体双向固定；模型（5）为根据公式（5－2）进行的稳健性检验，将企业 R&D 投资 ln*RD* 的衡量指标，换为 ln*RDI*；模型（6）则是变换模型设定后的内源机制稳健性检验。

表 5－5　　　　内源中介机制回归结果

	(1) ln*RD*	(2) ln*RD*	(3) ln*RD*	(4) ln*RD*	(5) ln*RDI*	(6) ln*RD*
ln*GS*	0.131*** (10.57)	0.0724*** (6.40)	0.0788*** (6.73)	0.0589*** (5.03)	0.0589*** (5.03)	0.0920*** (7.97)
*CF*1			−0.0517** (−2.67)	−0.0729*** (−3.77)	−0.0730*** (−3.77)	−0.0445* (−2.30)
ln*GS* × *CF*1			0.00319** (2.94)	0.00432*** (3.99)	0.00432*** (3.99)	0.00278* (2.58)
S		0.0146** (3.12)	0.0150** (2.97)	0.0212*** (4.22)	0.0212*** (4.22)	0.0135** (−2.67)
ROE		0.645*** (3.49)	0.265 (1.43)	0.645*** (3.43)	0.645*** (3.43)	0.401* (2.19)
Size		0.674*** (23.93)	0.786*** (36.9)	0.655*** (22.83)	−0.345*** (−12.04)	0.789*** (39.01)
OC		−0.646*** (−3.63)	−1.085*** (−6.42)	−0.669*** (−3.78)	−0.668*** (−3.77)	−0.899*** (−6.18)
Q		0.0229* (2.47)	0.0225** (2.88)	0.0185* (1.99)	0.0185* (1.99)	0.0266*** (3.45)

① 各组模型的 *F* 对应的 *P* 值小于 0.001，说明模型在 1% 的置信水平下显著，模型设定合理且有意义。

续表

	(1) ln*RD*	(2) ln*RD*	(3) ln*RD*	(4) ln*RD*	(5) ln*RDI*	(6) ln*RD*
常数项	15.22*** (79.02)	1.914** (3.25)	-0.265 (-0.59)	2.545*** (4.18)	9.455*** (15.53)	-0.619 (-1.48)
N	2960	2960	2960	2960	2960	2960
模型设定	*FE*	*FE*	*FE*	*FE*	*FE*	*RE*
个体固定效应	*Y*	*Y*	*Y*	*Y*	*Y*	*N*
时间固定效应	*Y*	*Y*	*N*	*Y*	*Y*	*N*
R^2	0.4353	0.5602	0.5469	0.5635	0.0951	
F/Wald	248.80	252.48	389.52	221.63	18.04	3354.79

注：①***、**和*分别表示通过1%，5%和10%的显著性检验；②括号内是 *t* 检验值；③“*FE*”和“*RE*”分别表示固定效应模型和随机效应模型。

根据以上结果可知：几组模型中介变量（$CF1$）和交乘项（$\ln GS \times CF1$）均显著，说明内源融资约束发挥着中介作用。此外，在对时间和个体双向固定的模型（4）和模型（2），交乘项的系数显著为正，说明，企业内部资金增加，能够促进企业 R&D 投资，缓解政府补助在对中小板上市企业 R&D 投资的作用中所受的内源融资约束。模型（5）、模型（6）分别是根据公式（5-2），更换被解释变量和更换模型设定的稳健性检验，检验结果与原模型都具有显著性，可见实证结果具有可信度与合理性。

（2）外源融资约束机制检验

这部分构造中介指数（$CF2$）[①] 衡量中小板上市企业外部融资约束。具体公式为：

$$CF2_{it} = 2.387 - 6.232Dt_{it} - 0.027Cu \qquad 式（5-3）$$

① 借鉴了况学文等（2010）、连玉君等（2010）以及翟淑萍等（2012）的研究。

将2011—2018年中小板上市企业的资产负债率（*Dt*）、流动比率（*Cu*）以及营运资金比例（*Wt*）等变量利用多元判别分析法并将系数进行反向处理，然后，将外部融资约束指数（*CF*2）代入外部机制检验模型中，表5-6为实证结果。其中，模型（1）、模型（2）分别为无控制变量和有控制变量的基准模型回归，两者均采用了个体和时间双向固定效应；模型（3）为公式（5-2）的基准回归；模型（4）是对模型（3）进行时间、个体双向固定；模型（5）为根据公式（5-2）进行的稳健性检验，将企业 R&D 投资 ln*RD* 的衡量指标，换为 ln*RDI*；模型（6）则是变换模型设定后的内源机制稳健性检验。

表5-6[①]　　外源中介机制回归结果

	(1) ln*RD*	(2) ln*RD*	(3) ln*RD*	(4) ln*RD*	(5) ln*RDI*	(6) ln*RD*
ln*GS*	0.131*** (10.57)	0.0724*** (6.4)	0.0876*** (7.71)	0.0712*** (6.29)	0.0712*** (6.29)	0.0995*** (8.9)
*CF*2			0.380** (2.66)	0.336* (2.39)	0.336* (2.38)	0.314* (2.23)
ln*GS*×*CF*2			-0.0230* (-2.54)	-0.0200* (-2.24)	-0.0200* (-2.24)	-0.0181* (-2.03)
S		0.0146** (3.12)	0.0113* (2.39)	0.0151** (3.23)	0.0151** (3.23)	0.0106* (2.24)
ROE		0.645*** (3.49)	0.299 (1.59)	0.613** (3.21)	0.614** (3.22)	0.405* (2.18)
Size		0.674*** (23.93)	0.801*** (36.37)	0.680*** (22.83)	-0.320*** (-10.74)	0.809*** (38.79)

① 各组模型的 *F* 对应的 *P* 值小于0.001，说明模型在1%的置信水平下显著，模型设定合理且有意义。

续表

	(1) ln*RD*	(2) ln*RD*	(3) ln*RD*	(4) ln*RD*	(5) ln*RDI*	(6) ln*RD*
OC		-0.646*** (-3.63)	-1.033*** (-6.06)	-0.635*** (-3.56)	-0.634*** (-3.56)	-0.850*** (-5.80)
Q		0.0229* (2.47)	0.0239** (3.05)	0.0231* (2.48)	0.0231* (2.48)	0.0282*** (3.66)
常数项	15.22*** (79.02)	1.914** (3.25)	-0.751 (-1.64)	1.792** (2.87)	8.700*** (13.94)	-1.196** (-2.81)
N	2960	2960	2960	2960	2960	2960
模型设定	*FE*	*FE*	*FE*	*FE*	*FE*	*RE*
个体固定效应	*Y*	*Y*	*Y*	*Y*	*Y*	*N*
时间固定效应	*Y*	*Y*	*N*	*Y*	*Y*	*N*
R^2	0.4353	0.5602	0.5456	0.5613	0.0905	
F/Wald	248.80	252.48	387.58	219.64	17.08	3341.96

注：①***、**和*分别表示通过1%，5%和10%的显著性检验；②括号内是 *t* 检验值；③“*FE*”和“*RE*”分别表示固定效应模型和随机效应模型。

由表5-6可知，模型（3）的中介变量（*CF*2）和交乘项（ln*GS*×*CF*2）均显著，说明外部融资约束发挥着中介作用。此外，模型（4）和模型（2），交叉项的系数显著为负，说明，政府补助对中小企业 R&D 投资的促进作用取决于外部融资约束的大小，而且，外部融资约束缩小了它的作用。模型（5）、模型（6）是更换被解释变量和更换模型设定后进行的稳健性检验，检验结果没有实质性变化，证明该机制检验的结果具有合理性和说服力。

综上，政府创新补助会通过降低企业现金流敏感性和补助信号传递等缓解企业的 R&D 融资约束，从而促进企业 R&D 投资。因此，融资约束在中国财政 R&D 资助的信号功能中发挥着不可忽视的中介作用。

5.6 结论与政策性建议

政府创新资助的信号属性具有重要的政策含义。本书运用2012—2019年中小板上市企业数据探讨政府创新资助促进中小板上市企业 R&D 投资的信号功能的逻辑机理。实证结果表明：全样本来看，政府创新资助与中小板上市企业 R&D 投资显著正相关；分样本而言，政府创新资助对中小企业 R&D 投资的拉动效果与企业股权性质、资产负债率水平及利息保障倍数大小有关，融资约束是政府补助效果的关键中介变量。将融资约束作为解释变量加入实证模型中进一步研究发现，政府创新资助大大缓解了中小板上市企业的外部融资约束，外部投资者显著提升了中小企业的 R&D 投资。根据以上结论，提出以下政策建议：

（1）鉴于财政手段直接干预企业创新的积弊，提出财政 R&D 资助行为具有信号传递功能，是对中国特色财政理论的进一步阐释和创新，建议主动适应新常态，让财政资金发挥“四两拨千斤”的功效，聚合全社会创新资源增强企业创新驱动力，构建财政资金引导社会创新融资机制，是创新财政支出方式的重大举措，是对财政推动创新驱动发展战略研究的进一步深化。

（2）政府补贴的信号效应存在异质性。基于此，一方面，政策制定者需要针对影响的程度去制定有针对性的财政 R&D 资助政策；另一方面，创新融资需求方企业应发展结合自身特点选择恰当的研发信号去对接社会创新资源。

（3）提高企业自身经营和盈利能力，丰富 R&D 融资渠道。除了政府规模对企业 R&D 投资影响显著外，在投融资双方信息不对称的情况下，企业经营能力、盈利能力、收支情况等各项财务指标都是外部投资的一个评价依据。一方面，中小板上市企业盈利性好，能够缓解外部融资时投融资双方信息不对称的不良影响，适时把握住有价值的 R&D 融资机遇；另一方面，应进一步完善企业的公司管理机制，防止非预期内外部因素干扰企业 R&D 投资，堵塞融资渠道。

第 6 章

财政R&D资助的信号效应
——基于风险投资视角

如文献综述和理论分析章节所示，为了实现全社会研发经费投入保持年增长 7% 的战略目标，财政 R&D 资助必须起到财政资金的投资引导作用。而风险投资是初创企业争取外界融资的主要方式。且“十四五”规划[①]明确提出，政府应给予更多政策支持，鼓励发展天使投资、创业投资，促进创新要素向企业集聚。加之，财政 R&D 资助的信号效应主要体现在政府创新补贴吸引后续风险投资的作用上。这是财政 R&D 资助的信号效应的基本内容。借鉴章韬和孙楚仁（2012）以及林毅夫和付才辉（2015）的分析范式，企业间财政 R&D 资源配置的结构（包括规模和比重）会传递企业的研发信息，从而，最终影响资本市场的研发融资。

6.1 研究设计

本章研究信号效应的研究问题，其实可以表述为主要实证政府创新补贴吸引后续风险投资的效应，具体来讲是实证分析政府创新补贴与风险投资的关系。为此，本章主要论述以下三个问题：其一，总体来看，风险投资在收到政府创新补贴信号后是否选择该企业进行投资？其二，从稳健角度，政府创新补贴与风险投资的持股比例和投资规模是否呈显著相关关系？其三，从细分角度看，政府创新补贴到底对哪阶段企业释放积极信号效应？

综合相关主题的前期文献，且遵循实证研究的惯例[②]，构建模型如下：

$$Y_{it} = \alpha_i + \beta_1 GS_{it-1} + \beta X_{it} + u_i + v_t + \varepsilon_{it} \quad \text{式（6-1）}$$

---

① 即《中华人民共和国国民经济和社会发展第十四个五年规划和 2035 年远景目标纲要》的简称。

② 考虑到被解释变量均大于等于 0，本书采用的是下限为 0 的 TOBIT 模型。本书选取风险投资变量作为被解释变量，财政 R&D 资助变量作为解释变量进行检验。

式（6－1）反映了财政 R&D 资助对风险投资的直接效应。X_{it} 是一系列控制变量。其中 Y_{it} 为风险投资变量，为了细化分析的维度，这里选择了风险投资的投资规模以及风险投资的持股比例两个指标来分析①。综合当前的文献做法（卢馨等，2013；雷鹏等，2015；郭玥，2018；徐维祥等，2018），此处，在式（6－1）中 GS_{it-1} 代表 i 市 t 年企业获得的财政 R&D 资助数额的对数值，数据主要来源于企业年度报告中的“计入当期损益的政府补助”指标的滞后一期来反映财政 R&D 资助政策的滞后效应。在稳健性检验中，本书采用计入当期损益的财政 R&D 资助与企业当年的营业收益比作为财政 R&D 资助的代理变量。具体的：

其一，变量设计。

①被解释变量——风险投资

如前所述，风险投资是初创企业争取外界融资的主要方式。CVSource 数据库是目前中国最全面的风险投资数据库，涵盖了风险投资事件的投资方、被投资方和投资金额等详细信息②。按管理，本书用风险投资的投资额加 1 的自然对数表征风险投资的规模，用风险投资的持股比例来表示风险投资的份额，分别记为 VC_scale 和 VC_percent。

②解释变量——财政 R&D 资助

如第 4 章的做法，本章剔除非创新补贴对研究结论的噪音干扰③，借鉴王刚刚等（2018）的做法，运用关键词手工搜索企业年报财务报表附注“营业外收入”科目下的“政府创新补贴明细”并加总。本书以企业上一年政府创新补贴加一的自然对数考察政府创新补贴，记为 grant。

---

① 考虑到处于不同时间、省份和行业的企业在获得政府创新补贴方面差异比较大，本书加入了年份、省份和行业的聚类标准误，以控制企业层面不随时间、省份和行业变化的影响。

② 由于中国风险投资机构（VC）和私募股权投资机构（PE）在实际业务中并无明确界限，投资阶段也往往存在交叉，因此本书将两类投资都视为风险投资。

③ 关键词包括但不限于“研发”“创新”“科技”“火炬计划”“产学研”“863 计划”“星火计划”“首台套”等。

③控制变量组

为避免遗漏变量给结论带来的弊端，本章尽可能地控制了所有风险投资的变量。风险投资看重的指标主要是企业的市值、企业的创新能力。而企业的成立时间（*AGE*）、企业的盈利性（*ROE*）、资产负债率（*LEV*）、股权集中度（*OC*）、市场竞争程度（*MARKET*）、企业所有权属性（*OWN*）以及制度环境（*INSTITUTION*）都对这两个指标有显著的影响力。因此，都纳入控制变量组。

具体变量定义见表6－1。

表6－1　　　　变量指标说明

变量	指标	变量含义
被解释变量	风险投资规模（*VC_scale*）	风险投资的投资额加1的自然对数
	风险投资份额（*VC_percent*）	风险投资的持股比例
解释变量	财政 R&D 资助（ln*GS*）	政府补助额，并取自然对数（滞后一期）
控制变量	企业成立时间（*AGE*）	用现在年份－成立年份
	企业盈利性（*ROE*）	净资产收益率＝净利润/净资产
	资产负债率（*LEV*）	资产/负债
	股权集中度（*OC*）	第一大股东持股比例
	市场竞争程度（*MARKET*）	销售费用/营业收入
	企业所有权属性（*OWN*）	若为国有企业则为1；否则为0
	制度环境（*INS*）	若制度环境好为1；反之为0
	企业价值	托宾Q值

其二，数据来源。

本篇的数据主要来源：CSMAR（国泰安经济金融研究数据库）、Wind（万得数据库）和同花顺数据库[①]。其中，财政 R&D 资助数据主要从企业年度报告“计入当期损益的政府补助”指标手

① 其中，R&D 资助数据和财务数据主要来源于 CSMAR 数据库，风险投资数据来自 CV Source 数据库，制度环境数据由《中国分省份市场化指数报告（2018）》计算而来。

工收集。为得到合适的样本数据，这部分的数据筛选工作如下：

首先，针对实证工作客观存在的数据缺失和数据遗漏问题，为兼顾实证的可靠性、数据的正确性以及实证的合理性，本章节删除股东权益小于 0 的企业、ST 类、金融类企业以及主要变量缺失的企业；其次，针对异常值的问题，本章节对连续变量进行了 99% 和 1% 百分位的 Winsorize 处理。

其三，样本选择。

本篇的样本来源：中国 A 股非金融类上市公司 2007 年[①]至 2023 年数据[②]。考虑到新的政府补贴会计准则于 2017 年 6 月实施，因本书对变量采取滞后一期处理，故实际回归样本区间为 2008—2017 年以及 2017—2023 年。因此，在以上处理步骤基础上，本章节最终得到了 21773 个观测值。

6.2 描述性统计

样本主要变量的描述性统计结果见表 6－2。

表 6－2　　全样本的描述性统计

变量名称	变量解释	样本容量	平均值	标准差	最小值	最大值
ln*GS*	财政 R&D 资助	2960	15.9998	1.2578	9.2103	20.7593
VC_scale	风险投资规模	2960	0.2400	0.0400	0.1000	0.2600
VC_percent	风险投资份额	2960	10.8000	0.670	8.2600	13.0300

① 没有选择 2007 年之前的数据是由于：2007 年新会计准则才开始要求上市企业在财务报表中新增研发支出科目，并要求在报表附注中对政府创新补贴信息进行详细披露。

② 之所以选择上市公司为样本，有如下三点考虑：一是，数据的可获得性，同花顺数据库和万得数据库可以提供上市公司比较详细的基本信息和财务数据，更重要的是上市公司披露的政府补助数据较为完备；二是，政府为促进小微企业快速发展，在样本期间内同时出台了多项补助政策，选择 A 股上市公司为样本，可以避免众多政策的交叉影响；三是，上市公司每年都要披露公司年报，相关数据更新快，相比于其他数据，上市公司数据可以保证样本期间足够长。

续表

变量名称	变量解释	样本容量	平均值	标准差	最小值	最大值
AGE	企业年龄	2960	12.330	4.650	5.000	26.000
ROE	净资产收益率	2960	0.0507	0.0631	-0.6476	0.5981
S	营业收入增长率	2960	0.2516	1.9469	-0.8007	84.9920
OC	股权集中度	2960	0.3288	0.1436	0.0415	0.8649
MARKET	市场竞争程度	2960	0.080	0.080	0.000	0.410
OWN	企业产权属性	2960	0.061	0.240	0.000	1.000
SIZE	企业规模	2960	21.8631	0.8776	19.1987	25.5225
INS	制度环境	2960	0.500	0.534	0.000	1.000
Q	托宾 Q 值	2960	2.2331	1.5002	0.4673	31.4002

表6-2为主要变量的描述性统计。财政 R&D 资助变量的标准误为0.012578，可见：中国的企业间财政 R&D 资源分配差异较大。企业产权属性变量的平均值为0.061，可见：有94%的样本都是非国有企业，由前文的理论分析可知，这可推测该系数将不显著。制度环境变量的平均值是0.534，可见：样本企业所处的制度环境几乎没有区别，由前文的理论分析可推测该系数将不显著。

6.3　基本回归结果及分析

为研究财政 R&D 资助对风险投资的信号传递效应，直观的论证方法来观测：若企业获得财政 R&D 资助，则风险投资愿意注资或者增加注资；若企业未获得财政 R&D 资助，则风险投资减少注资甚至不注资。而以往信号效应的实证做法是实证：企业获得财政 R&D 资助与企业获得风险投资注资之间存在显著的正向相关关系，但是，这种做法看不出孰为因孰为果。因而，本章用三个实证步骤：首先，利用企业的托宾 Q 值为被解释变量，验证财政 R&D 资助与风险投资是协同作用；其次，在此基础上，验证企业获得财政 R&D 资助与企业获得风险投资注资之间存在显著的正向相关关系；最后，验证这种关系的稳健性。

6.3.1 财政 R&D 资助调整与企业创新融资

为了验证二者之间的协同关系，表 6-3 基于创新数量维度验证了财政 R&D 资助与风险投资之间的关系。如表 6-3 所示，存在其他控制变量的情况下，模型（1）—模型（4）的结果均显示：ln*GS* 的系数显著为正，这意味着：财政 R&D 资助与企业的专利数正向相关；结合前文的研究结论，即：财政 R&D 资助既促进企业的市值又提升了企业的创新能力，支持了假设 1。故此，二者的同向变动反映出：财政 R&D 资助的介入有效地缓解了资本市场的信息不对称问题。

表 6-3　财政 R&D 资助与风险投资的关系（创新数量）

变量	(1) *patent*	(2) *patent*	(3) *patent*	(4) *patent*
ln*GS*	9.167*** (2.424)	9.748*** (2.120)	9.072*** (2.512)	9.363*** (2.526)
VC_percent	-6.637*** (3.749)	-3.824*** (3.289)		
ln*GS* × *VC_percent*		-5.803*** (4.839)		
VC_scale			9.387*** (6.779)	9.614*** (6.672)
ln*GS* × *VC_Scale*				-8.282*** (2.662)
是否有控制变量	有	有	有	有

续表

变量	(1) *patent*	(2) *patent*	(3) *patent*	(4) *patent*
N	2960	2960	2960	2960
省份固定效应	Y	Y	Y	Y
年份固定效应	Y	Y	Y	Y
行业固定效应	Y	Y	Y	Y
$F/Wald$	616.26	514.38	248.80	252.48

注：①***、**和*分别表示通过1%、5%和10%的显著性检验；②括号内是 t 检验值。

为深入研究二者之间的协同关系，本章选择财政 R&D 资助与风险投资的交互项 $\ln GS \times VC\_percent$ 以及 $\ln GS \times VC\_Scale$ 进行回归。结果如表6－4所示。

表6－4　财政 R&D 资助与风险投资的关系（创新质量）

变量	(1) *cite*	(2) *cite*	(3) *cite*	(4) *cite*
$\ln GS$	1.972*** (0.906)	1.989*** (0.922)	1.706*** (0.908)	1.775*** (0.927)
$VC\_percent$	－5.831 (2.506)	－5.129 (4.932)		
$\ln GS \times VC\_percent$		－7.417*** (0.784)		
VC_scale			6.822*** (2.450)	6.733*** (6.672)
$\ln GS \times VC\_Scale$				－2.763*** (0.371)
是否有控制变量	有	有	有	有
N	402	402	404	404
省份固定效应	Y	Y	Y	Y

续表

变量	(1) *cite*	(2) *cite*	(3) *cite*	(4) *cite*
年份固定效应	*Y*	*Y*	*Y*	*Y*
行业固定效应	*Y*	*Y*	*Y*	*Y*

注：*、**、*** 分别表示在 10%、5%、1% 水平下显著；括号内为标准误。

如表 6-4 所示，存在其他控制变量的情况下，模型（1）—模型（2）的结果均显示：ln*GS* 的系数显著为正，而 *VC_percent* 为负，这意味着：企业同时获得政府和外部投资者研发融资时，风险投资的投资比例与企业的创新能力呈显著的负相关；而模型（3）—模型（4）的结果均显示：ln*GS* 的系数显著为正，但 *VC_scale* 系数为正，这意味着：企业同时获得政府和外部投资者研发融资时，风险投资的投资规模与企业的创新能力呈显著的正相关；再结合 ln*GS* × *VC_percent*、ln*GS* × *VC_Scale* 的系数显著为负，这意味着财政 R&D 资助起到了显著的作用，即：在企业的创新融资活动中，政府财政 R&D 资助与风险投资资本起到了协同效应①。而一个交互项的系数显著为正，而另一个显著为负，则反映出这样一个问题：风险投资资本是加大投资规模还是加大投资占比，作用可能是相反的。②

6.3.2 验证财政 R&D 资助与风险投资的同向变动关系

本章的模型设定为固定效应模型，具体实证结果如表 6-5 所

① 一是政府创新补贴外部确认的信号作用使风险投资更早地介入到企业的创新当中；二是政府创新补贴质量认证的信号作用可以帮助企业争取到创新人才等资金之外的创新资源。

② 风险投资的投资比例和投资规模的作用方向的差异可能是因为风险投资旨在实现超额投资收益，而不是获得初创企业的控制权。低投资比例赋予创始人充分的自主决定权，使其免受外部投资者的干预做出一些损害企业创新能力的决策。高投资规模可以使初创企业不受资金的限制放开手脚大胆地去开展创新活动。企业的创新水平得到了保证，风险投资的收益率自然水涨船高。

示：模型（1）、模型（2）分别为无控制变量和有控制变量的基准回归；模型（3）、模型（4）表示是对模型（1）、模型（2）进行个体、时间双向固定的回归。

表 6－5　　　　　全样本的回归结果

	(1) *vc_scale*	(2) *vc_scale*	(3) *vc_percent*	(4) *vc_percent*
ln*GS*	0. 0425 *** (0. 0182)	0. 0889 *** (0. 0784)	－0. 131 *** (0. 1057)	－0. 0072 *** (0. 0640)
是否有控制变量	否	有	否	有
N	2960	2960	2960	2960
省份固定效应	*Y*	*Y*	*Y*	*Y*
年份固定效应	*Y*	*Y*	*Y*	*Y*
行业固定效应	*Y*	*Y*	*Y*	*Y*
F/Wald	616. 26	514. 38	248. 80	252. 48

注：① *** 、** 和 * 分别表示通过 1% 、5% 和 10% 的显著性检验；②括号内是 *t* 检验值。

在控制省份、年份和行业固定效应时，不控制其他变量的情况下，表 6－5 的模型（1）显示，在 1% 的显著性水平上财政 R&D 投资规模与风险投资的规模正向相关；模型（3）显示，在 1% 的显著性水平上财政 R&D 投资规模与风险投资的比重显著负相关；而在控制其他变量的情况下，模型（2）和模型（4）也依然显著。如前所述[①]，即股权与企业研发能力成反比，规模与研发能力成正比，故此，基于信号效应，前文的理论分析假设得到了验证。

① 企业的创新能力越强，则被投企业的估值也越高，而被投企业的估值 = 投资规模/持股比例。故此，风险投资越认可一家企业的创新能力，相应地越有可能会选择较小的持股比例与较大的投资规模。

6.4 稳健性检验

为了更好地揭示财政 R&D 资助对风险投资的信号传递效应，本部分采取替换被解释变量、替换研究方法、更替研究样本等方法来实证。

6.4.1 替换被解释变量

实际上，财政 R&D 资助的信号传递效应更内核的东西是被关注。因而，本部分引入研究报告关注度变量（attentio_report）和分析师跟踪（follow）替换风险投资变量来进行稳健性检验。在一定程度上，这两个指标可以衡量企业向外进行研发融资时面临的信息不对称程度。当更多的研报进行披露、更多的分析师跟踪时，则该企业的研发信息融资面临的信息不对称程度变小。

具体实证结果如表 6-6 所示：模型（1）、模型（2）分别为无控制变量和有控制变量的基准回归；模型（3）、模型（4）分别为无控制变量和有控制变量的多元线性回归。模型（1）—模型（4）均进行年份、省份和行业固定效应控制。

表 6-6　　稳健性检验（替换被解释变量）

	(1) *report*	(2) *report*	(3) *follow*	(4) *follow*
ln*GS*	0.006* (0.0018)	0.002* (0.0021)	0.0013*** (0.0404)	0.0008*** (0.0905)
是否有控制变量	否	有	否	有
N	2960	2960	2960	2960

续表

	(1) *report*	(2) *report*	(3) *follow*	(4) *follow*
省份固定效应	*Y*	*Y*	*Y*	*Y*
年份固定效应	*Y*	*Y*	*Y*	*Y*
行业固定效应	*Y*	*Y*	*Y*	*Y*
F/Wald	616.26	514.38	248.80	252.48

注：① *** 、** 和 * 分别表示通过 1%、5% 和 10% 的显著性检验；②括号内是 t 检验值。

估计结果显示，ln*GS* 系数在 10% 水平上显著为正，说明财政 R&D 资助可以显著提升企业的外界研报披露以及分析师跟踪。

6.4.2　更换研究方法

由于获得财政 R&D 资助的企业可能本身创新能力较强，这说明存在非随机样本选择偏误，同时，财政 R&D 资助的初衷是为了引导社会融资，因而，可能是考虑到某一类企业对风险投资具有较强的吸引力才进行的资助，故此，存在双向因果问题。鉴于此，本书采用计量方法降低内生性问题①。

(1) 针对样本自选择问题，采用 Heckman 两步法。根据实证经验，构建 Heckman 两步模型。

第一阶段：

$$P(\ln GS_{it} = 1) = \alpha_i + iv1_{it} + iv2_{it} + \beta X_{it} + u_i + v_t + \varepsilon_{it}$$

第二阶段：

$$Y(VC\_percent_{it},\ VC\_scale_{it}) = \alpha_i + \beta_1 \ln GS_{it} + \beta X_{it} + \alpha_1 IMR + u_i + v_t + \varepsilon_{it}$$

参照以往的做法，本章选择每个省份在特定年份上市的企业数

① 具体来说，需要处理信息遗漏、样本选择偏误以及双向因果导致的内生性问题。本书采用 Heckman 两步法、倾向得分匹配法及外部冲击控制内生性问题。

量（*iv*1）和每个行业的财政 R&D 资助平均值（*iv*2）作为财政 R&D 资助的工具变量。

表 6-7 稳健性检验（采用 Heckman 两步法）

	(1) *vc_scale*	(2) *vc_scale*	(3) *vc_percent*	(4) *vc_percent*
ln*GS*	0.0426* (0.0019)	0.0041* (0.0011)	-0.0033*** (0.0414)	-0.0028*** (0.0505)
是否有控制变量	否	有	否	有
N	2960	2960	2960	2960
省份固定效应	*Y*	*Y*	*Y*	*Y*
年份固定效应	*Y*	*Y*	*Y*	*Y*
行业固定效应	*Y*	*Y*	*Y*	*Y*
F/Wald	616.26	514.38	248.80	252.48

注：① ***、** 和 * 分别表示通过 1%、5% 和 10% 的显著性检验；②括号内是 *t* 检验值。

如表 6-7 所示，在控制其他因素不变的情况下，模型（2）显示风险投资规模在 10% 的水平上显著，表明风险投资规模与财政 R&D 资助呈现显著的正相关关系；模型（4）显示：*vc_percent* 变量的系数为负，且在 1% 的水平上显著，这表明财政 R&D 资助与风险投资的投资份额呈现显著的负相关关系。该回归结果表明本书的研究结论的稳健性。

（2）针对样本自选择问题导致的结论偏差，本章采用倾向得分匹配法（PSM）来纠正。

参照已有实证经验，为了保证处理组和控制组无系统性偏差，本书对初步样本进行 PSM 方法拟合。具体的实证步骤是：第一步，使用逻辑模型来估计倾向得分；第二步，根据倾向得分匹配财政 R&D 资助的上市公司企业与未被资助的上市公司；第三步，使用匹配后的样本计算平均处理效应。此处，借鉴郭玥（2018）的研究，引入风险投资的虚拟变量这一新变量，记为 VC_dum①。

由于此处属于数据处理部分，故此不在正文显示。报告结果显示：匹配后的变量的偏差都小于10%，且都通过变量的 T 检验。根据平衡性假设，说明：经过 PSM 之后，实验组与对比组的匹配效果良好，估计结果可信。且初步展示：两组的差异主要体现在是否获得了财政 R&D 资助②。

6.4.3　更换研究样本

为了结论的稳健性，这部分的研究决策是：更换研究样本。由于2016年我国发布了“十三五”规划，该规划对财政 R&D 资助企业的标准以及要求有了新的解读，与此同时，外部风险投资的反应也可能有所不同，故此，本节剔除2016年以前上市的企业进行回归。具体的实证结果如表6-8所示。

表6-8　稳健性检验（更换研究样本）

	(1) *vc_scale*	(2) *vc_scale*	(3) *vc_percent*	(4) *vc_percent*
ln*GS*	0.0014* (0.0219)	0.0010* (0.0021)	-0.0251*** (0.0144)	-0.2018*** (0.0251)
是否有控制变量	否	有	否	有
N	2960	2960	2960	2960
省份固定效应	*Y*	*Y*	*Y*	*Y*
年份固定效应	*Y*	*Y*	*Y*	*Y*

① 如果企业在上市时被风险投资机构所持有，则该变量取值为1，否则其值为0。

② 考虑可能存在的样本自选择问题，政府创新补贴对风险投资的信号传递效应仍存在。因此，PSM 方法估计结果显示：估计系数符号和显著性水平都没有发生根本性改变，本书研究结论依然是稳健的。

续表

	(1) *vc_scale*	(2) *vc_scale*	(3) *vc_percent*	(4) *vc_percent*
行业固定效应	*Y*	*Y*	*Y*	*Y*
F/Wald	616.26	514.38	248.80	252.48

注：① *** 、** 和 * 分别表示通过 1% 、5% 和 10% 的显著性检验；②括号内是 *t* 检验值。

如表 6 - 8 所示，在控制其他因素不变的情况下，模型（2）显示风险投资规模在 10% 的水平上显著，表明风险投资规模与财政 R&D 资助呈现显著的正相关关系；模型（4）显示：*vc_percent* 变量的系数为负，且在 1% 的水平上显著，这表明财政 R&D 资助与风险投资的投资份额呈现显著的负相关关系。该回归结果表明本书的研究结论的稳健性。

6.5 本章小结

本书以政府补助的信号传递机制和信息不对称理论为理论基础，利用 2012—2019 年非金融类沪深 A 股上市企业为研究样本探讨财政 R&D 资助对风险投资的影响，并分析了二者之间的关系。研究发现：财政 R&D 资助与风险投资的持股比例呈显著负相关，而财政 R&D 资助与风险投资的规模呈现显著正相关，这表明：财政 R&D 资助能够释放积极的信号，可以获得风险投资的跟投。且由于财政 R&D 资助与风险投资份额以及风险投资的规模这两个变量的交叉项系数都显著，进一步说明：财政 R&D 资助与风险投资是协同关系，而不是之前研究中的替代关系。该结论显著，且稳健。据此，提出相关的政策建议：

（1）应公布财政 R&D 资助前的遴选方案以及资助的具体原因，避免资本市场不能准确厘清“培优”还是“扶持”的信号。在此基础上，建立财政 R&D 资助后监督机制。由此，通过有限的财政 R&D 资助资金吸引外部创新资源，切实减少资本市场进行科研融资的信息不对称。

（2）企业可以根据风险投资的偏好去披露相应的财务和研发信息，选择合理的外部融资计划（包括融资对象、融资比例和融资规模）并予以公布。

第 7 章

财政R&D资助信号效应异质性检验

由前面的两章实证结论可知：财政 R&D 资助能够缓解中小企业的融资约束，能引导风险投资的跟投，从而在一定程度上可以认为发挥了信号功能。但能否圆满完成政策初衷，则需要进一步考核其是否发挥利好信号以及能否精准识别不同企业的情况。故此，在前两章的基础上，本章继续探讨财政 R&D 资助信号效应的异质性。具体来说，是在前面两章实证模型基础上，对企业规模、产权属性、市场环境、技术能力等变量进行分组检验，目的是讨论 R&D 资助信号效应对哪个群体影响最大。

基于此，本章将主要进行一系列分组检验。主要结合企业规模、企业所有权性质、所处市场环境、所处技术阶段等维度来研究财政 R&D 资助的信号效应的异质性、影响机理。为了确保理论分析的准确，本章将从经验层面予以验证。具体来说：首先，建立一个面板数据计量模型，并对相关变量加以解释说明；其次，给出变量的描述性统计分析；再次，对理论部分提出的几个假说进行实证检验；接着，为了消除模型潜在的内生性问题，进一步使用系统广义矩估计法对模型进行了再检验；最后，结合异质性分析，做了机制检验。

7.1 引　言

当前，绝大部分文献聚焦财政 R&D 资助的资源效应，少有文献关注财政 R&D 资助信号效应。如前述章节所论证，财政 R&D 资助能发挥较好的信号功能，获得财政 R&D 资助会被资本市场解读为获得了“高新认证”，从而带来光环效应，能引导资本市场的研发跟投（Lerner，1999；Feldman 和 Kelley，2006；Meuleman 和 De Maeseneire，2012）。财政 R&D 资助的信号机制的直接结果体现为对企业外部融资约束的缓解上，其中的作用机理是对信息不对称的降低。

然而，当前仅有的有关财政政策信号效应主题的文章也聚焦在总体的平均效应上。这导致财政 R&D 资助信号机制缺乏针对性。其结论的单一性和抽象性，使得现实情景下，对工作没有指导意义。因此，本章希望研究通过财政 R&D 资助“信号效应”的异质性分析，去发现财政 R&D 资助对于不同规模、不同成长阶段、不同市场化程度的地区以及不同行业环境中的企业的影响力度，从而，初步打开财政 R&D 资助“信号效应”的“黑匣子”。

发挥财政 R&D 资助的信号功能需要明晰以下几个问题：首先，明确政府在其中承担的角色主要是“技术认证”“信用认证”“监管认证”以及“前景认证”。在金融市场存在信息不对称的背景下，财政 R&D 资助发送的信号可以对市场资金起到引导作用。其次，财政 R&D 资助发送的信号同时存在“培优”和“扶弱”两种内涵。且财政 R&D 资助之前的遴选过程可能充斥着政企利益勾兑、寻租、“骗补贴”等不正之风，加之，财政 R&D 资助公告里缺乏对企业创新投入、产出的信息，也缺乏财政资助企业与被资助企业之间的重复博弈机制。故此，外部投资者对被资助企业的硬财务信息、软信息以及企业财务风险等都缺乏认识。财政 R&D 资助不同发送的信号在资本市场产生异质性的影响；最后，按规定，财政 R&D 资助过程中，政府部门将会对获得资助的企业的资金使用情况进行跟踪、监督，但是受制于官员任期制和缺乏追究制度，不同制度环境下，这些规定的执行可能存在极大的差异。因此，财政 R&D 资助的评估和甄选以及事中事后过程的透明及公正与否，向市场提供多样差异性的信息。

关于信号理论的实证研究，目前已经有 Feldman 和 Kelley（2006）、Cumming（2007）、Meuleman 和 De Maeseneire（2012）等。但存在两个问题，其一，主要分析平均效应，这导致没有关注到该政策的异质性效应，使得实际操作中可能欠缺针对性；其二，研究样本主要分布在金融制度完善的国家，而我国的金融制度、金融体系均与这些经济体存在显著差别，故此，其研究结论可能不能直接照搬；其三，中国企业处于双轨制经济的发展过程中，信息环境、信息披露策略都有别于发达经济体的企业，故此，面临更负责的信息不对称（Boeing，2016）。基于此，研究中国情境下的财政 R&D 资助与融资市场情况的异质性检验，是本书的主要贡献。

故此，围绕信息不对称的差异、融资约束的差异，本书下面部分通过理论分析和文献综述理论构建不同规模、不同企业所有权性质、不同市场环境、不同技术阶段的企业进行实证检验。具体来说，本章余下部分的安排是：将研究主体确定为我国非金融类 A 股上市企业，研究财政 R&D 资助对于不同类型企业发挥信号效应的差异程度，并初步判断其中的逻辑机理。

7.2　文献综述与研究假说

如上所述，财政 R&D 资助对于不同类型企业发挥信号效应存在差异。具体来说，后文将从不同规模、不同企业所有权性质、不同技术阶段、不同制度环境的企业进行理论分析。

（1）不同企业规模[①]

根据资源经济理论，一般情况下，不同规模的企业，因为具有创新能力、市场地位以及资源的差异，因而，所面临的融资约束、信息不对称情况也有所差异。较之小微企业，大规模企业拥有更多的资源（包括更优秀的技术人才以及更先进的技术设备）、更符合资本市场披露标准的会计制度以及现代化的运营模式，其获得财政

① 据统计，我国中小企业贡献了 50% 以上的税收，60% 以上的 GDP，70% 以上的技术创新，80% 以上的城镇就业岗位，是推动国民经济和社会发展的中坚力量。然而在金融市场中，中小企业 SMEs 面临极其不利的处境。

R&D 资助的概率更大，进而拥有更多的研发资金、能更大频率地开展研发活动。特别是在金融市场上，规模以上企业由于可供抵押的资产丰富、可供查询的信用记录完备，加之资本市场的披露，信息不对称问题不严重[①]。而从行政管理科层制方面的文献来看，一些研究认为：大规模企业可能存在流程垂直化，导致信息传递存在滞后以及“官僚主义”，反而不及小规模企业的灵活性和创新精神。因此，本书需要检验企业规模的调节作用，将其设置为 0—1 虚拟变量。

据此，可以得到本章第一个研究假说：

H1：财政 R&D 资助的“信号效应”在中小企业中体现得更突出。

（2）不同产权属性

根据制度经济学和资源经济理论，一般情况下，不同产权属性的企业，因为具有的创新能力、市场地位以及资源的差异，因而，所面临的融资约束、信息不对称情况也有所差异。较之民营企业，国有企业拥有更多的行政资源（包括更优秀的技术人才以及更先进的技术设备）、金融资源，由于“父爱主义”，其获得财政 R&D 资助的概率更大，进而拥有更多的研发资金、能更大频率地开展研发活动。特别是在金融市场上，存在广泛的所有制歧视，国有企业较少存在因信息不对称而带来的融资约束问题（Ennew 和 Binks，1995；Berger 和 Udell，1998）。而根据预算软约束方面的文献，一些研究认为：国有企业由于有财政兜底，广泛存在预算软约束，其信用往往反而不如民营企业。因此，本章需要检验企业产权属性的调节作用，将其设置为 0—1 虚拟变量。

据此，可以得到本章第二个研究假说：

H2：“信号效应”对于缓解不同产权属性企业在资本市场中面临的信息不对称问题存在显著差异。

---

① 具体参考 Ennew 和 Binks（1995）以及 Berger 和 Udell（1998）的论述。

（3）企业发展阶段差异

根据企业生命周期理论的基本思想：处于不同发展阶段的企业，其财务需求、现金流、增长机会以及市场风险都存在差异，且通过不同的财务安排（比如融资偏好、风险承受能力）来体现。具体来说，初创企业一般面临较多的成长机会和更高的信息不对称情况，其后，随着企业经营年限的增长，企业的管理经验、生产水平以及营销能力都在提升，这些有利因素会带来市场份额的规律性、可预测性增长，企业面对的信息不对称也逐渐降低（Kaplan 和 Stromberg，2001；Berger 和 Udell，1998）。因而，一般认为企业的发展阶段与面临的信息透明度成正比。Dickinson（2011）基于组合现金流的划分方法，根据经营、投资、筹资现金的净流量组合把企业划分为成长期、成熟期和衰退期，故此，按照这种分析方法，得到本章第三个研究假说：

H3："信号效应"对于缓解不同发展阶段的企业在资本市场中面临的信息不对称存在显著差异。

（4）不同制度环境

制度经济学文献显示：尽管改革开放以来，总体上，中国的市场化程度都得到了大幅度提升，但是在关键的要素和资源审批上，依然存在较大的制度差异。中国沿海城市和内陆的投资环境、营商环境以及具体的审批流程等方面存在着较大差异（Fan 等，2007）。在市场化程度较低的地区，往往知识产权保护意识欠缺（郭春野和庄子银，2012），对研发信息的保护不够，导致高科技企业的研发信息融资面临较大的信息不透明与信息不充分。加之，这种制度背景下，资本市场的发展也欠完善，造成金融机构与信息中介机构（如审计机构和评级机构）的信息披露不充分以及信息传递不完备。因而，得到本章第四个研究假说：

H4："信号效应"对于不同市场化程度的企业存在显著差异。

（5）不同行业环境

创新经济学的文献认为：企业开展原创性的研发投资具有专用

性特征，具有较高的投资沉没成本（温军等，2011），这无疑会增加行业创新环境的劣势，而行业环境的动荡会进一步增加创新研发前景的不可预测性与风险性，从而造成研发融资的信任度降低，从而带来较差的信息环境（Bernanke，1983）。而一些开展改进型创新的研发投资则具有通用性特征，其对于外部投资者的研发前景能给予清晰的预期，故此，在信息传递以及研发信任度上具有优势（Finkelstein 和 Boyd，1998；Sun 和 Govind，2017）。因而，得到本章第四个研究假说：

H5："信号效应"对位于不同行业环境的企业存在显著差异。

7.3 研究设计

如上文所述，本章继续探讨财政 R&D 资助作为政府扮演研发融资资本市场上的"引导之手"。具体来说，在上一章的基础上，探讨财政 R&D 资助的"信号效应"在不同的企业特质与外部环境中的异质性影响。更准确地说，就是验证以上 5 个研究假说。为了更聚焦本章的研究主题，本章主要验证财政 R&D 资助对于不同样本的信息不对称的作用效应差异。具体来说，本章的研究设计如下。

综合相关主题的前期文献，且遵循实证研究的惯例，本章采用的是层次回归的双向固定效应模型。本章选取信息不对称变量作为被解释变量，财政 R&D 资助变量作为解释变量进行检验。构建模型如下：

$$IA_{it} = \alpha_i + \beta_1 GS_{it-1} + \beta X_{it} + u_i + v_t + \varepsilon_{it} \quad \text{式（7-1）}$$

式（7-1）反映了财政 R&D 资助对信息不对称的直接效应。X_{it}是一系列控制变量。其中 IA_{it} 为信息不对称变量①。综合当前的

① 考虑到处于不同时间、省份和行业的企业在获得政府创新补贴方面差异比较大，本书加入了年份、省份和行业的聚类标准误，以控制企业层面不随时间、省份和行业变化的影响。

文献做法（卢馨等，2013；雷鹏等，2015；郭玥，2018；徐维祥等，2018），此处，在式（7－1）中，GS_{it-1}代表 i 市 t 年企业获得的财政 R&D 资助数额的对数值，数据主要来源于企业年度报告中的“计入当期损益的政府补助”指标的滞后一期来反映财政 R&D 资助政策的滞后效应。

具体来看有以下几点。

其一，变量设计。

①被解释变量——信息不对称

由于没有可以直接读取的数据，本书借鉴了于蔚等（2012）以及李骏和万君宝（2019）关于金融市场微观结构的相关度量指标的刻画逻辑。这支文献认为：知情交易者和非知情交易者之间的个股日频交易数据存在系统性偏差①，故此，它能够反映这两类投资者对于公司价值所存在的信息差。具体来说，非流动性比率与企业的信息不对称成正比，因此，这里，将构造非流动性比率指标，用以度量企业所面临的信息不对称程度。

具体公式为：

$$ILL_{it} = \frac{1}{d_{it}}\sum_{K=1}^{d_{it}}\sqrt{\frac{r_{it}(k)}{V_{it}(k)}} \quad 式（7－2）$$

其中，$r_{it}(k)$ 表示第 i 个企业第 t 个年度的第 k 个交易日的股票收益率的绝对数值，$V_{it}(k)$ 表示日成交量，d_{it}表示当年的交易天数。

②解释变量——财政 R&D 资助，该指标的选择遵从第 4 章以及前两章的做法，从政府创新补贴中剔除非创新补贴，从而得到财政 R&D 资助。考虑到财政 R&D 资助的政策效果会滞后出现，故此，本章遵照学术惯例，以企业上一年财政 R&D 资助加一得到具体数据之后取自然对数，记为 GS_{it-1}。

① 根据资本市场的柠檬理论，知情交易者更了解公司的经营状况和商业潜力，非知情交易者为避免由于逆向选择问题造成的潜在损失，通常要求一个“柠檬溢价”进行补偿。而柠檬溢价越高，股票的流动性也就越差。

③控制变量组

为避免遗漏变量给结论带来的弊端，本章尽可能地控制了所有影响信息不对称的变量。除了上一章包括的控制变量，此模型还将研发强度、固定资产比率等变量纳入控制变量组。

具体变量定义见表 7－1。

表 7－1　　　　　　　　变量指标说明

变量	指标	变量定义
被解释变量	信息不对称指数 ILL_{it}	$ILL_{it} = \frac{1}{d_{it}}\sum_{K=1}^{d_{it}}\sqrt{\frac{r_{it}(k)}{V_{it}(k)}}$
解释变量	财政 R&D 资助（ln*GS*）	政府补助额，并取自然对数（滞后一期）
控制变量	企业成立时间（*AGE*）	用现在年份－成立年份
	研发强度（*R&D*）	（研发支出/总资产）×100
	资产负债率（*LEV*）	资产/负债
	固定资产占比（*FSET*）	固定资产净额/总资产
	市场竞争程度（*MARKET*）	销售费用/营业收入
	企业所有权属性（*OWN*）	若为国有企业则为 1；否则为 0
	制度环境（*INS*）	若制度环境好为 1；反之为 0
	企业价值（*TobinQ*）	托宾 Q 值
	股权集中度（*OC*）	第一大股东持股比例
	风险投资 *CV_dum*	前 10 大股东中是否包含风险投资机构，是记为 1，否记为 0
	分析师关注度（*REPORT*）	针对目标企业发布研报的数量
	企业规模 *SIZE*	企业总资产的自然对数
	现金持有量变动 *CASH*	现金及现金等价物增加额/期初总资产
	营业现金流（*CF*）	经营活动现金流量净额/期初总资产

注：企业数据来源于国泰安数据库（CSMAR）并经作者整理计算。

其二，数据来源。

本篇的数据主要来源：CSMAR（国泰安经济金融研究数据库）、Wind（万得数据库）和同花顺数据库。其中，金融市场的微观结构数据来自彭博终端数据库的日频数据，R&D 资助数据和财务数据主要来源于 CSMAR 数据库，其他财务变量均源自国泰安 CSMAR 数据库。制度环境数据由《中国分省份市场化指数报告（2018）》计算而来。其中，财政 R&D 补助数据主要从企业年度报告"计入当期损益的政府补助"指标中手工收集。为得到合适的样本数据，这部分的数据筛选工作如下：

首先，针对实证工作客观存在的数据缺失和数据遗漏问题，为兼顾实证的可靠性、数据的正确性以及实证的合理性，本章节删除股东权益小于 0 的企业、ST 类、金融类企业以及主要变量缺失的企业。

其次，针对异常值的问题，本章节对连续变量进行了 99% 和 1% 百分位的 Winsorize 处理。

其三，样本选择。

本篇的样本来源：中国 A 股上市公司 2007①—2023 年非金融类 A 股上市企业数据②。鉴于 2017 年 6 月实施了新的财政 R&D 补助会计准则，故此，本章数据段实际为 2008—2017 年以及 2017—2023 年，为了量纲一致性，对不同的口径进行了统一处理，具体见文后的附录。又由于 IPO（首次公开募股）不仅是初创企业研发的核心目标，也是风险投资机构的主要退出方式，因而，本章聚焦非金融类沪深 A 股上市企业首次公开上市时的情况。在以上处理步骤基础上，本章节最终得到了 21773 个观测值。

---

① 没有选择 2007 年之前的数据是由于：2007 年新会计准则才开始要求上市企业在财务报表中新增研发支出科目，并要求在报表附注中对政府创新补贴信息进行详细披露。

② 之所以选择上市公司为样本，有如下三点考虑：一是，数据的可获得性，同花顺数据库和万得数据库可以提供上市公司比较详细的基本信息和财务数据，更重要的是上市公司披露的政府补助数据较为完备；二是，政府为促进小微企业快速发展，在样本期间内同时出台了多项补助政策，选择 A 股上市公司为样本，可以避免众多政策的交叉影响；三是，上市公司每年都要披露公司年报，相关数据更新快，相比于其他数据，上市公司数据可以保证样本期间足够长。

7.4 描述性统计

样本主要变量的描述性统计结果见表 7 – 2。

表 7 – 2　　　　全样本的描述性统计

变量名称	变量解释	样本容量	平均值	标准差	最小值	最大值
ln*GS*	财政 R&D 资助	2960	15.9998	1.2578	9.2103	20.7593
ILL_{it}	信息不对称指数	2960	0.0572	0.0177	0.0001	0.4678
AGE	企业年龄	2960	12.330	4.650	5.000	26.000
R&D	研发强度	2960	0.3302	1.767	0.0001	0.6745
LEV	净资产收益率	2960	0.0507	0.0631	–0.6476	0.5981
FSET	固定资产占比	2960	0.2325	0.1732	0.0007	0.8945
OC	股权集中度	2960	0.3288	0.1436	0.0415	0.8649
MARKET	市场竞争程度	2960	0.080	0.080	0.000	0.410
OWN	企业产权属性	2960	0.060	0.240	0.000	1.000
SIZE	企业规模	2960	21.8631	0.8776	19.1987	25.5225
INS	制度环境	2960	0.500	0.500	0.000	1.000
Q	托宾 Q 值	2960	2.2331	1.5002	0.4673	31.4002
CV_dum	风险投资虚拟变量	2960	0.2136	0.4098	0	1
REPORT	分析师关注度	2960	7.5798	9.1942	0	39
CASH	现金持有量变动	2960	0.2404	0.1386	0.0001	0.4506
CF	营业现金流	2960	21.8048	1.3249	0	0.3568

表 7 – 2 为主要变量的描述性统计。财政 R&D 资助变量的标准误为 1.2578%，说明财政 R&D 资助在不同企业间分配差异较大。信息不对称指数的均值为 0.0572，说明企业的信息不对称程度比较严重。

为了更准确看出各数据之间的关系，本章还做了一个主要变量的 Pearson 相关性检验，结果如表 7 – 3 所示。

表 7-3　　主要变量的 Pearson 相关性检验

	1	2	3	4	5	6	7	8	9	10	11	12	13	14	15
1. *ASY*	1														
2. *RDsub*	-0.0541	1													
3. *NRDsub*	-0.0179	0.0046	1												
4. *R&D*	0.0772	0.3418	0.09	1											
5. *Tobin*	0.1758	0.1717	0.0426	0.2536	1										
6. *FASSET*	-0.0654	-0.0928	0.0999	-0.1956	-0.1196	1									
7. *LEV*	-0.0537	-0.1788	0.015	-0.2427	-0.1929	0.1399	1								
8. *AGE*	-0.0584	-0.0969	-0.019	-0.1369	0.0151	0.0158	0.2584	1							
9. *Top*1	-0.0542	-0.0869	0.0073	-0.073	-0.1001	0.0491	0.0267	-0.1599	1						
10. *MARKET*	0.0111	0.1542	-0.0037	0.2431	0.2024	-0.1896	-0.369	-0.0704	-0.0169	1					
11. VC_*dum*	-0.0414	0.0841	-0.014	0.0979	0.0482	-0.0802	-0.1157	-0.092	-0.0407	0.0746	1				
12. *COERAGE*	-0.1054	0.0217	-0.0236	0.0971	0.0038	-0.0302	-0.1082	-0.1811	0.1065	0.2038	0.089	1			
13. *CASH*	0.1035	0.0145	0.0025	-0.0221	0.0998	-0.1709	-0.1537	-0.096	0.0018	0.1523	0.0796	0.1395	1		
14. *CF*	0.0041	-0.0092	0.02	0.0824	0.0433	0.1935	-0.1311	0.0164	0.0612	0.2295	-0.0323	0.186	0.1117	1	
15. *SIZE*	-0.1747	-0.2	-0.0488	-0.2292	-0.4079	0.1561	0.5141	0.2049	0.2405	-0.206	-0.0721	0.2984	-0.0731	0.0773	1

由表 7－3 不难看出[①]，财政 R&D 资助变量与信息不对称指数的 Pearson 相关系数为－0.0541，这初步说明：财政 R&D 资助可以有效降低企业进行研发融资时面临的信息不对称问题。

7.5 回归结果及分析

根据前文的文献回顾以及理论演绎，本章认为：财政 R&D 资助是有选择性的资助，故此，它的筛选机制使得财政 R&D 资助向外部市场传递了一个有关被资助企业的技术能力和市场发展潜力的认证和背书（Chen 等，2018），且财政 R&D 资助也给市场注入政治合法性（Peng 等，2004）和优惠待遇（Sheng 等，2011）等使其在资本市场获得更高的信用等级的背书与增信，从而对潜在投资者产生实际影响（Connelly 等，2011）。缓解了企业与潜在投资者之间的信息不对称问题。故此，本部分，首先，总体上验证财政 R&D 资助对于企业面临的信息不对称是否有显著的降低；其次，在此基础上，验证该结论的异质性；最后，验证结论的稳健性。

7.5.1 总体回归结果

本章的模型设定为进行省份、年份和行业固定效应的回归模型，具体实证结果如表 7－4 所示：模型（1）、模型（2）分别为无控制变量和有控制变量的基准回归；模型（3）、模型（4）是行

① 各变量之间的相关性均小于 0.4，因此，变量之间不存在严重的多重共线性问题。其他控制变量均与信息不对称指数呈负向相关关系，而研发强度和 Tobin Q 则与企业的信息不对称指数呈正向相关关系。这是因为企业的研发强度和 Tobin Q 越大，企业面临的不确定性也越大，从而信息不对称的问题越严重。

业层面的研发补贴额的增长率替代的财政 R&D 资助做的 iv[①] 估计结果。

表 7-4　　全样本的回归结果

	(1) ILL_{it}	(2) ILL_{it}	(3) ILL_{it}	(4) ILL_{it}
ln*GS*	-0.0025*** (0.0172)	-0.0089*** (0.0794)		
Δ*GS*			-0.0125*** (0.0482)	-0.0189*** (0.0884)
是否有控制变量	否	有	否	有
N	2960	2960	2960	2960
省份固定效应	*Y*	*Y*	*Y*	*Y*
年份固定效应	*Y*	*Y*	*Y*	*Y*
行业固定效应	*Y*	*Y*	*Y*	*Y*
F/Wald	616.26	514.38	248.80	252.48

注：①***、**和*分别表示通过1%，5%和10%的显著性检验；②括号内是 *t* 检验值。

在控制省份、年份和行业固定效应下，不控制其他变量的情况下，表7-4的模型（1）显示，在1%的显著性水平上财政 R&D 投资规模与信息不对称指数呈负向相关；模型（3）显示，在1%的显著性水平上财政 R&D 投资规模与信息不对称指数呈显著负相关；而在控制其他变量的情况下，模型（2）和模型（4）也依然显著。如前所述，该回归结果意味着，财政 R&D 资助视同授予了该企业"高新认证"，这个认证被外部投资者认可，就能缓解研发融资供需双方之间的信息不对称。故此，基于信号效应，前文的理

① 这些研发补贴政策中的激励动机强弱或扶持力度的变化，必然通过对特定类型行业施加的补贴总额的变化以及变化幅度的信息来体现，因此，行业层面的研发补贴额的增长率直接反映了政策层面的信息，但是在这种情况下，行业层面的研发补贴的增长率与企业个体层面的信息不对称没有直接的联系，符合工具变量的要求。

论分析假设得到了验证。

7.5.2 子样本回归结果

为了研究财政 R&D 资助对于缓解企业信息不对称问题在各个子样本之间的异质性影响，下面将分别进行实证分析。

(1) 企业规模的异质性效应验证

基于前文的分析，按照文献惯例，这部分将以企业资产规模的均值为界划分为规模以上企业和规模以下企业两个子样本。其中，模型（1）、模型（2）是规模以上企业的回归结果，而模型（3）、模型（4）是规模以下企业的回归结果。分样本的实证结果如表 7－5 所示。

表 7－5 企业规模的异质性检验结果

	(1) ILL_{it}	(2) ILL_{it}	(3) ILL_{it}	(4) ILL_{it}
$\ln GS$	3.7325 (0.0172)	0.6614 (0.0794)	-1.427^{***} (0.0723)	0.514^{***} (2.7031)
是否有控制变量	否	有	否	有
N	2960	2960	2960	2960
省份固定效应	Y	Y	Y	Y
年份固定效应	Y	Y	Y	Y
行业固定效应	Y	Y	Y	Y
$F/Wald$	616.26	514.38	248.80	252.48

注：① ***、** 和 * 分别表示通过 1%、5% 和 10% 的显著性检验；②括号内是 t 检验值。

如表 7－5 所示，规模以上企业的回归结果不显著，而规模以上企业的回归结果显著，这说明，财政 R&D 资助对于缓解规模以下企业的信息不对称更有效。

（2）企业的产权异质性效应

基于前文的分析，按照文献惯例，这部分将以国有企业为1，民营企业为0进行划分两个子样本。其中，模型（1）、模型（2）是国有企业的回归结果，而模型（3）、模型（4）是民营企业的回归结果。分样本的实证结果如表7－6所示。

表7－6　　企业产权属性的异质性检验结果

	(1) ILL_{it}	(2) ILL_{it}	(3) ILL_{it}	(4) ILL_{it}
ln*GS*	0.9075 (0.0152)	0.3314 (0.0324)	−0.347*** (0.04423)	−0.1194*** (0.7945)
是否有控制变量	否	有	否	有
N	2960	2960	2960	2960
省份固定效应	*Y*	*Y*	*Y*	*Y*
年份固定效应	*Y*	*Y*	*Y*	*Y*
行业固定效应	*Y*	*Y*	*Y*	*Y*
F/Wald	616.26	514.38	248.80	252.48

注：①***、**和*分别表示通过1%、5%和10%的显著性检验；②括号内是t检验值。

如表7－6所示，国有企业的回归结果不显著，而民营企业的回归结果显著，这说明，财政 R&D 资助对于缓解民营企业的信息不对称更有效。这与直觉相符，也验证前文的研究假设。

（3）企业发展阶段的异质性检验

基于前文的分析，按照文献惯例，这部分将以企业的净现金量的均值为界限，将总样本划分为幼稚期与非幼稚期企业两个子样本。其中，模型（1）、模型（2）是非幼稚期企业的回归结果，而模型（3）、模型（4）是幼稚期企业的回归结果。分样本的实证结果如表7－7所示。

表 7－7　　　　企业发展阶段的异质性检验结果

	(1) ILL_{it}	(2) ILL_{it}	(3) ILL_{it}	(4) ILL_{it}
ln*GS*	0.0234 (0.0652)	－11.45 (0.0370)	4.3502*** (0.0294)	0.452*** (0.2685)
是否有控制变量	否	有	否	有
N	2960	2960	2960	2960
省份固定效应	*Y*	*Y*	*Y*	*Y*
年份固定效应	*Y*	*Y*	*Y*	*Y*
行业固定效应	*Y*	*Y*	*Y*	*Y*
F/Wald	616.26	514.38	248.80	252.48

注：① ***、** 和 * 分别表示通过 1%、5% 和 10% 的显著性检验；②括号内是 *t* 检验值。

如表 7－7 所示，非幼稚期企业的回归结果不显著，而幼稚期企业的回归结果显著，这说明，财政 R&D 资助对于缓解幼稚期企业的信息不对称更有效。这与直觉相符，也验证前文的研究假设。

（4）企业所处制度环境的异质性检验

基于前文的分析，按照文献惯例，这部分将以企业所处的市场化程度的均值为界限，将总样本划分为市场化程度低与市场化程度高企业两个子样本。其中，模型（1）、模型（2）是市场化程度高企业的回归结果，而模型（3）、模型（4）是市场化程度低企业的回归结果。分样本的实证结果如表 7－8 所示。

表 7－8　　　　企业所处制度环境的异质性检验结果

	(1) ILL_{it}	(2) ILL_{it}	(3) ILL_{it}	(4) ILL_{it}
ln*GS*	0.7314*** (0.4252)	－0.2441*** (0.0192)	0.7792*** (0.0485)	5.0092*** (0.4125)
是否有控制变量	否	有	否	有

续表

	(1) ILL_{it}	(2) ILL_{it}	(3) ILL_{it}	(4) ILL_{it}
N	2960	2960	2960	2960
省份固定效应	Y	Y	Y	Y
年份固定效应	Y	Y	Y	Y
行业固定效应	Y	Y	Y	Y
$F/Wald$	616.26	514.38	248.80	252.48

注：①***、**和*分别表示通过1%、5%和10%的显著性检验；②括号内是 t 检验值。

（5）如表7－8所示，市场化程度高的企业的回归结果不显著，而市场化程度低的企业的回归结果显著，这说明，财政 R&D 资助对于缓解市场化程度低的企业信息不对称更有效。这与直觉相符，也验证前文的研究假设。

（6）企业所处行业的异质性检验。根据 Finkelstein 和 Boyd（1998）以及 Sun 和 Govind（2017）的研究，一般采取5年期间的行业销售额的标准差均值为界，划分为平稳行业与非平稳行业两个子样本。其中，模型（1）、模型（2）是平稳行业企业的回归结果，而模型（3）、模型（4）是非平稳行业企业的回归结果。分样本的实证结果如表7－9所示。

表7－9　企业所处行业的异质性检验结果

	(1) ILL_{it}	(2) ILL_{it}	(3) ILL_{it}	(4) ILL_{it}
$\ln GS$	0.5367*** (0.4322)	0.02831 (0.0292)	0.9867*** (0.0525)	2.7831*** (0.2974)
是否有控制变量	否	有	否	有
N	2960	2960	2960	2960
省份固定效应	Y	Y	Y	Y
年份固定效应	Y	Y	Y	Y

续表

	(1) ILL_{it}	(2) ILL_{it}	(3) ILL_{it}	(4) ILL_{it}
行业固定效应	*Y*	*Y*	*Y*	*Y*
F/Wald	616.26	514.38	248.80	252.48

注：①***、**和*分别表示通过1%、5%和10%的显著性检验；②括号内是 *t* 检验值。

如表7-9所示，平稳行业的企业的回归结果不显著，而非平稳行业的企业的回归结果显著，这说明，财政 R&D 资助对于缓解非平稳行业的企业信息不对称更有效。这与直觉相符[①]，也验证前文的研究假设。

7.5.3 稳健性检验结果

为了更好地揭示财政 R&D 资助对外部投资者的信号传递效应，本部分主要采取替换被解释变量和替换解释变量等方法来实证。具体如下：

(1) 替换被解释变量

根据 Almeida 等（2004）和于蔚等（2012）等文献的看法，财政 R&D 资助对外部投资者的信号传递效应主要看最终是否缓解了融资约束。故此，本部分将以 $\Delta CASH$（表示企业现金持有量的变动）以及 *CF*（表示企业的营业现金流）这种结果变量去替换信息不对称变量，从而去观察信息不对称是否得到缓解。

具体实证结果如表7-10所示：模型（1）、模型（2）分别为无控制变量和有控制变量的基准回归；模型（3）、模型（4）表示有控制变量的多元线性回归。模型（1）、模型（4）均进行年份、

① 处在动荡的行业环境中，信息的传递与扩散，受到更多外部“噪音”的干扰，从而加重了市场上的信息不对称问题。政府的研发补贴在这时的角色更像“黑暗中的灯塔”，对于外部投资者而言，有助于甄别动荡市场中的企业质量的高与低，缓解高质量企业的融资约束。

省份和行业固定效应控制。

表 7－10　　　　稳健性检验（替换被解释变量）

	(1) ΔCASH	(2) ΔCASH	(3) CF	(4) CF
lnGS	0.3636* (0.0341)	−0.1432* (0.1045)	0.6613*** (0.0684)	0.0972*** (0.0152)
是否有控制变量	否	有	有	有
N	2960	2960	2960	2960
省份固定效应	Y	Y	Y	Y
年份固定效应	Y	Y	Y	Y
行业固定效应	Y	Y	Y	Y
F/Wald	616.26	514.38	248.80	252.48

注：①***、**和*分别表示通过1%、5%和10%的显著性检验；②括号内是 t 检验值。

估计结果显示，lnGS 系数在10%水平上显著为正，说明财政 R&D 资助可以显著缓解融资约束。从结果维度验证了信息效应。

（2）替换解释变量

根据 Wallsten（2000）等文献的看法，可以用各省财政收入增长率作为财政 R&D 资助量的 IV 进行实证分析。一方面，财政 R&D 资助量受制于各省财政收入增长率，二者具有相关性，另一方面，各省财政收入增长率与企业的信息不对称程度不相关，故此，是个合适的 IV 工具变量。本部分将以各省财政收入增长率去替换财政 R&D 资助变量，从而去观察信息不对称是否得到缓解。

具体实证结果如表7－11所示：模型（1）、模型（2）分别为无控制变量和有控制变量的基准回归；模型（3）、模型（4）分别为无控制变量和有控制变量的多元线性回归。模型（1）—(4）均进行年份、省份和行业固定效应控制。

表 7-11　　稳健性检验（替换解释变量）

	(1) ILL_{it}	(2) ILL_{it}	(3) ILL_{it}	(4) ILL_{it}
ΔGS	-0.0012^{*} (0.0341)	-0.0002^{*} (0.1045)	-0.0074^{***} (0.0684)	0.0097^{***} (0.0152)
是否有控制变量	否	有	否	有
N	2960	2960	2960	2960
省份固定效应	Y	Y	Y	Y
年份固定效应	Y	Y	Y	Y
行业固定效应	Y	Y	Y	Y
$F/Wald$	616.26	514.38	248.80	252.48

注：①***、**和*分别表示通过 1%、5%和 10%的显著性检验；②括号内是 t 检验值。

估计结果显示，ΔGS 系数在 10%水平上显著为负，说明财政 R&D 资助可以显著缓解信息不对称。从而验证了信息效应的稳健性。

7.6　本章小结

本章利用中国 A 股上市公司 2007—2023 年金融、财务数据，通过构造信息不对称指数进一步验证信号效应，并对不同子样本进行了异质性检验，此后，进行了稳健性检验。

研究发现：

①财政 R&D 资助有助于缓解信息不对称。二者呈现显著的负向关系，结论在 1%显著度下成立。这进一步说明了财政 R&D 资助信号效应核心内涵的成立。

②财政 R&D 资助信号效应存在较大差异。该信号对于中小规

模企业、成长期企业、民营企业、低市场化程度地区和动荡的行业环境中的企业更有效。

③财政 R&D 资助的信号效应结论稳健。

基于此，提出如下政策建议：

①进一步优化财政 R&D 支出的内部结构。由于不同类型财政 R&D 支出对产业结构优化升级的效应存在差异，因此，在增加财政 R&D 支出的同时应该分清轻重缓急，力争“好钢用在刀刃上”。

②坚持多管齐下，促进财政 R&D 支出效率的优化。产业政策的影响因素十分复杂，包括国家发展战略、技术创新水平、人口特征、经济发展阶段等多个方面。因此，除了优化财税制度和政策安排外，还必须发挥市场机制的作用，切实建立起投资引导机制，强调“有效市场与有为政府”，合理界定市场和政府在创新发展战略中的角色定位。充分发挥市场“看不见的手”与政府“看得见的手”的协同作用。

第 8 章

资源配置效率视角下中国财政R&D资助对企业的外部融资效应研究

有关创新产业政策效果的研究多数集中于转型困境、政策设计与创新路径等方面，定性研究偏多，缺乏对转型所依赖的政府偏袒性政策有效性的全面评估，缺少对理论政策下的制度运行机理和激励约束机制的揭示。第 3 章理论分析认为：我国财政 R&D 资助处于政府高度重视创新发展的背景下，财政 R&D 资助传递的信号未必是资本市场的“利好”信号，由此，未必会引起社会投资者的跟进。因而，本章我们基于财政 R&D 资助制度的特征入手，识别“风险型”研发企业获得的政府偏袒政策的逻辑，通过对财政 R&D 资助变动的信号效应再检验，分析财政 R&D 资助偏袒能否帮助研发企业跨越“转型激励陷阱”，探究财政 R&D 资助信号效应发挥作用的前提条件。

8.1　文献分析与研究命题

新常态下，中国经济增长动力机制正面临由要素投入转向创新驱动发展。增强自主研发、创新能力，实现“中国创造”和“中国智造”，夯实经济持续、稳健、健康、快速增长的动力机制。在推进创新驱动发展战略的众多因素中，政府政策扶持无疑是其中至关重要的组成部分。财政 R&D 资助往往带有“偏好”。

从现有数据中政府的研发投入占比来看，我国政府比较青睐重工业以及先进制造业[①]。就本书的样本期间而言，政府的研发投入在这四个产业的比重平均高达 58.4%，一度甚至高达 61%。政府基于社会规划者的角色对于具有长期战略价值的产业存在“偏好”，但它在短时间内的这种因“偏好”而做的财政资源配置势必

① 交通运输设备制造业、通信设备、计算机及其他电子设备制造业、通用设备制造业和电气机械及器材制造业。

会扭曲市场的研发资源配置效率。加之，政府研发资源的配置过程以及事后的资金运用缺乏必要、有效的监督与管理，从而，有可能造成财政 R&D 资源的错配（肖文和林高榜，2014）。

相对于发达国家，中国面临着迥异的市场环境与政府角色，财政 R&D 资助的政策效果具有一定的复杂性。

一方面，财政 R&D 资助基于科学严密的项目筛选论证程序（包括事前全面审查评估、事中信息公开以及事后的动态监督管理）以及社会规划者独特的身份优势（包括信息优势、专家库技术优势和国家信用优势），使得政府能够较准确地识别企业真实质量和投资价值（Feldman 和 Kelley，2006；Kleer，2010），财政 R&D 资助信息公告会提供受资助企业的技术创新能力水平、受资助项目的技术质量、发展前景、经济贡献等方面的信息披露认证、创新质量认证以及隐性信用担保，有助于企业吸引外部资金，缓解融资约束，具有信号功能（郭晓丹和何文韬，2011；Soderblom 等，2015；杨洋等，2015；王刚刚等，2017；郭玥，2018）。

另一方面，由于政府资助目的多元化、政企投资逻辑的不一致且政府传递信息存在局限性，财政资助信息未必能增加企业的外部融资（Jaggi 和 Baydoum，2001；Riedl 和 Srinivasan，2007）。而且，就创新融资的市场配置效率而言，中国的财政资助存在"扶弱"和"培优"两种规则的权衡（唐清泉和罗党论，2007；朱松和陈运森，2009；邵敏和包群，2011；孔东民等，2013），"培优"规则下的财政研发补贴信息公告能增进创新资源配置效率（Feldman 和 Kelley，2006；谢小芳等，2009；Kleer，2010）；而"扶弱"倾向下的财政 R&D 资助对于市场投资者是信息噪音，会误导其投资决策，从而损害资本市场的资源配置效率（林南，2004；李敏才和刘峰，2012）。

事实上，如前面两章所证实，理论上，创新驱动发展战略下，财政 R&D 资源应该将财政资金更多配置给生产效率更高、研发能力更强的企业以促进其自主创新研发。而实践中，我国生产效率和创新能力较低的国企获得了过度的财政研发资助，而作为技术引擎的非国企资助不足，微观层面，财政 R&D 资助存在错配①现象。财政 R&D 资源应该将更多的资源配置给代表技术原始性创新的“清洁能源以及战略性新兴产业”，而考虑到地方政府官员的晋升激励以及考核制度，实践中“高污染、高能耗、高投入”的产业获得了过度的财政研发资助，中观层面，财政 R&D 资助存在错配现象。

事实上，已经有一部分文献开始探讨中国财政 R&D 资助错配的问题。相关研究散见于行政干预导致金融资源错配文献以及财政资助的创新效应文献中。前者主要测算金融资源错配的程度，即关注错配的结果，但很少关注政策性偏袒在其中的关键起因作用（Hsieh 和 Klenow，2009；Banejee 和 Moll，2010；余婧和罗杰，2012；张佩和马弘，2012）；后者聚焦于选择性财政工具（财政补贴、税收优惠等）对企业技术创新行为的间接影响效应，很少关注技术创新财政政策工具资助错配这个问题（Restuccia 和 Rogerson，2008；鄢萍，2012②）。这使该方面的研究存在理论框架欠缺、分析不够深入细致以及问题针对性不强等问题。

基于此，为纠正 R&D 资助错配，实践中，财政 R&D 资助会根据国家技术发展规划以及当地的产业目录而逐渐发生变动。因而，这章试图研究财政 R&D 资助倾向的变动带给资本市场的影响，具

① 为了说明政策的偏向性，这部分再特意界定一下。财政 R&D 资助资金错配一般指基于所有制歧视而导致国企资助过度与非国企资助不足并存的现象（魏尚进等，2017）。行政资源配置方面的文献实证了所有制歧视的存在（刘小玄和周晓艳，2011；杨其静，2011；唐清泉和罗党论，2007；李敏才和李峰，2012）。不少文献还从信息不对称、政策性负担、“父爱主义”、政治关联等角度推导了信息不对称下所有制歧视形成的逻辑机制（Stiglitz 和 Weiss，1981；Br 和 t&Li，2003；江伟和李斌，2006；方军雄，2007；袁淳等，2010；伍中信和李芬，2010；林毅夫等，2004；倪铮和张春，2007；孙铮等，2005；鲁丹和肖华荣，2008）。然而，由于存在预算软约束等原因，国企技术创新效率普遍低下（江伟、李斌，2006）。在此情况下，基于所有制歧视而将财政 R&D 资金过度配置给国企，则可视为一种错配。

② 类似文献还有陈永伟和胡伟民（2011）、袁志刚和解栋栋（2011）、朱喜等（2011）、罗德明（2012）以及 Modrigan 和 Xu（2012）。

体是用社会投资者的视角分析财政 R&D 资助变动的信号效应，提出研究命题，为实证分析提供理论铺垫。

8.2 研究设计

如上文所述，本章继续探讨财政 R&D 资助变动的信号效应。具体来讲，根据前文的文献回顾以及理论演绎，本章认为：财政 R&D 资助是有选择性的资助，故此，它的筛选机制使得财政 R&D 资助向外部市场传递了一个“利好”信号。前文分析了制度层面存在着财政 R&D 资助偏袒。本章主要通过对财政 R&D 资助的制度性偏向及其变动对于宏观创新能力的升级（全要素生产率变动）进行实证检验。

具体来说：本章选取产业维度的制度性偏向来做实证分析，具体是通过逐步加入控制变量并以企业产值为权重进行加权回归，对产业维度财政 R&D 资助的偏袒程度与创新能力的变动之间的影响关系进行实证检验。引入政府换届作为外部冲击，与财政 R&D 资源资助偏袒程度的交互项对宏观创新能力的升级的效应进行验证，用以观察财政 R&D 资助调整对全社会创新能力的提升是否起作用。另外，本节将改变估计方法和产业子样本的划分方法，进行稳健性分析。

根据相关文献的研究，本书构建模型如下：

$$VT_{jt} = \alpha + \beta_1 MS_{jt} + \beta MS_{jt} \times G_{jt} + \gamma' X_{jt} + u_j + v_t + \varepsilon_{jt} \qquad 式（8-1）$$

式（8-1）中，j 表示工业二位码产业，t 表示年份。被解释变量 VT 为产业中企业生产率增长率的离散度，用以衡量产业的全要素生产率的波动幅度；解释变量 MS 表示产业的财政 R&D 资助的偏袒程度，用产业内企业间要素边际报酬的标准差来衡量；G 代表政府换届期内年份的虚拟变量，与财政 R&D 资助的偏袒程度的交叉项用于判断是否存在政府换届通过加剧财政 R&D 资助偏袒程度进而影响全要素生产率波动的传导机制。X 为控制变量，包括产业沉没成本、劳动力质量、产品替代性、所有制结构、全要素生产率的增长率、外商直接投资。控制产业固定效应和年份固定效应，ε 为随机扰动项[①]。

具体来看有以下几点。

其一，变量设计。

①被解释变量——产业全要素生产率的波动（VT）。

主流文献的做法是：定义 TFP 的波动性为特定产业中各个企业 i 的 TFP 增长率分布的标准差（Asker 等，2014）[②]。为了计算 TFP 并规避内生性问题和样本选择性偏误的问题（莱文索恩和彼得林，2003），采用把中间投入作为 TFP 的工具变量。企业的产值采用企业的工业增加值[③]，资本投入量以固定资本存量来表征（易纲等，2003），其测算采用永续盘存法。劳动力投入量以就业人员数量来表征，其他数据有初始年份的资本存量、固定资产折旧率、年固定资产投资、投资价格指数，根据《统计年鉴》《资料汇编》读取[④]。

②解释变量——财政 R&D 资助的变动。

如前文分析所示，为了下文的实证分析，这部分需要测度制度层面财政 R&D 资助的变动。而制度层面财政 R&D 资助的变动是根据产业战略而进行的调整，相关文献称之为制度性偏袒程度，故此，本部分借鉴偏袒性错配的测度[⑤]思路。

---

① 同时，为了考察结论的准确性，我们逐步加入控制变量并进行加权回归，以避免样本观测值数目等因素对结果的影响。另外，本书将改变估计方法、地区的子样本划分方法，作为稳健性分析。

② 相当于将所有企业生产率的增长率在城市水平上进行标准化。为了使城市层面的 TFP 波动具有可比性，且消除时间趋势与城市固有特征的影响。

③ 为了具有可比性，这里以 1998 年为基期，计算出各年基于基期的不变价格指数，然后乘以基期年的名义值得到企业各年的实际值。

④ 此处的做法是：所有企业生产率增长率去除时间趋势后，在产业水平上进行标准化得到产业 TFP 的波动率。本书将特定年份的产业内的波动性，定义为该年份产业中各企业生产率增长率分布的标准差，对于企业 TFP 的测算参见主流期刊的做法。

⑤ 一般是根据 Battese&Coelli（1995）模型通过设定方差参数考察复合误差项中中国财政 R&D 资助中非效率因素所占的比例，并通过这一比例来检验中国财政 R&D 资助中非效率效应是否存在。但本书认为：非效率效应部分与偏袒性还不能完全对应。

不同所有制企业间的财政资金配置差异[①]包括禀赋差异（自然部分）和因政府干预所造成的所有制歧视（干预部分）（白俊和连立帅，2012）。因而，财政 R&D 资助调整的内在逻辑机理可以通过分析财政资金配置差异中二者的构成情况以及如此构成的原因获得。

借鉴 Blinder – Oaxaca 分解，构建包含企业技术能力禀赋所造成的技术自然差异以及企业禀赋外因素所造成的政策歧视性差异两部分的基础模型。通过分析财政 R&D 资助资金配置差异中二者的构成情况测算出财政 R&D 资助资金差异中合理与不合理部分的比重。所有制歧视所导致的那部分财政 R&D 资助即为调整部分，验证其对企业技术创新能力的影响，即为调整效应。

Blinder – Oaxaca 解析的具体步骤如下：

第一步，构建解析方程如下：

$$\ln Y_i = X'\beta_i + \varepsilon_i, E(\varepsilon_i) = 0, l \in (i,j) \qquad 式（8-2）$$

式（8-2）中，i 表示国有企业，j 表示非国有企业；Y 为财政 R&D 支出资金配置指标（向量）；X 为解释变量矩阵。在这两类企业组里控制相同的一组变量，去估计各自的财政 R&D 资助资金配置情况。

第二步，构建解析方程如下：

$$\overline{\ln Y_i} - \overline{\ln Y_j} = \overline{x_i'}\hat{\beta}_i - \overline{x_i'}\hat{\beta}_j = (\overline{x_i} - \overline{x_j})'\hat{\beta}_i + \overline{x_j'}(\overline{\beta_i} - \overline{\beta_j})' \qquad 式（8-3）$$

式（8-3）中，$\overline{\ln Y_i}$表示平均数，$\hat{\beta}_i$ 表示方程中的参数估计值，分解后，$(\overline{x_i} - \overline{x_j})'\hat{\beta}_i$ 项表示非国有企业样本组禀赋因素所决定的两组回归系数差异对财政 R&D 支出配置差异的贡献，即人为干

① 要素投入扭曲、TFP 扭曲以及加成率扭曲这三种常见的微观视角错配指数构建思路（钱学锋和蔡庸强，2014）将不同所有制企业间资金配置差异等同于所有制歧视本身，无法分离出配给资源错配部分，忽视了对其中合理性因素（企业自身禀赋特征）的考量，实际上夸大了所有制歧视所导致的错配程度，从而可能误导财政资金配置效率治理实践。本项目沿用配给资源错配的基本观点，运用 Blinder – Oaxaca 回归分解法，可以有效回避这个测度缺陷。

预部分。故此，基于以上的公式可以对非国企与国企财政 R&D 资金的均值差额进行分解。

下文将以此为依据研究产业内企业间财政 R&D 资源干预程度（MS）。采用产业内企业间财政 R&D 资源的边际报酬的标准差来衡量。在没有财政 R&D 资源错配时，企业所获得的份额应该与其 TFP 产业位置一致。根据前几章的理论分析以及有关财政 R&D 资源错配程度的测算梳理，企业 i 实际使用财政 R&D 资源占总体财政 R&D 资源的比例除以研发资本达到有效配置时城市 i 使用研发资本的理论比例。需要先估计财政 R&D 资源产出弹性[①]，在此基础上测算各产业研发资源相对扭曲系数。其中，财政 R&D 资源投入部分数据主要来源于 *RESSET* 数据库和 *CSMAR* 数据库企业年度报告“计入当期损益的政府补助”指标，回代归集出产业层面的财政 R&D 投入[②]。产出方面，采用专利申请量来衡量。由于研发资本达到有效配置时企业 i 使用研发资本的理论比例较复杂，企业层面将采取新产品销售比例来替代。

③调节变量：政府换届 G[③]，采用党代会的召开作为换届的变量。

根据前几章的理论分析以及文献梳理，这部分利用政府是否召开党代会作为政府换届变量，我们借鉴了王贤彬和徐现祥等（2008）的做法[④]，将一个政治周期中的年份划分为 5 个阶段，分

---

① 基于中国省级层面研发财政投入与产出数据，基于超越对数形式的随机前沿分析（SFA）方法估计各地区研发资源产出弹性。

② 部分城市缺失数据由历年《中国科技统计年鉴》《中国统计年鉴》以及国家统计局网站 2007—2020 年中国 30 个省份的规模以上工业企业数据为研究样本（不含港澳台地区和数据缺失较严重的西藏）补充。之所以可以这么做，是由于财政 R&D 资本投入通常采用研发经费、科技活动经费、新产品开发经费等指标度量，《中国科技统计年鉴》自 2000 年至今一直有报告的是研发经费内部支出和新产品开发经费以及新产品的市场占有率，可以由此推算出总的研发支出，并在此基础上估算出财政 R&D 资本投入。

③ 作为外部冲击，与上一章的处理一致。通过人民网、新华网、各地方政府网站查询党代会召开的年份，借鉴梅东州（2013）。

④ 1—5 月的换届归于本年度，6—12 月的归于下一年度。通过查阅各省区市年鉴、复旦大学陈硕团队、中山大学徐现祥团队整理的《中华人民共和国地市级党委书记数据库》，整理出 2007—2020 年 33 个大中型城市的市委书记名单，通过人民网、新华网、各地方政府网站查询各城市党代会召开年份。其中，当某市某年有超过 1 位党委书记时，按照最后上任书记信息为准。

别为党代会召开年、召开后一年、召开后两年、召开前一年和召开前两年，在模型中选取其中的四种情况设定为以虚拟变量表示。

④控制变量组。

为避免遗漏变量给结论带来的弊端，本章尽可能地控制了所有影响信息不对称的变量。参考希维尔森（2006）和杨光等（2015）[①]，为了控制企业和产业的影响，本书还控制了产业的沉没成本、劳动力质量、产品替代性、所有制结构、全要素生产率的增长率、外商直接投资等控制变量。

具体变量定义见表 8－1。

表 8－1　　　　变量指标说明

变量	指标	变量定义
被解释变量	产业 TFP 的变动（*VT*）	特定产业中各个企业 *i* 的 TFP 增长率分布的标准差（Asker 等，2014）
解释变量	财政 R&D 资助的调整（*MS*）	采用产业内企业间财政 R&D 资源的边际报酬的标准差来衡量
控制变量	产业沉没成本（*SC*） 产业人力资本（*HS*） 产品替代性（*IT*） 所有制结构（*soe*） 生产率（*tfp*） 企业所有权属性（*own*） 外商直接投资（*FDI*） 政府是否换届（*G*）	资本劳动比的对数值（Sutton，1991） 劳动力平均工资的对数值 企业的广告费用支出占产业总增加值比重 国企为 1，否则为 0 全要素生产率的增长速度 若为国有企业则为 1；否则为 0 实际利用 FDI 规模与 GDP 增加值之比的对数值 将一个政治周期中的年份划分为 5 个阶段，分别为党代会召开年、召开后一年、召开后两年、召开前一年和召开前两年，在模型中选取其中的四种情况设定为以虚拟变量表示

注：企业数据来源于国泰安数据库（CSMAR）并经作者整理计算。

其二，数据来源。

本章的样本企业是国民经济产业编码中的二分位产业中的全部

① 还参照了 Bartelsman 和 Doms（2000）、希维尔森（2004）以及孙浦阳等（2013）的研究。

国有企业与规模以上非国有企业，主要数据来源于 1998—2017 年的中国工业企业数据库①，部分数据来源于《中国工业产业统计年鉴》和《中国统计年鉴》。

在度量各年份产业层面上企业生产率的波动性和产业的财政 R&D 资助调整程度基础上②，验证财政 R&D 资助调整程度与产业全要素生产率的波动的关系。

针对可能存在的样本选择、数据缺漏和异常值等问题，数据处理上做法如下：剔除关键性指标（就业人数、固定资产净值、工业总产值等）为零或为不合理负数及异常数值的奇异点的企业；剔除年销售额低于 1000 万元或者就业人数不足 20 人的企业；剔除信息在观察年度不连续的企业。本书选取中国 39 个工业产业，491037 个企业为研究样本（勃兰特等人，2012）。各变量统计性描述见表 8-2。

表 8-2　全样本的描述性统计

变量名称	变量解释	样本容量	平均值	标准差	最小值	最大值
MS	财政 R&D 资助的调整	491037	0.16	1.71	0.03	2.65
VT	产业 TFP 的波动	491037	0.85	0.22	0	1.55
SC	产业沉没成本	491037	12.76	16.56	0.37	187.94
HS	产业人力资本	491037	10.88	7.31	0	90.85
IT	产品替代性	491037	4.32	L24	1.39	7.50
SW	所有制结构	491037	0.06	0.07	0.01	0.41
TM	生产技术	491037	1.62	0.61	0.82	3.65

① 统计范围包括企业的代码、资本构成、归属地以及财务信息，是截至目前最全面的企业数据库。

② 以我国 39 个二位码工业产业为研究样本，构建出财政 R&D 资源错配程度与其他相关指标在产业层面进行加权平均的面板数据，并对其进行了描述性统计分析。

续表

变量名称	变量解释	样本容量	平均值	标准差	最小值	最大值
FDI	外商直接投资	491037	5.57	2.06	0.23	9.59
G	政府是否换届	491037	0.35	0.09	0	1

表 8－2 为主要变量的描述性统计。财政 R&D 资助变量的标准误为 1.71%，说明财政 R&D 资助在不同企业间分配差异较大。产业 TFP 的波动的均值为 0.85，说明企业的技术进步情况差异较大。

8.3 回归结果及分析

8.3.1 总体回归结果

表 8－3 汇报了 R&D 资助调整程度与产业全要素生产率的波动的基础回归结果[①]，模型（1）、模型（3）和模型（5）均不控制固定效应，也不进行聚类控制标准误；为了与之对比，模型（2）、模型（4）和模型（6）则均控制固定效应、进行聚类控制标准误[②]。从表 8－3 中可以看出，财政 R&D 资助的调整与产业 TFP 波动显著正向相关[③]。具体来说，在其他变量保持不变的前提下，财政 R&D 资助调整程度每增加 1%，平均而言，产业的 TFP 波动会增加 32.98%。系数的绝对值在实际经济中也具有较强的现实意义，说

① 控制变量部分都符合预期，篇幅有限，不展示。产业沉没成本对全要素生产率波动的影响为正，人力资本对全要素生产率波动的影响为负；产品的替代性越小，经济波动就越大；国有企业占比（soe）越大，产业经济波动幅度就越大。FDI 的竞争效应大于技术溢出效应；技术水平与波动负相关。

② 这些模型的被解释变量均进行了对数处理以消除量纲的问题。

③ 回归系数在四个模型中均至少在 10% 的统计水平上显著为正。

明产业间财政 R&D 资助的变动会显著影响产业的 TFP 波动水平。

表 8-3　　财政 R&D 资助调整程度与产业 TFP 波动水平的基础回归结果

变量	被解释变量：产业 TFP 波动					
	(1)	(2)	(3)	(4)	(5)	(6)
调整程度	0.525 (0.11)***	0.453 (0.12)**	0.677 (0.13)***	0.389 (0.21)*	0.525 (0.21)**	0.747 (0.23)***
其他控制变量	否	是	是	是	是	是
地区固定效应	不控制	控制	不控制	控制	不控制	控制
时间固定效应	不控制	控制	不控制	控制	不控制	控制
Cluster	否	否	否	是	是	是
调整后的 R^2	0.874	0.876	0.844	0.852	0.684	0.765
样本量	305	305	305	236	236	236

注：(1) 括号中为聚类到地级市的稳健标准误；(2) *、**、*** 分别表示 10%、5%、1% 的水平上显著。

8.3.2　稳健性检验——考虑内生性问题

为了基础结论的稳健性，在本小节，我们需要考虑二者的双向因果关系。故此，采用如下模型以检验。设定模型如下：

$$ms_{it} = \alpha_0 + \alpha_1 VT_{it} + \alpha_2 VT_{it-1} + \alpha_2 VT_{it-2} + X_{it}\beta + \lambda_i + \theta_t + \varepsilon_{it}$$

式 (8-4)

根据前文的变量定义以及样本数据，实证的结果如表 8-4 所示。

表 8-4　　财政 R&D 资助调整程度与产业 TFP 波动水平的反向因果验证

变量	模型 (1)	模型 (2)	模型 (3)	模型 (4)	模型 (5)	模型 (6)
水平项 (Y)	0.003 (0.01)	0.002 (0.00)	0.002 (0.01)	0.001 (0.01)	0.002 (0.01)	0.002 (0.01)

续表

变量	模型（1）	模型（2）	模型（3）	模型（4）	模型（5）	模型（6）
滞后一期（Y）	0.004 (0.00)	0.002 (0.00)	0.001 (0.00)	0.004 (0.00)	-0.001 (0.00)	-0.001 (0.00)
滞后二期（Y）		0.001 (0.01)		-0.002 (0.00)		-0.003 (0.00)
是否控制变量	是	是	是	是	是	是
地区固定效应	控制	控制	控制	控制	控制	控制
时间固定效应	控制	控制	控制	控制	控制	控制
调整后的 R^2	0.724	0.733	0.724	0.736	0.744	0.755
样本量	3189	2896	3173	2889	3038	2756

注：（1）括号中为聚类到地级市的稳健标准误；（2）*、**、*** 分别表示 10%、5%、1% 的水平上显著。

从上述结果可知，不存在反向因果关系。财政 R&D 资助的调整不受产业 TFP 波动的影响。

8.3.3 分样本回归结果实证

由于本章主要讨论政府财政 R&D 资助的偏袒型政策带来的信号效应，故此，选择垄断产业的财政 R&D 资助调整、竞争性产业的财政 R&D 资助调整、低价值链产业的财政 R&D 资助调整以及高价值链产业的财政 R&D 资助调整进行对比分析。鉴于此，我们区分垄断产业与竞争产业、低价值链产业与高价值链产业四个子样本进行回归。

表 8-5 报告了模型（1）—模型（4）子样本的估计结果。不难发现，对于垄断产业与低价值链产业，产业财政 R&D 资助的调整程度与全要素生产率的波动性呈显著的正向相关性。这符合前文的理论分析。也符合国家产业政策的初衷，然而，对于竞争产业与高价值链产业，并没有出现类似全产业样本的规律，财政 R&D 资

助调整程度与全要素生产率的波动性之间不存在显著的正向相关关系。这需要稍微加以进一步分析。

表 8－5　财政 R&D 调整与产业 TFP 波动水平的子样本回归结果

变量	被解释变量：产业 TFP 波动					
	垄断产业		低价值链产业		竞争产业	高价值链产业
	(1)	(2)	(3)	(4)	(5)	(6)
错配程度	0.515 (0.11)***	0.443 (0.18)**	0.667 (0.15)***	0.389 (0.23)*	0.515 (0.21)	0.737 (0.27)
其他控制变量	否	是	否	是	是	是
地区固定效应	否	是	否	是	否	是
时间固定效应	否	是	否	是	否	是
Cluster	否	否	否	是	是	是
调整后的 R^2	0.874	0.876	0.844	0.852	0.684	0.735
样本量	305	305	305	236	236	236

注：(1) 括号中为标准误；(2) *、**、*** 分别表示 10%、5%、1% 的水平上显著。

以上结果出现了异质性。可能的解释为：

（1）竞争产业的财政 R&D 资助调整不会引起 TFP 波动，原因是竞争产业中市场化程度较高，受政策性冲击的影响较为有限。政府工作报告中明确提出新周期的重点产业战略规划部门，从而进行相关财政 R&D 资源倾斜。但这对竞争产业的影响不大。

（2）高价值链产业的财政 R&D 资助调整不会引起 TFP 波动。我国绝大多数产业处于国际低价值链区，但是仍然有一些产业已经位于高价值链产业区，比如华为、大疆、新能源锂电池等，这些产业已经攻克了技术难题，现在处于市场化阶段，再施策就模糊了政府和企业的行为边界，故此，效果不明显。

8.3.4 不同调整原因的回归结果实证

这部分，我们试图从地方政府政绩考核与国际贸易冲击这两个不同角度，提供一些可能的传导机制，希望可以对现有研究识别机制形成一些补充。

（1）政绩考核导致的财政 R&D 资助调整

根据前文的理论分析和文献演绎，这部分引入政府换届作为外部冲击，通过构建党代会召开年份与财政 R&D 资源错配程度的交互项，观察政绩考核导致的财政 R&D 资助调整对产业全要素生产率波动的影响。具体的回归结果如表 8－6 所示。由模型（1）知，政绩考核导致的财政 R&D 资助调整与产业全要素生产率波动呈显著的正向相关性[①]。在模型（2）—模型（8）中逐步加入企业特征和产业特征对于结论的影响。结果发现，结论依然稳健。就分时段回归而言，党代会召开后的第一年和第二年，政绩考核导致的财政 R&D 资助调整的效应更显著。

（2）国际贸易冲击导致的财政 R&D 资助调整

考虑到我国沿海经济的出口导向型特征，这部分考察国际贸易冲击导致的财政 R&D 资助调整的政策效应。具体来说：以产业出口量作为外部冲击的代理变量与财政 R&D 资源错配程度的交互项，对产业全要素生产率的波动进行回归。实证结果如表 8－7 所示。

① 党代会召开的前一年和当年，财政 R&D 资源错配程度的变化对产业全要素生产率波动的影响并不显著，但在党代会召开后的第一年和第二年，政府换届通过放大财政 R&D 资源错配引起产业全要素生产率的剧烈波动，影响系数分别是 0.3818 和 0.2033，均在 1% 的水平上显著。

表 8-6　政绩考核型财政 R&D 资助调整与产业 TFP 波动水平的检验结果

变量	垄断类产业		竞争类产业		低价值链产业		高价值链产业	
	(1)	(2)	(3)	(4)	(5)	(6)	(7)	(8)
MS	0.3052* (0.018)	0.1631** (0.051)	0.0384 (0.735)	0.1317 (0.282)	0.0619* (0.067)	0.2547* (0.065)	0.2717 (0.112)	0.0182 (0.962)
Pb × *MS*	−0.0118 (0.826)	−0.0179 (0.631)	−0.0187 (0.586)	−0.0167 (0.687)	−0.0156 (0.742)	−0.0249 (0.666)	−0.0346 (0.418)	−0.0329 (0.422)
P × *MS*	−0.0308 (0.531)	−0.0069 (0.951)	−0.0322 (0.364)	−0.3716*** (0.023)	−0.0029 (0.961)	−0.2014 (0.181)	−0.0563 (0.212)	−0.0812 (0.428)
*Pa*1 × *MS*	0.4011 (0.000)	0.4597 (0.000)	0.0562 (0.118)	0.0411 (0.260)	0.3445* (0.001)	0.4442*** (0.001)	0.4133*** (0.001)	0.4989*** (0.001)
*Pa*2 × *MS*	0.2364 (0.000)	0.1743* (0.000)	0.0835 (0.219)	0.0933 (0.183)	0.1795*** (0.001)	0.2002*** (0.000)	0.2336* (0.000)	0.2225* (0.000)
控制变量	否	是	否	是	否	是	否	是
地区固定效应	是	是	是	是	是	是	是	是
时间固定效应	是	是	是	是	是	是	是	是
是否聚类	是	是	是	是	是	是	是	是
调整后的 R^2	0.865	0.867	0.844	0.847	0.698	0.727	0.698	0.729
样本量	305	305	305	236	236	236	236	236

注：被解释变量为产业 TFP 波动；交互项是用党代会召开年、召开后一年、召开后两年、召开前一年虚拟变量分别与错配度。(1) 括号中为标准误；(2) *、**、*** 分别表示 10%、5%、1% 的水平上显著。

表 8-7　国际市场冲击下财政 R&D 资助调整与产业 TFP 波动水平的检验结果

变量	低价值链产业		高价值链产业	
	模型（5）	模型（6）	模型（7）	模型（8）
MS	0.1846 (0.049)	0.2557* (0.081)	0.2707 (0.513)	0.0172 (0.620)
trade × *MS*	0.1076"* (0.002)	0.0914** (0.001)	0.0881 (0.514)	0.0605 (0.942)
控制变量	NO	YES	NO	YES
地区固定效应	YES	YES	YES	YES
时间固定效应	YES	YES	YES	YES
是否聚类	YES	YES	YES	YES
调整后的 R^2	0.694	0.725	0.694	0.725
样本量	236	236	236	236

注：被解释变量为产业 TFP 波动；以产业出口量作为外部冲击的代理变量与财政 R&D 资源错配程度的交互项。（1）括号中为标准误；（2）*、**、*** 分别表示 10%、5%、1% 的水平上显著。

结果表明国际贸易冲击是通过低价值链产业的要素重置而不是高价值链产业来造成经济波动的，即一国低价值链产业的比重越高，财政 R&D 资助的调整对产业技术水平的作用越大。大体原因为：财政 R&D 资源偏向性政策通常更注重“扶弱”，而实际上技术创新能力的提升更需要依靠自身的创新能力、制度环境。在国际贸易外部冲击下，通过财政 R&D 资源调整确实有助于推动低端幼稚产业的产业技术变动。而对于已经处于高价值链的产业技术变动不显著。

8.4　本章小结

本章利用国民经济产业编码中的二分位产业中的全部国有企业与规模以上非国有企业数据，考察了财政 R&D 资助偏袒性以及变动对于产业 TFP 的影响效应。

实证结果表明：

（1）就全样本而言，财政 R&D 资助偏向与产业 TFP 之间呈现正相关关系，且排除了反向因果关系，结论稳健。

（2）就分样本（垄断产业与竞争产业、高价值链产业与低价值链产业）而言，竞争产业与高价值链产业并没有出现财政 R&D 资助的调整与全要素生产率的波动性之间存在显著的正向相关关系；对垄断产业与低价值链产业来说，产业财政 R&D 资助的调整幅度越高，全要素生产率的波动性更强，且均通过了 5% 的显著性水平检验。

（3）就传导机制而言，政府冲击型财政 R&D 资助对所有产业的全要素生产率都有效应，而国际贸易冲击型财政 R&D 资助主要通过低价值链产业的要素重置来推动产业的全要素生产率波动。

基于此，为了跨越政府政策扶持财政 R&D 资源配置时的“转型激励陷阱”，提出如下建议：

首先，完善对地方政府及官员的激励、约束机制，设计具体、可量化的绩效考核指标，避免创新弱势地区、产业扶持制度对地方经济发展产生负向激励。

其次，完善财政 R&D 资源配置资金的分配机制，对资金进行监督和规范管理，一方面增强地方政府的执行力，另一方面用于对比评估资金拨付后的使用效果。

最后，被偏向区域、产业的地方政府应增强当地微观主体的创新能力，营造创新的制度环境，有效规避“转型激励陷阱”。

第 9 章

财政R&D资助信号效应的机制检验
——基于盈余管理的视角

前面几章的实证结论检验了财政 R&D 资助有无信号效应的问题以及财政 R&D 资助有无信号效应的效率问题。余下的几章将在前几章实证研究的基础上，进一步讨论财政 R&D 资助具体是如何发挥信号效应的。即：到底是通过哪些途径发挥影响力的。本章是检验财政 R&D 资助通过调整企业的盈余管理能力，从而引导社会投资者这条机制。

具体来说：首先，建立一个面板数据计量模型，并对相关变量加以解释说明；其次，给出变量的描述性统计分析；然后，对理论部分提出的几个假说进行实证检验；再次，为了消除模型潜在的内生性问题，进一步使用系统广义矩估计法对模型进行了再检验；最后，结合异质性分析，做了机制检验。

9.1 引　言

近年来，政府补助以其庞大的规模和社会意义，成为学术研究的重点。根据同花顺（iFind）数据统计显示，近 6 年来，近 9 成的上市公司获得了财政 R&D 资助，且财政 R&D 资助占到企业利润的 4 成。如此积极的财政干预带来的研发效果是明显的。就本书关注的信号效应而言，学界对于财政 R&D 资助对成长型企业、初创型企业的研发融资引导效应都是持肯定态度的。然而，基于财政 R&D 资助固有的“挤出效应”（Boeing 等，2015）和偏袒性特征，坊间对此引起的“财政治理违反市场竞争规律”“企业的财政 R&D 资助依赖症”、企业寻租行为以及策略性创新等讨论也甚嚣尘上。究其原因，学界与实践界还是没有厘清财政 R&D 资助的资源效应与信号效应的区别。

如前文所述，既有文献甚少关注财政 R&D 资助的信号效应，有的话也只是集中讨论财政 R&D 资助的信号效应存在与否的问题，且相关研究尚未得出统一的结论。而本书认为：研究财政 R&D 资助信号效应发挥作用的条件更重要。一方面，前文四章实证了各个角度的财政 R&D 资助信号效应的存在性问题以及有效性问题，但不得不承认：政府和社会投资者追求目标的不一致又使得这种引导作用存在一定的矛盾性（Robin kleer，2010）。

根据行为经济学中的禀赋理论，人们的决策机制中“避害”的考虑要优先于“趋利”的考虑。因此，针对当前存在财务困境但具有良好发展前景但目前盈利能力较差的企业，能否同样吸引社会投资者跟进存在争议。

故此，本书发现一个很好的分析切入点，即研究亏损型企业获得财政 R&D 资助能否带来社会投资者的跟进。这个问题，一方面可以很好观察财政 R&D 资助的资源效应与信号效应的区别；另一方面可以剖析外部投资者跟进的内在逻辑机理，从而完成对财政 R&D 资助信号效应的某一类传导机制的检验。

具体来说，财政 R&D 资助一家财务亏损企业这条信息会产生两个方面的市场解读，一方面，对于理性的社会投资者能从“现在财务亏损”“现在处于财务困境中”解读出：这家企业的盈利能力较差，存在资本市场的信用风险（杜勇等，2016），从而获得“风险信号”；另一方面，一些非理性投资者从“被资助”中解读出这家企业的技术认证、监管认证、前景认证、政企关系认证以及社会资源获取能力认证等，从而获得“利好”信号。然而，本书的前几章已经证明了，总体来看，获得财政 R&D 资助的企业平均意义上是会得到社会投资者跟进的。那么，一个问题随之而来，到底是什么因素使得“利好”信号抵消了“风险信号”？

加之，相关实证论文显示，获得政府补助的上市公司在亏损当年会减少亏损（杜勇等，2016），而相当多的个体社会投资者在进行投资决策时，往往只看重当年财务业绩，不能分辨风险（左大勇等，2013）。故此，本书一个假设就是：假设一家企业的盈余管理能力很高，是否可以在获得资助的当年通过美化财务报表从而获得社会投资者的跟进？事实上，我国经济目前仍处于转型过程中，确实存在“企业亏损越多，收到政府补助越多，企业利润反而越好”的情况（刘浩等，2002）。基于此，本章将基于承认政府补助的遴选存在问题、政府补助可以帮助企业保壳等现象的前提下，分析财政 R&D 资助占企业利润比重对于社会投资者跟进的影响，从盈余管理角度对财政 R&D 资助信号效应的一种传导机制完成检验。

余下的部分展开如下。具体来说：首先，建立一个面板数据计量模型，并对相关变量加以解释说明；其次，给出变量的描述性统计分析；然后，对理论部分提出的几个假说进行实证检验；接着，为了消除模型潜在的内生性问题，进一步使用系统广义矩估计法对模型进行了再检验；最后，结合异质性分析，做了机制检验。

9.2 文献综述与研究假说

如上所述，已有文献和大量实践案例显示：中国的财政 R&D 资助政策在弥补知识市场失灵同时还兼有资本市场的信息传递功能。具体阐述如下。

（1）资本市场失灵视角下财政 R&D 资助对企业创新的作用机理及融资效应[①]

企业创新融资方面面临资本市场失灵（李彰和苏竣，2017）。信号效应相关理论认为财政 R&D 资助通过信息传递机制和价值认证机制向市场投资者释放受资助企业创新的积极信号，有助于投资者获得关于企业的软信息和隐性知识，并增强对企业创新价值和潜

① 企业家与外部投资者之间的信息不对称会削弱企业为研发活动筹集资金的能力，面临严峻的融资约束。即便是风险资本这类专业化的金融中介机构也难以完全解决这一难题。

力的信任（Millan 和 Woodruff，2002；Allen 等，2005；Bai 等，2006；Claessens 等，2008；余明桂等，2008），有效规避可能面临的逆向选择问题和道德风险问题，降低外部投资者对企业的风险评估（申香华，2014），有利于企业外部融资（Miguel 和 Wouter，2012；Meuleman 和 Maeseneire，2012；Colombo 等，2013）。

特别是考虑到财政 R&D 资助过程。财政 R&D 资助基于科学严密的项目筛选论证程序（包括事前全面审查评估、事中信息公开以及事后的动态监督管理）以及社会规划者独特的身份优势（包括信息优势、专家库技术优势和国家信用优势），使得政府能够较准确地识别企业真实质量和投资价值（Feldman 和 Kelley，2006；Kleer，2010），财政 R&D 资助信息公告会提供受资助企业的技术创新能力水平、受资助项目的技术质量、发展前景、经济贡献等方面的信息披露认证、创新质量认证以及隐性信用担保，有助于企业吸引外部资金，缓解融资约束，具有信号功能（郭晓丹和何文韬，2011；Soderblom 等，2015；杨洋等，2015；王刚刚等，2017；郭玥，2018）。因此，哪怕企业暂时财务业绩不优，依然能被这些认证加持而获得外部投资者的跟进。

故此，可以得到本章第一个研究假说：

H1：中国的财政 R&D 资助信号可以促进财务困境企业获得外部投资者的跟投。

（2）中国治理情景下财政 R&D 资助的信号功能及其对企业创新融资的影响

相对于发达国家，中国面临着迥异的市场环境与政府角色，财政 R&D 资助的信号功能具有一定的复杂性。在中国情景下，由于政府资助目的多元化、政企投资逻辑的不一致且政府传递信息存在局限性，财政资助信息未必能增加企业的外部融资（Jaggi 和 Baydoum，2001；Riedl 和 Srinivasan，2007）。而且，就创新融资的市场配置效率而言，中国的财政资助存在“扶弱”和“培优”两种规则的权衡（唐清泉和罗党论，2007；朱松和陈运森，2009；邵敏和包群，2011；孔东民等，2013），“培优”规则下的财政研发补贴信息公告能增进创新资源配置效率（Feldman 和 Kelley，2006；谢小芳等，2009；Kleer，2010）；而“扶弱”倾向下的财政 R&D 资助对于市场投资者是信息噪音，会误导其投资决策，从而损害资本市场的资源配置效率（林南，2004；李敏才和刘峰，2012）。

奖励型的财政研发补贴信息比扶持型的财政研发补贴信息能传递更强的信号效应。由于第一产业的市场风险太大，主要获得扶持型的财政研发补贴，其社会效益高于私人效益，则外部投资者不会跟投，而第二产业主要是追求高质量发展，主要获得奖励型的财政研发补贴，其社会效益低于私人效益，则外部投资者会跟投。

故此，获得第二个研究假说：

H2：同属财务困境的获得财政 R&D 资助的企业，农业类企业与制造类企业在能否获得外部投资者的跟投上存在显著差异。

同时，如图 9－1 所示，考虑到对于理性的机构投资者而言，更看重私人回报最大化，对于明确所列的投资亏损不可接受，而对于美化后、隐蔽性的亏损也具有洞察力。而对于非理性的个人投资者，则无法分辨财务盈余操作，因而，对于财务美化后的财务困境企业依然会进行跟投。故此，可以得到本章第三个研究假说：

H3：表面财务困境的企业不能获得个人投资者的跟投，而真实财务困境的企业不能获得机构投资者的跟投。

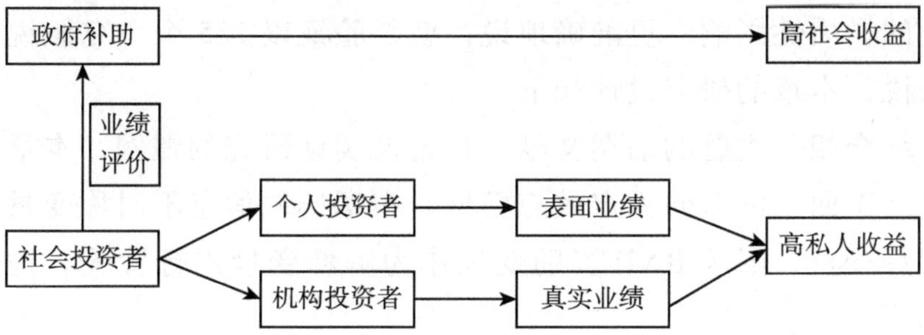

图 9－1　社会投资者跟进政府资助的决策机制

（3）不同类型的财政 R&D 资助的跟投差异

当前，中国的财政 R&D 资助流程以及财政 R&D 资助的会计核算制度日益透明与健全。比如有文件具体规定①：收益类财政 R&D 资助计入当期的损益，可以直接影响企业当年的利润表与现金流；资产类财政 R&D 资助计入“其他收益”或“递延收益”会计科目，是分期计入损益，故此，会影响企业当期的损益。即：随着该项制度的健全，财政 R&D 资助的信号效应在增强。

据此，可以得到本章第四个和第五个研究假说：

H4：资产类财政 R&D 资助和收益类财政 R&D 资助的“信号效应”存在显著的差异。

H5：财政 R&D 资助的信号效应在会计准则实施前后年份存在显著的差异。

9.3 研究设计

如上文所述，本章从盈余管理的角度继续探讨财政 R&D 资助作为政府扮演研发融资资本市场上的“引导之手”。具体来说，在上一章的基础上，探讨财政 R&D 资助的“信号效应”在不同产业的企业、对于不同类型的外部投资者、对于不同性质的财政 R&D 资助的异质性影响。更准确地说，就是验证以上 5 个研究假说。具体来说，本章的研究设计如下。

综合相关主题的前期文献，且遵循实证研究的惯例，本章采用的是层次回归的双向固定效应模型。本章选取信息不对称变量作为被解释变量，财政 R&D 资助变量作为解释变量进行检验。构建模型如下：

① 原本政府补助主要影响利润总额，在准则变更后符合条件的也能作为营业利润的组成部分。

$$Own_{it} = \alpha_i + \beta_1 GS_{it-1} + \beta X_{it} + u_i + v_t + \varepsilon_{it} \qquad 式（9-1）$$

式（9-1）反映了财政 R&D 资助对社会投资者跟进的直接效应。X_{it}是一系列控制变量。其中 Own_{it}为社会投资者跟进变量。综合当前的文献做法（卢馨等，2013；雷鹏等，2015；郭玥，2018；徐维祥等，2018），此处，在式（9-1）中 GS_{it-1}代表 i 市 t 年企业获得的财政 R&D 资助数额的对数值，数据主要来源于企业年度报告中的“计入当期损益的政府补助”指标的滞后一期来反映财政 R&D 资助政策的滞后效应。

为研究应计盈余管理和真实盈余管理的中介机制作用，构建模型如下：

$$Own_{it} = \alpha_i + \beta_1 GS_{it-1} + \beta_2 Da_{it-1} + \beta_3 GS_{it-1} \times Da_{it-1} + \beta_4' X_{it} + u_i + v_t + \varepsilon_{it} \qquad 式（9-2）$$

其中，Da_{it-1}是盈余管理变量，可细分为 Daa_{it-1}（应计盈余管理）和 Dra_{it-1}（真实盈余管理）。为了减少交互项的多重共线性，此处对 GS_{it-1}、Daa_{it-1}、Dra_{it-1}以及 $GS_{it-1} * Da_{it-1}$均进行了去中心化的处理。

为了研究财政 R&D 资助对社会投资者跟进的直接效应，本书构建模型如下：

$$Ins_{it} = \alpha_i + \beta_1 GS_{it-1} + \beta X_{it} + u_i + v_t + \varepsilon_{it} \qquad 式（9-3）$$

并按业绩状况对该模型进行了分组检验。

具体来说有以下几点。

其一，变量设计。

①被解释变量——社会投资者跟进

由于没有可以直接读取的数据，本书借鉴了资本市场以及实证会计的文献做法，将其定义为期末股价与流通股股数的乘积。为了对比分析，还另构建机构投资者跟进变量，将其定义为期末股价与机构投资者持股数的乘积。

②解释变量——财政 R&D 资助

如第 4 章的做法，本章剔除非创新补贴对研究结论的噪音干扰，借鉴王刚刚等（2017）的做法，运用关键词手工搜索[①]企业年报财务报表附注“营业外收入”科目下的“政府创新补贴明细”并加总，关键词包括但不限于“研发”“创新”“科技”“火炬计划”“产学研”“863 计划”“星火计划”“首台套”等。本书以企业上一年政府创新补贴加一的自然对数考察政府创新补贴，记为 GS_{it-1}。

③重要中介传导变量——盈余管理变量

为了区分真实业绩与美化业绩，方便实证部分操作，这部分区分应计盈余管理虚拟变量和真实盈余管理虚拟变量两个变量。具体是采用修正琼斯模型（Dechou 等，1995）计算操控性应计。

$$\frac{TA_{jt}}{Asset_{jt-1}} = \alpha \times \frac{1}{Asset_{jt-1}} + \beta \times \frac{\Delta sale_{jt}}{Asset_{jt-1}} + \gamma \times \frac{PPE_{jt}}{Asset_{jt-1}} + \varepsilon_{it}$$

式（9-4）

$$DisAcc_{jt} = \frac{TA_{jt}}{Asset_{jt-1}} - \left(\hat{\alpha} \times \frac{1}{Asset_{jt-1}} + \hat{\beta} \times \frac{(\Delta sale_{jt} - \Delta Receivable_{jt})}{Asset_{jt-1}} + \hat{\gamma} \times \frac{PPE_{jt}}{Asset_{jt-1}}\right)$$

式（9-5）

其中，TA_{jt} 为总应计项目；$Asset_{jt-1}$ 为资产总额；$\Delta Sale_{jt}$ 为营业收入增长额；$\Delta Receivable_{jt}$ 为应收账款增长额；PPE_{jt} 为固定资产原值，j 表示公司，t 表示年度。

应计盈余管理虚拟变量的具体计算模型步骤是：首先将模型

① 具体来说，运用“关键词检索”的方法搜索政府补助明细中的具体项目名称，从而确定属于创新补助范畴的项目，通过加总得到每家上市公司每一年度的创新补助总额。创新补助项目关键词确定标准如下：1）有关技术创新的关键词，如“研究”“开发”“技术”“创新”“专利”“知识产权”“技术标准”“技术改造”“新产品”“产业升级”等；2）有关高新技术或战略性新兴产业领域的专有名词，如与生物新医药技术研发有关的“癌”“孢”“酶”“肽”“蛋白”“霉素”“新药”“抗生素”等，与电子信息技术研发有关的“集成系统”“机器人”“传感”“云计算”“云雷达”“云平台”等；3）政府科技支持创新政策，如“863”“973”“火炬计划”“星火计划”等政府科技项目和地方科技支持项目。

（4）进行分年度分行业回归，再将估计出来的回归系数代入模型（5）中得到 $DisAcc_{jt}$ 数据。

而真实盈余管理虚拟变量的构建逻辑参考 Roychowdhury（2006）计算。具体模型如下：

$$\frac{Cfo_{jt}}{Asset_{jt-1}} = \alpha + \beta \times \frac{1}{Asset_{jt-1}} + \gamma \times \frac{sale_{jt}}{Asset_{jt-1}} + \psi \times \frac{\Delta sale_{jt}}{Asset_{jt-1}} + \varepsilon_{it}$$

式（9-6）

$$\frac{prod_{jt}}{Asset_{jt-1}} = \alpha + \beta \times \frac{1}{Asset_{jt-1}} + \gamma \times \frac{sale_{jt-1}}{Asset_{jt-1}} + \psi \times \frac{\Delta sale_{jt}}{Asset_{jt-1}} + \lambda \times \frac{sale_{jt-1}}{Asset_{jt-1}} + \varepsilon$$

式（9-7）

$$\frac{Dis\ \exp_{jt}}{Asset_{jt-1}} = \alpha + \beta \times \frac{1}{Asset_{jt-1}} + \gamma \times \frac{sale_{jt-1}}{Asset_{jt-1}} + \psi \times \frac{sale_{jt-1}}{Asset_{jt-1}} + \varepsilon$$

其中，*Cfo* 为经营现金净流量；*prod* 为生产成本①、*dis* exp 为酌量性费用②。

具体的计算步骤为：首先进行分行业和分年度回归后得到式（9-6）和式（9-7）的残差项，得到当期异常的经营现金流量 *Abcfo* 和异常生产成本 *Abprod* 与异常斟酌性费用 *Abdis* exp。则，真实的盈余管理虚拟变量的度量总指标为异常生产成本 *Abprod* 扣除异常的经营现金流量 *Abcfo* 再扣除异常斟酌性费用 *Abdis* exp，取最后的绝对值。

④其他控制变量组如下：

为避免遗漏变量给结论带来的弊端，本章尽可能地控制了所有社会投资者跟进的变量。

具体变量定义见表9-1。

---

① 被定义为营业成本与存货变动之和。

② 被定义为销售费用和管理费用之和。

表 9-1　　　　　　主要变量指标说明

变量	指标	变量定义
被解释变量	社会投资者跟进 Own_{it}	股价 × 流通股数的自然对数
	机构投资者跟进 Ins_{it}	股价 × 机构投资者持股数的自然对数
解释变量	财政 R&D 补助（lnGS）	政府补助额，并取自然对数（滞后一期）
中介变量	应计盈余管理 Daa_{it-1}	采用修正琼斯模型（Dechou 等，1995）计算模拟得出
	真实盈余管理 Dra_{it-1}	参考 Roychowdhury（2006）模拟计算得出
	企业成立时间（AGE）	用现在年份 - 成立年份
	资产负债率（LEV）	资产/负债
	资产收益率（ROA）	净利润/总资产平均余额
控制变量	市场竞争程度（$MARKET$）	销售费用/营业收入
	企业所有权属性（OW）	若为国有企业则为 1；否则为 0
	企业规模 $SIZE$	企业总资产的自然对数

注：企业数据来源于国泰安数据库（CSMAR）并经作者整理计算。

其二，数据来源。

本篇的数据主要来源：CSMAR（国泰安经济金融研究数据库）、Wind（万得数据库）和同花顺数据库。其中，R&D 资助数据和财务数据主要来源于 CSMAR 数据库，金融市场微观结构数据为日频数据，源自彭博终端数据库，其他财务变量均源自国泰安 CSMAR 数据库。制度环境数据由《中国分省份市场化指数报告(2018)》计算而来。其中，财政 R&D 补助数据主要从企业年度报告“计入当期损益的政府补助”指标中手工收集。为得到合适的样本数据，这部分的数据筛选工作如下。

首先，针对实证工作客观存在的数据缺失和数据遗漏问题，为兼顾实证的可靠性、数据的正确性以及实证的合理性，本章节删除股东权益小于 0 的企业、ST 类企业、金融类企业以及主要变量缺失的企业；

其次，针对异常值的问题，本章节对连续变量进行了 99% 和

1%百分位的Winsorize处理。

其三，样本选择。

本篇的样本来源：中国A股上市公司2013—2023年[①]非金融类A股上市企业数据[②]。由于2017年6月开始实施新的政府补贴会计准则，故此，为了消除统计口径不一致，将2013—2017年以及2017—2023年数据的指标进行统一，加之，考虑到初创企业进行研发的主要目标是上市，且IPO（首次公开募股）是风险投资的主要退出方式，故此，选择了非金融类沪深A股上市企业首次公开上市时的情况。基于以上处理，本章节最终得到了12109个观测值。

9.4　描述性统计

样本主要变量的描述性统计结果见表9-2。

表9-2　　　　全样本的描述性统计

变量名称	变量解释	样本容量	平均值	标准差	最小值	最大值
$\ln GS$	财政R&D资助	8180	15.9998	1.2578	9.2103	20.7593
Own_{it}	社会投资者跟进	9347	0.0572	0.0177	0.0001	0.4678
Ins_{it}	机构投资者跟进	9755	1.1100	15.0541	12.6921	18.4691
Daa_{it-1}	应计盈余管理	9154	0.0011	0.2061	-5.0711	9.7099

① 没有选择2013年之前的数据是由于：2013年新会计准则才开始要求上市企业在财务报表中新增研发支出科目，并要求在报表附注中对政府创新补贴信息进行详细披露。

② 之所以选择上市公司为样本，有如下三点考虑：一是，数据的可获得性，同花顺数据库和万得数据库可以提供上市公司比较详细的基本信息和财务数据，更重要的是上市公司披露的政府补助数据较为完备；二是，政府为促进小微企业快速发展，在样本期间内同时出台了多项补助政策，选择A股上市公司为样本，可以避免众多政策的交叉影响；三是，上市公司每年都要披露公司年报，相关数据更新快，相比于其他数据，上市公司数据可以保证样本期间足够长。

续表

变量名称	变量解释	样本容量	平均值	标准差	最小值	最大值
Dra_{it-1}	真实盈余管理	9280	0.3089	0.0034	-6.0987	9.9945
AGE	企业年龄	12109	12.330	4.650	5.000	26.000
LEV	净资产收益率	12109	0.0507	0.0631	-0.6476	0.5981
OWNER	企业产权属性	12109	0.060	0.240	0.000	1.000
SIZE	企业规模	12109	21.8631	0.8776	19.1987	25.5225
MARKET	市场竞争度	12109				
ROA	资产收益率	12109	0.0551	0.0391	-0.1903	0.2356

表 9-2 为主要变量的描述性统计。财政 R&D 资助变量的标准误为 1.2578%，说明财政 R&D 资助在不同企业间分配差异较大。社会投资者跟进和机构投资者跟进的标准误为 0.0177% 和 15.0541%，说明，社会投资者跟进差异不大，而机构投资者跟进差异巨大。值得关注的是，应计盈余管理均值趋于 0，说明，总体看样本并未显示出盈余管理迹象，但是真实盈余管理均值达到 0.3089，说明，一部分样本有盈余管理特征。

为了更准确看出各数据之间的关系，本章还做了一个主要变量的 Pearson 相关性检验，结果如表 9-3 所示。

由表 9-3 不难看出①，财政 R&D 资助变量与社会投资者跟进以及个人投资者跟进的 Pearson 相关系数均为正值，这初步说明：财政 R&D 资助可以引导社会投资跟进。而应计盈余管理变量与社会投资者跟进以及机构投资者跟进的 Pearson 相关系数显著为负，说明，社会投资者看重财务会计信息。而真实盈余管理与社会投资者跟进以及机构投资者跟进的 Pearson 相关系数不显著。这说明，真实盈余管理比较隐蔽，社会投资者总体上不能很好进行识别；另

① 各变量之间的相关性均小于 0.4，因此，变量之间不存在严重的多重共线性问题。其他控制变量均与信息不对称指数呈负向相关关系，而研发强度和 Tobin Q 则与企业的信息不对称指数呈正向相关关系。这是因为企业的研发强度和 Tobin Q 越大，企业面临的不确定性也越大，从而信息不对称的问题越严重。

表 9-3　主要变量的 Pearson 相关性检验

	1	2	3	4	5	6	7	8	9	10
1. *OWN*	1									
2. lnS	0.7861	1								
3. ln*GS*	0.3421	0.272	1							
4. *DA*	−0.0441	−0.0619	−0.0345	1						
5. *REM*	−0.0023	−0.0051	0.0122	0.3452	1					
6. *SIZE*	0.7341	0.6301	0.3871	−0.0531	−0.0081	1				
7. *ROA*	0.1523	0.0272	0.0734	0.2427	0.1929	0.0976	1			
8. *LEV*	0.1863	0.2842	0.0653	−0.0369	−0.0351	0.0258	−0.2584	1		
9. *SOE*	0.3135	0.4390	0.1073	−0.0331	−0.0331	0.3491	−0.0567	0.2599	1	
10. *AGE*	0.3561	0.4912	0.0237	−0.2431	0.6024	0.1896	−0.879	0.2704	−0.4169	1

外的几个财务指标也都与社会投资者跟进以及个人投资者跟进的 Pearson 相关系数显著正向相关，这进一步说明：社会投资者相当看重财务绩效良好、有适当财务杠杆的企业，且变量之间不存在多重共线性问题，适合做回归检验。

9.5 回归结果及其分析

根据前文的文献回顾以及理论演绎，本章认为：财政 R&D 资助是有选择性的资助，故此，需要先进行 PSM 匹配[①]。在此基础上实证处于财务困境的企业获得财政 R&D 资助时的外部投资者跟投情况。具体来说有以下两步。

第一步，进行匹配结果平衡假设检验发现：偏差均小于 10%[②]，通过 t 检验。即：财务困境组与非财务困境组数据在匹配后的组间差距得到有效缩减，有效降低了分组样本量差距和选择性偏误对回归结果的影响。

第二步，利用匹配后数据进行再回归，所得结果如后续各表所示。

9.5.1 总体回归结果

本章的模型设定为进行省份、年份和行业固定效应的 PSM 回归模型。具体来说，模型（1）、模型（4）是全样本的回归结果；模型（2）、模型（5）是企业财务良好（总资产报酬率与净资产报

① 具体的步骤是：首先，本书为解释社会投资者跟进，将企业是否陷入财务困境作为处理变量，控制财务指标变量，具体包括公司规模、短期借款、长期借款、经营活动产生的现金流量净额和营业收入等变量作为混杂变量，利用混杂变量进行 1∶1 邻近匹配，匹配出非财务困境企业。

② 版面有限，且只是数据预备过程，为避免研究主线混乱，暂不在正文中出现，如有兴趣可来函索取。

酬率非负）时的估计结果；模型（3）、模型（6）是企业财务亏损（总资产报酬率与净资产报酬率为负）时的估计结果。具体实证结果如表 9 – 4 所示。

表 9 – 4　　　社会投资者全样本的 PSM 回归结果

	(1) 全样本	(2) *ROE* > =0	(3) *ROE* < 0	(4) 全样本	(5) *ROA* > =0	(6) *ROA* < 0
ln*GS*	0. 0325 ** (1. 8172)	0. 5089 * (1. 9794)	0. 142 (0. 6794)	0. 0395 ** (2. 4572)	0. 0089 ** (3. 9794)	– 0. 0042 (– 0. 3794)
是否有控制变量	有	有	有	有	有	有
N	960	466	494	1332	672	660
省份固定效应	*Y*	*Y*	*Y*	*Y*	*Y*	*Y*
年份固定效应	*Y*	*Y*	*Y*	*Y*	*Y*	*Y*
行业固定效应	*Y*	*Y*	*Y*	*Y*	*Y*	*Y*
F/*Wald*	66. 26	51. 38	48. 80	102. 48	77. 24	59. 21

注：① *** 、 ** 和 * 分别表示通过 1% 、5% 和 10% 的显著性检验；②括号内是 *t* 检验值。

如表 9 – 4 所示，就全样本而言，财政 R&D 资助与机构投资者跟进的系数为 0. 325 以及 0. 0395，且都在 5% 的显著水平上正相关，验证了 H1，即财政 R&D 资助能够传递出“利好”消息从而引导社会投资者跟进。就子样本而言，当企业的财务水平不利时，财政 R&D 资助与机构投资者跟进的回归结果均不显著；而企业的财务盈利良好时，财政 R&D 资助与机构投资者跟进的回归结果均显著。这一正一反的结果，说明：社会投资者作为金融市场上的理性经济人，其是否跟进财政 R&D 资助是在考虑了企业盈利能力基础之上。这充分呼应了前文有关社会投资者与政府目标不同时二者的行为差异结论，验证了 H2。

9.5.2 子样本回归结果

根据前文的理论分析与文献演绎，财政 R&D 资助可以进行子样本细分。本部分聚焦于验证奖励类和扶持类财政 R&D 资助子样本以及明显带有扶持属性的第一产业和带有奖励属性的第二产业的财政 R&D 资助子样本的实证检验结果。

其一，验证奖励类和扶持类财政 R&D 资助子样本的信号效应。根据前文的分析，财政 R&D 资助可以细分为：项目建设、扶持资金、税收返还、研发人员补助、财政贴息、项目奖励等类型，其中，扶持资金和项目奖励这两个类型比较有针对性，据此，本部分主要对比社会投资者对于这两种资金是否跟投。如前文的假说，扶持资金对于社会投资者和机构投资者都会显示为“前景良好”但现在有“风险提示”的利差信号，而项目奖励则对于社会投资者和机构投资者都会显示为“前景良好”且“风险可控”的利好信号，故此，二者理应在信号效应上有分化。

具体来说，模型（1）是扶持类和奖励类财政 R&D 资助的总体样本回归结果；模型（2）是扶持类财政 R&D 资助的回归结果；模型（3）是奖励类财政 R&D 资助的回归结果；模型（4）是包括第一产业和第二产业类的财政 R&D 资助的总体样本回归结果；模型（5）是第一产业类的财政 R&D 资助的子样本回归结果；而模型（6）是第二产业类的财政 R&D 资助的子样本回归结果。

具体实证如表 9－5 所示。

表 9－5　子样本的 PSM 回归结果——社会投资者样本

	(1) 全样本	(2) 扶持类	(3) 奖励类	(4) 全样本	(5) 第一 产业类	(6) 第二 产业类
lnGS	0.0545* (10.3172)	0.0208 (3.4794)	0.0071* (1.4341)	0.0305* (2.4572)	0.0032 (3.9794)	0.0045* (5.0794)

续表

	(1) 全样本	(2) 扶持类	(3) 奖励类	(4) 全样本	(5) 第一 产业类	(6) 第二 产业类
是否有控制变量	有	有	有	有	有	有
N	360	176	184	1032	264	768
省份固定效应	*Y*	*Y*	*Y*	*Y*	*Y*	*Y*
年份固定效应	*Y*	*Y*	*Y*	*Y*	*Y*	*Y*
行业固定效应	*Y*	*Y*	*Y*	*Y*	*Y*	*Y*
F/Wald	66.26	51.38	48.80	102.48	77.24	59.21

注：①***、**和*分别表示通过1%、5%和10%的显著性检验；②括号内是 t 检验值。

根据表9-5的回归结果，模型（1）和模型（4）总体上都存在信号效应。模型（2）和模型（5）的实证结果显示：扶持类的系数和第一产业类的系数都是不显著的，说明：这类风险提示类的信号不会引起社会投资者的跟投；而模型（3）和模型（6）的实证结果显示：奖励类的系数和第二产业类的系数都是显著的，这说明：这类利好信息提示会引起社会投资者跟投。

其二，如上所述，机构投资者和个人投资者的投资理念存在较大差异，机构投资者会兼顾历史财务数据和未来企业价值，而个人投资者则主要关注历史财务数据。表9-5的回归结果可能表明，样本里个人投资者比较多，故此，这部分专门拿出机构投资者样本进行子样本分析。具体来说，模型（1）是扶持类和奖励类财政R&D资助的总体样本回归结果；模型（2）是扶持类财政R&D资助的回归结果；模型（3）是奖励类财政R&D资助的回归结果；模型（4）是包括第一产业和第二产业类的财政R&D资助的总体样本回归结果；模型（5）是第一产业类的财政R&D资助的子样本回归结果；而模型（6）是第二产业类的财政R&D资助的子样本回归结果。具体实证如表9-6所示。

表 9-6　子样本的 PSM 回归结果——机构投资者样本

	(1) 全样本	(2) 扶持类	(3) 奖励类	(4) 全样本	(5) 第一 产业类	(6) 第二 产业类
ln*GS*	0.0545* (10.3172)	0.0270* (2.4394)	0.0081 (0.8561)	0.0323* (2.4572)	0.0842 (1.9794)	0.0225* (1.9614)
是否有控制变量	有	有	有	有	有	有
N	105	27	78	430	103	327
省份固定效应	*Y*	*Y*	*Y*	*Y*	*Y*	*Y*
年份固定效应	*Y*	*Y*	*Y*	*Y*	*Y*	*Y*
行业固定效应	*Y*	*Y*	*Y*	*Y*	*Y*	*Y*
F/Wald	66.26	51.38	48.80	102.48	77.24	59.21

注：①***、**和*分别表示通过 1%、5% 和 10% 的显著性检验；②括号内是 t 检验值。

根据表 9-6 的回归结果，模型（1）和模型（4）总体上都存在信号效应。模型（2）和模型（6）的实证结果显示：扶持类的系数和第二产业类的系数都是显著的，说明：相较于个人投资者，机构投资者能真正识别财政 R&D 资助的未来价值信号，从而引起机构投资者的跟投；而模型（3）和模型（5）的实证结果显示：奖励类的系数和第一产业类的系数都是不显著的，这说明：机构投资者会综合权衡财政 R&D 资助的未来前景信号和扶持弱势的风险信号，从而做出当前最理性的选择。具体来说，其实奖励类的财政 R&D 资助占比很小，故此，不足以改变机构投资者对于当前风险加大权重，而调低对未来企业价值的预期。

9.5.3　中介机制的检验

根据前文的理论分析与文献演绎，当引入盈余管理这个视角之后，可以更好观察财政 R&D 资助信号效应的内在传导机制，具体来说，机构投资者和个人投资者两个群体由于金融素养不同，区分表面业绩和真实业绩的能力有区别，故此，二者对于有无盈余管理美化之后的信号效应产生分化。

其一，为了研究盈余管理这个因素对于财政 R&D 资助信号效应的影响，下面将对前文式（9－2）进行实证分析。

具体来说，模型（1）是不考虑任何其他控制变量时的总样本回归，模型（2）是控制其他变量但不考虑中介因素的回归结果，模型（3）是考虑应计盈余管理时的回归结果，而模型（4）是考虑真实盈余管理因素时的回归结果。

具体实证结果如表 9－7 所示。

表 9－7　　总体社会投资者信号传导机制的检验结果

	(1) *OWN*	(2) *OWN*	(3) *OWN*	(4) *OWN*
$\ln GS$	3.7325 (0.0172)	0.6614 (0.0794)	-1.427^{***} (0.0723)	0.514^{***} (2.7031)
Daa_{it-1}			-1.127^{***} (−2.0723)	
$Daa_{it-1}\times\ln GS$			0.1132^{**} (2.6123)	
Dra_{it-1}				0.4142^{***} (12.7032)
$Dra_{it-1}\times\ln GS$				0.1092^{***} (4.8832)
是否有控制变量	否	有	有	有
N	7960	7960	7544	7342
省份固定效应	*Y*	*Y*	*Y*	*Y*
年份固定效应	*Y*	*Y*	*Y*	*Y*
行业固定效应	*Y*	*Y*	*Y*	*Y*
F/Wald	916.26	846.38	748.80	702.48

注：①***、**和*分别表示通过 1%、5%和 10%的显著性检验；②括号内是 t 检验值。

根据表 9－7 的回归结果，模型（1）和模型（2）总体上都存在信号效应。模型（3）的实证结果显示：Daa_{it-1}的系数是负向显著的，说明：信息透明的应计盈余管理会引起投资者投资规避。而交互项 $Daa_{it-1} \times \ln GS$ 的系数是正向显著的。这说明：应计盈余管理使得财政 R&D 资助的信号效应能更好发挥作用。即：应计盈余管理通过美化企业业绩，可以使得社会投资者跟进财政 R&D 资助的信号，验证了 H3。模型（4）的实证结果显示：Dra_{it-1}的系数是正向显著的，说明真实盈余管理会吸引社会投资跟进，而交互项 $Dra_{it-1} \times \ln GS$ 的系数也是显著为正的，说明企业的真实盈余管理会促进财政 R&D 资助被社会投资者跟进。验证了 H4。

其二，鉴于上面的结果，说明：社会投资者内部发生了分化。如前文的理论分析和文献演绎，机构投资者比个人投资者理性，故此，接下来专门研究社会投资者中较理性的投资者——机构投资者的信号效应。

具体来说，模型（1）是不考虑任何其他控制变量时的总样本回归，模型（2）是分析总资产报酬率小于 0 时的回归结果，模型（3）是分析净资产报酬率小于 0 时的回归结果，模型（4）是考虑应计盈余管理时的回归结果，而模型（5）是考虑真实盈余管理因素时的回归结果。

具体实证结果如表 9－8 所示。

表 9－8　　机构投资者信号传导机制的检验结果

	(1) 全样本	(2) 总资产报酬率小于 0	(3) 净资产报酬率小于 0	(4) 考虑应计盈余管理	(5) 考虑真实盈余管理
$\ln GS$	0.0185** (1.9172)	−0.0664** (−2.0794)	−0.4271*** (2.8723)	0.0414* (0.7031)	0.0209* (2.7031)
Daa_{it-1}				0.327 (0.4723)	

续表

	(1) 全样本	(2) 总资产报酬率小于0	(3) 净资产报酬率小于0	(4) 考虑应计盈余管理	(5) 考虑真实盈余管理
$Daa_{it-1} \times \ln GS$				0.1432 (1.5123)	
Dra_{it-1}					0.9278 (1.4923)
$Dra_{it-1} \times \ln GS$					0.0592 (1.3123)
是否有控制变量	有	有	有	有	有
N	8072	7060	1012	7342	7760
省份固定效应	Y	Y	Y	Y	Y
年份固定效应	Y	Y	Y	Y	Y
行业固定效应	Y	Y	Y	Y	Y
$F/Wald$	816.26	816.38	748.80	502.48	523.08

注：① ***、** 和 * 分别表示通过 1%、5% 和 10% 的显著性检验；②括号内是 t 检验值。

根据表 9-8 的回归结果，模型（1）证实了机构投资者的总体信号效应显著为正。模型（2）和模型（3）的实证结果都显示系数是负向显著的，说明：当企业显示财务盈利能力不行时，财政 R&D 资助不能引起机构投资者跟投。而模型（4）和模型（5）的实证结果都显示 Dra_{it-1}、Daa_{it-1} 以及交互项 $Daa_{it-1} \times \ln GS$ 的系数都是不显著的。这说明：机构投资者能正确识别应计盈余管理和真实盈余管理，美化和粉饰的财务报表不能吸引社会投资跟进，验证了 H5。

9.5.4　稳健性检验结果及其分析

为了更好地揭示财政 R&D 资助对社会投资者的信号传递效应，

本部分主要采取替换变量的度量方法、替换 ST 样本来实证。具体如下：

（1）替换中介变量的度量方法。这部分借鉴 Cohen 等（2010）的做法去重新度量真实盈余管理变量 Dra_{it-1}，具体是：

$Dra_{it-1}1 = Abprod + (-1) \times Abdis\exp$，$Dra_{it-1}2 = (-1) \times Abcfo + (-1) \times Abdis\exp$，分别替代正文中的真实盈余管理变量 Dra_{it-1}。

（2）这部分不再针对总资产报酬率以及净资产报酬率进行样本分组，而直接剔除 ST 样本。

在此两步处理之后，进行实证检验。具体的，模型（1）、模型（2）分别为无控制变量和有控制变量的基准回归；模型（3）、模型（4）表示有控制变量的多元线性回归。模型（1）—(4）均进行年份、省份和行业固定效应控制。

具体回归结果参见表 9－9。

表 9－9　　稳健性检验（替换调节变量）

	(1) *OWN*	(2) *OWN*	(3) *OWN*	(4) *OWN*
$\ln GS$	0.0263* (1.0241)	0.0422* (2.1345)	0.0213*** (4.0284)	0.0371*** (6.0652)
$Dra_{it-1}1$			0.3312*** (7.0184)	
$Dra_{it-1}1 \times \ln GS$			0.3013*** (7.0684)	
$Dra_{it-1}2$				0.3915*** (5.0584)
$Dra_{it-1}2 \times \ln GS$				0.0813*** (6.0184)
是否有控制变量	否	有	有	有
N	7485	7485	7297	7670
省份固定效应	*Y*	*Y*	*Y*	*Y*
年份固定效应	*Y*	*Y*	*Y*	*Y*

续表

	(1) *OWN*	(2) *OWN*	(3) *OWN*	(4) *OWN*
行业固定效应	*Y*	*Y*	*Y*	*Y*
F/Wald	816.26	814.38	265.80	752.48

注：① *** 、** 和 * 分别表示通过 1%、5% 和 10% 的显著性检验；②括号内是 *t* 检验值。

估计结果显示，模型（1）和模型（2）ln*GS* 系数在 10% 水平上显著为正，验证了财政 R&D 资助对社会投资者的信号传递效应。模型（3）和模型（4）的实证结果都显示系数是正向显著的，$Dra_{it-1}1$、$Daa_{it-1}2$、交互项 $Daa_{it-1}1 \times \ln GS$ 以及 $Daa_{it-1}2 \times \ln GS$ 的系数都是正向显著的。这说明：真实盈余管理美化和粉饰的财务报表，能吸引社会投资跟进，再次验证了 H5。

由此，以上结论在替换了度量指标以及研究样本之后，结论依然稳健。

9.6　本章小结

本章利用中国 A 股上市公司 2007—2023 年金融、财务数据，通过盈余管理视角分析社会投资者跟投的机制。具体来说，首先，在 PSM 合理匹配财务亏损企业和非财务亏损企业之后，总体分析了财政 R&D 资助的信号效应，其次，分析了子样本（机构投资者和个人投资者的区别，财务亏损企业与非财务亏损企业区别）的信号效应的异质性，紧接着，通过将盈余管理（应计盈余管理和真实盈余管理）变量加入模型并构造交互项，从而验证了盈余管理的影响机制，最后，做了稳健性检验。

研究发现：

①财政 R&D 资助总体上依然有信号效应，能引起社会投资者的跟投。二者呈现显著的正向关系，结论在 1% 显著度下成立。这进一步说明了财政 R&D 资助信号效应核心内涵的成立。

②财政 R&D 资助的信号效应存在显著的异质性。机构投资者会仔细甄别财务困境企业和非亏损企业的差异，而个人投资者则未加区分；对于扶持类和奖励类，以及第一产业类和第二产业类的财政 R&D 资助的信号效应存在分化。

③财政 R&D 资助会同时释放“未来前景利好”的信号以及“财务风险提示”信号，盈余管理是关键的中介变量。当企业采用真实盈余管理之后再去公布财政 R&D 资助，其信号效应非常显著，说明真实盈余管理通过粉饰和美化财务数据，会引起社会投资者的非理性跟投。

以上结论在更换盈余管理变量的度量方式以及替换子样本之后，结论依然稳健。

基于此，提出如下政策建议：

①财政 R&D 资助活动在关注社会公益性以及总体效应的前提下，政府应加强完善遴选机制，使其信号效应传递出真正有助于外部投资者选择的信号[①]，从而起到研发融资的引导作用。

②完善财政 R&D 资助机制的信息公开制度，加强信息披露的监管[②]以及资助事前、事中和事后的监督机制，使财政 R&D 资助机制能切实发挥信号作用。

---

① 社会投资者投资与政府补助二者目标存在不一致性，因此，陷入财务困境的企业在收到政府补助后往往也难以发挥信号效应。事实上，现有文献和实务界广泛认为政府补助具有“扶弱”和“保壳”等动机，在当下财政下行财政资源紧张的情况下，对于某些“依赖症”企业的补贴，可能导致对于优势发展企业的支持不足，这样的政府补助就有可能形成市场经济发展的“逆势”。

② 个人投资者由于不具有信息甄别能力，可能会被财务困境企业的真实盈余管理欺骗而进行跟投。因而对于各项奖励性质的政府补助，出台完善的奖励评选制度，能够更好地帮助受到奖励的企业向企业外部传递优势信号。必须发挥市场机制的作用，切实建立起投资引导机制，强调“有效市场与有为政府”，合理界定市场和政府在创新发展战略中的角色定位。充分发挥市场“看不见的手”与政府“看得见的手”的协同作用。

第 10 章

信息披露视角下中国财政R&D资助如何影响企业的创新融资?

第 5—8 章的实证结论检验了财政 R&D 资助有无信号效应的问题以及财政 R&D 资助有无信号效应的效率问题。第 9 章讨论了盈余管理这种传导机制对于社会投资者类群体信号效应的验证，本章继续讨论认证效果这种传导机制对于风险投资者这类群体信号效应的验证。

本章基于信息传递理论和资源理论认为：风险投资者是资本市场的风险偏好者，对于财政 R&D 资助的跟投，核心的机制是风险投资企业认为被财政 R&D 资助的企业的研发能力、研发质量具有良好的市场前景，即财政 R&D 资助的认证起到了资源配置效应。众所周知，企业的研发信息具有信息圈层特征，基于中国转型期知识产权保护的不完善，企业习惯性进行信息隐藏。因而，针对这种信息不完全造成的信息不对称，主要是财政 R&D 资助充当了信息披露、信息审核机制，从而客观提高了资本市场的信息透明度。故此，本书主要验证财政 R&D 资助客观起到了数字化的效果。为了这个目的，本书主要验证两个子问题：其一，实证研发信息披露与企业价值关系；其二，实证财政 R&D 资助与企业数字化效果的关系。

首先，建立一个面板数据计量模型，并对相关变量加以解释说明；其次，给出变量的描述性统计分析；然后，对理论部分提出的几个假说进行实证检验；接着，为了消除模型潜在的内生性问题，进一步使用系统广义矩估计法对模型进行了再检验；最后，结合异质性分析，做了机制检验。

10.1　引　　言

本章将进一步探讨企业如何借助政府提供的权威性补贴认证项目，向市场传递创新认证信号以获取发展所需的创新资源。具体来说，企业借助媒介来实现间接的信息传递，尤其是借助一个具有公信力与权威性的机构，通过相关产业领域的学者、专家、政策制定者等建立的相对科学的审核流程，能产生具有高度参考价值的"认证"效应（Lerner，1999）或"光环"效应（Feldman 和 Kelley，2006），这也是一种积极打破信息不对称、向目标受众传递创新信号的有效方式。这种通过借助第三方权威机构来传递认证信号的思路，可能存在诸多额外优势，尤其是在企业直接信息传递可能面临失效的情境下。

由于创新投资固有的高风险与高度不确定性问题，与市场投资者对于投资收益的确定性需求存在冲突（张岭，2020；李汇东等，2013），使得创新企业直接披露的创新信息，可能依然难以改善市场对于企业创新项目的不确定性预期，从而难以获得理想的市场资源反馈。基于此，许多学者都探讨并证实了政府为创新企业提供的信息认证，对于提升企业信息传递效率、改善市场投资者不确定性预期的积极作用。本章将延续 Lerner（1999）关于政府认证效应的研究路径，并结合我国国情背景，探讨以政府作为权威认证机构传递的补贴认证信号是否能够带来有效的市场融资反馈。如前所述，既有研究从信号传递理论（Meuleman 和 Maeseneire，2012）、体制理论（Söderblom 等，2015）、资源基础观（Plank 和 Doblinger，2018）等理论视角剖析了政府补贴项目产生信号认证效应、引导市场融资反馈的基本原理，并从企业参与的具体补贴项目（Feldman 和 Kelley，2006；高洪利等，2017）、企业获取的研发补贴金额（Wu，2017；Chen 等，2018）两条实证研究路径，考察了企业传递的补贴认证信号对市场融资反馈的实际影响。不过，当前的研究结论尚存争议。本章将从以下几个方面，对既有研究加以补充与完善：

如前所述，既有研究从信号传递理论（Meuleman 和 Maeseneire，2012）、体制理论（Söderblom 等，2015）、资源基础观（Plank 和 Doblinger，2018）等理论视角剖析了政府补贴项目产生信号认证效应、引导市场融资反馈的基本原理，并从企业参与的具体补贴项目（Feldman 和 Kelley，2006；高洪利等，2017）、企业获取的研发补贴金额（Wu，2017；Chen 等，2018）两条实证研究路径，考察了企业传递的补贴认证信号对市场融资反馈的实际影响。不过，当前的研究结论尚存争议。本章将从以下几个方面，对既有研究加以补充与完善：

①本章通过融合信号传递理论、国家创新系统理论与社会资本理论，尝试对企业传递的权威性补贴认证信号之于市场融资反馈的作用机理进行新的阐述，是对既有理论视角的拓展与补充。

②鉴于现有研究对不同类型政府认证信号的效应差异对比尚不充分，本章将对上述两条实证研究路径加以综合，尝试对比以国家科技计划和研发补贴信息为载体的补贴认证信号，分别之于股权与债权投资者的影响是否存在异质性。

③鉴于现有研究对政府补贴的认证效应（企业是否获得政府补贴）与强度效应（企业获得了多少政府补贴）的区分尚不充足，亦未充分讨论企业与市场间不同程度的信息不对称带来的“信号价值”差异、信号传递环境中存在的信号“噪音”等信号质量因素造成的融资反馈影响，本章将基于信号管理类文献的研究范式（Connelly 等，2010），做出进一步的理论区分与数据验证：

第一，信号的认证效应与强度效应存在差异化影响。企业是否获得政府补贴，与企业获得了多少政府补贴，是两种截然不同的信号。相关研究发现，获得补贴资助本身已足以产生充分的认证背书效应，资助金额的强度提升并不会相应提升补贴信号的认证效果（Lerner，1999；高洪利等，2017）。政府的补贴认证之于外源融资的影响更多地表现为“入场券”效应，“有没有”远比“有多少”更重要。

第二，企业与市场间不同程度的信息不对称可能带来“信号价值”的差异化影响。由于小型企业或年轻企业往往面临更严重的信息不对称问题，因此初创企业向外界传递认证信号就具有更高的价值，并带来更加显著的外源融资吸引效应（Meuleman 和 Maeseneire，2012）。

第三，企业所处的信号传递环境可能存在信号“噪音”的差异化影响。来自信号传递环境的“噪音”既可能造成不同程度的信息传递扭曲（Carter，2006；Bhattacharya 等，2018），也可能改变信号发送者与接收者间的相互关系（Branzei 等，2010），甚至产生“从众效应”，使得不确定应该如何解读信号的人，将模仿视为一种解读信号的决策手段（Sliwka，2007），最终导致信号的无效传递。

综上，本章将进一步对企业所传递补贴认证信息的信号强度、信号价值与信号传递环境等信号质量因素可能造成的影响展开理论与实证探讨。

④考虑到企业获取的股权融资因变量为典型的受限因变量，即存在大量观测值为 0 的情况，参考 Tobin（1958）的建议，利用归并回归即 Tobit 模型来克服该问题；同时根据样本数据的过度识别检验、个体效应 LR 检验、扰动项的正态性检验等结果，综合 Cragg（1971）、Skeels 和 Vella（1999）与 Drukker（2002）等的建议，分别采用双向固定效应面板模型、随机面板 Tobit 模型与推广的混合 Tobit 模型（即两部分模型）等，对补贴认证信号之于企业债权与股权融资反馈的直接与间接影响展开实证分析。此外，鉴于现有研究忽略了对政府补贴认证与市场融资间可能同时存在的两种类型的内生性问题的检验，通过引入内生转换模型来对潜在的选择性偏误问题与双向因果问题加以检验，以避免实证结论存在偏误。

10.2 引言文献综述与研究假说

本书的工作重点是，基于企业研发信息认证机制角度验证财政

R&D 资助信号效应。因而，这部分首先需要界定三个概念。

其一，为了锁定认证效应的内在机理，本章需要区别“入场券”效应与信号的“强度”效应。即本章认为：是否获得政府补贴与获得多少政府补贴是两个截然不同的概念，前者产生信号的认证效应或者说“入场券”效应，而后者产生信号的强度效应①。

其二，需要引入有效信号的概念。就股权融资反馈而言，面对市场信号，需要筛选信息价值高的信息进行分析，并进行投融资决策。

（1）企业创新信号价值与股权融资反馈

这部分主要说明：对于股权融资反馈而言，企业能否获得跟投取决于财政 R&D 资助信息的信息价值。具体来说，指的是：企业获得财政 R&D 资助信息是否是有效信号，否则，不能给市场投资者进行决策时提供重要或者有用的参考。现有文献认为，越是信息不对称的企业，其传递的信息价值越大（Cohen 和 Dean，2010）。

如前文分析，市场难以通过财务报告、同业评价等市场公开信息来对企业做出准确评价时，来自政府的认证信息，就显得格外重要。特别是当企业信息不对称程度越高时，比如企业规模小、企业创办时间短等，这预示着市场投资者对于第三方信息渠道的依赖度也越高。Meuleman 和 Maeseneire（2012）认为对信息不对称程度更高的小型企业或年轻企业来说，向外界传递信息就具有更高的信号价值或重要程度。此时，企业通过借助第三方机构，传递权威性补贴认证信号也便产生了更高的信号价值，信号价值对企业所能获取的市场融资产生正向的调节作用。比如 Feldman 和 Kelley（2006）认为：政府利用其特殊的信息搜集网络，可以极低的信息发布搜索到新创企业、中小微企业的内部内幕信息，这类原本面临

① 不妨参考 Spence（1973）论述的经典案例，来对两种效应加以区分。在教育投资领域，学生持续付出时间精力学习，最终得以获取本科或研究生学历。此时，获取的本科或研究生学历，作为一种能有效揭示学生潜在能力类型的信号，产生了信号的认证效应；而为获取学历所投入的时间或精力的数量，则产生了信号的强度效应。

严重信息不对称和融资约束问题的企业若获得财政 R&D 资助信息公布，相当于获得了权威性入场认证，接近于获得了政府颁发的“金字招牌”（Giraudo 等，2019）。

由此，提出研究假设 H1：

H1：财政 R&D 资助带来的认证信号价值越大，则获取的风险投资融资反馈越多。

如果以上假说得到验证的话，那么，财政 R&D 资助是如何带来认证信号价值的？本部分引入“入场券”效应这个概念。

因而，这部分主要说明：对于股权融资反馈而言，从认证机制角度看，企业是否获得财政 R&D 资助为何促使企业获得了风险投资家的“入场券”，这比企业获得多少财政 R&D 资助重要得多。即：就认证机制而言，“入场券”效应比“强度效应”重要得多。由此，这部分需要分析：到底是如何产生“入场券”效应的。

综上所述，从信号传递理论的角度看，政府在信息发布上具备权威性与普适性优势，市场投资者可以依据公开的补贴来源信息，例如是否为创新型补贴，是否为国家级科技项目等，来判断企业所获补贴的权威性与稀缺性，由此对企业潜在创新能力类型进行推断。这种权威性补贴更像是来自政府的特殊奖励。奖励公告产生了一种基于“光环效应”的信息认证价值（Feldman 和 Kelley，2006），也有学者直接称之为“认证效应”（Wu，2017；Wei 和 Zuo，2018）。来自政府的认证信号可以帮助市场投资者辨别企业的真实质量信息，从而降低投资决策的逆向选择风险。对于股权融资而言，在信息不透明的情况下，是否获得财政 R&D 资助在一定意义上，是起到了“入场券”效应。确切地说，在研发投资领域，企业获得财政 R&D 资助，被认为其持续投入研发的费用和工时以及技术复杂度超过了政府相关政策设定的研发标准，将被市场投资者认为是发出了一个能够有效揭示其潜在创新能力类型的信号，从而产生信号的认证效应。

由此，提出研究假设 H2：

H2：是否获得财政 R&D 资助，与获取股权融资反馈之间呈显著的正向关系。

（2）企业创新信号强度效应与市场融资反馈

为了验证财政 R&D 资助带来的认证信号效应，必须排除其他信号。因而，这部分，将分析企业获得多少财政 R&D 资助与市场融资反馈之间的关系。综上所说，这其实是讨论财政 R&D 资助信号的强度效应①。然而，当政府在财政研发资源有限的情况下对该企业研发资助强度提高时，是否会带来更多的风险投资融资呢？本章认为，此时其实是在讨论信号强度的融资效应。受制于信息不对称问题，外部投资者借助财政 R&D 资助这个认证信息已经能间接判断企业的内在能力类型。但研发资助力度越大，尽管可以进一步降低信息不透明度和研发信号的观测难度以及观测感受（Gulati 和 Higgins，2003），但并不会带来更多的研发融资。

理由如下：

其一，财政 R&D 资助力度在很大程度上显示政府对企业研发项目的重视程度。但如前所示，政府的投资目标与市场投资者的投资目标存在较大差异②（Meuleman 和 Maeseneire，2012）。而且，政府的资助逻辑是：倾向于重点资助那些具有极强技术外溢性、存在高度不确定性的战略性新兴领域。而这些行业和领域恰恰是希望投资回报期短、商业化转化成本低的外部投资者要规避的。故此，财政 R&D 资助力度反而提示了“风险利差”信号，抑制企业追加更多的研发融资。

① 不妨参考 Spence（1973）论述的经典案例，来对两种效应加以区分。在教育投资领域，学生持续付出时间精力学习，最终得以获取本科或研究生学历。此时，获取的本科或研究生学历，作为一种能有效揭示学生潜在能力类型的信号，产生了信号的认证效应；而为获取学历所投入的时间或精力的数量，则产生了信号的强度效应。

② 政府追求的是社会整体福利的最优，而投资者追求的是个体投资利益的最优。

其二，根据优序融资理论（Pecking order theory）[①]，在一定的时间内，企业对于创新研发融资是有限的。就资源效应而言，其实财政 R&D 资助也是一种外部融资手段，而且是“无偿的”“几乎零成本的”“无需对价”。因此，作为一种特殊的外部融资方式，财政 R&D 资助会对其他外部融资产生“挤出效应”和“替代效应”（张彩江和陈璐，2016）。

其三，根据资源依赖理论，当财政 R&D 资助力度过高时，会被市场解读为依赖过重（Finkelstein，1997），会加剧政企关系的不对等程度，也会提高企业因要维持政企关系而发生大量“隐形成本”。而财政 R&D 资助不是常态化的，一旦资助停止，则会造成企业财务业绩急剧下滑、研发资金难以为继，从而引发市场对企业研发与经营稳定性的担忧。由此，削弱了政府认证信息的融资引导作用（Lerner，1999；高洪利等，2017）[②]。

由此，提出研究假设 H3：

H3：财政 R&D 资助强度与获取的股权融资反馈之间不是正向相关关系。削弱政府认证信息对市场融资的引导作用。

10.3 研究设计

如上文所述，本章从“入场券”的角度继续探讨财政 R&D 资助作为政府扮演研发融资资本市场上的“引导之手”。具体来说，

① 受制于信息不对称与交易成本，企业在选择外部融资时一般会依照内部融资—外部债权融资—外部股权融资的顺序，以尽可能保证企业价值（Myers 和 Majluf，1984）。

② 事实上，既有研究也为该假设提供了可参考的实证依据。例如 Lerner（1999）发现获得较多 SBIR 资助的企业相比获得较少资助的企业，在补贴的影响效应上并没有显著差别；高洪利等（2017）也发现，获得政府研发支持的企业中，所获补贴额度对其外源融资的获取也并无显著促进作用。这表明，政府的补贴认证之于外源融资可能更多的是在产生“入场券”效应，“有没有”远比“有多少”更加重要。

在上一章的基础上，主要验证财政 R&D 资助发挥信号融资的核心的机制在于：财政 R&D 资助的有无相当于给了企业进入社会投资者融资领域的“入场券”。为了验证这个结论，本节需要验证以上两个假说，即财政 R&D 资助的有无很关键，它决定了社会投资者是否愿意融资；而财政 R&D 资助的多少不重要。

基于这个研究目的，本章的研究设计如下。

综合相关主题的前期文献，且遵循实证研究的惯例，本章采用的是层次回归的双向固定效应模型。

为了验证第一个假说，本章选取股权融资反馈作为被解释变量，选择财政 R&D 资助信号价值作为核心解释变量进行检验，构建模型如下：

$$SH_{it} = \alpha_i + \beta_1 Value_{it} + \beta X_{it} + u_i + v_t + \varepsilon_{it} \qquad \text{式（10-1）}$$

式（10-1）反映了财政 R&D 资助信号价值对股权融资反馈的直接效应。X_{it}是一系列控制变量。其中 $Value_{it}$为财政 R&D 资助信号价值，SH_{it}为股权融资反馈。

为了结论的多样性，这部分还采用多种度量方式来衡量财政 R&D 资助信号价值，以及用不同信号价值的样本做子样本回归。

为了验证第二个和第三个假说，本章选取股权融资反馈作为被解释变量，选择财政 R&D 资助变量（包括资助与否以及资助强度）作为核心解释变量进行检验。构建模型如下：

$$SH_{it} = \alpha_i + \beta_1 GS_{it-1} + \beta X_{it} + u_i + v_t + \varepsilon_{it} \qquad \text{式（10-2）}$$

式（10-2）反映了财政 R&D 资助变量对股权融资反馈的直接效应。X_{it}是一系列控制变量。其中 SH_{it}为股权融资反馈。综合当前的文献做法（卢馨等，2013；雷鹏等，2015；郭玥，2018；徐维祥等，2018），此处，在式（10-1）中 GS_{it-1}代表 i 市 t 年企业获得的财政 R&D 资助数额的对数值，数据主要来源于企业年度报告中的“计入当期损益的政府补助”指标的滞后一期来反映财政 R&D 资助政策的滞后效应。

具体来看有以下几点。

其一，变量设计。

①被解释变量——社会股权投资反馈

由于没有可以直接读取的数据，本书借鉴了资本市场以及实证会计的文献做法，将其定义为期末股价与流通股股数的乘积。为了对比分析，还另构建机构股权投资反馈，将其定义为期末股价与机构投资者持股数的乘积。

②核心解释变量——财政 R&D 资助变量

如第 4 章的做法，本章剔除非创新补贴对研究结论的噪音干扰，借鉴王刚刚等（2017）的做法，运用关键词手工搜索[①]企业年报财务报表附注“营业外收入”科目下的“政府创新补贴明细”并加总，关键词包括但不限于“研发”“创新”“科技”“火炬计划”“产学研”“863 计划”“星火计划”“首台套”等。如此可以得到 GS_{it}数据。但是本章为了验证“入门槛效应”，特意选择“是否获得财政 R&D 资助”作为变量，获得为 1，否则为 0。为了验证强度效应，特意选择“获得财政 R&D 资助占企业总资产的比重”作为度量指标。

③核心解释变量——财政 R&D 资助信息价值

鉴于前文的理论分析和文献解读，这里将信息不对称指数作为财政 R&D 资助信息价值的度量指标。由于没有可以直接读取的数据，本书借鉴了于蔚等（2012）以及李骏和万君宝（2019）关于金融市场微观结构的相关度量指标的刻画逻辑。这支文献认为：知

① 具体来说，运用“关键词检索”的方法搜索政府补助明细中的具体项目名称，从而确定属于创新补助范畴的项目，通过加总得到每家上市公司每一年度的创新补助总额。创新补助项目关键词确定标准如下：1）有关技术创新的关键词，如“研究”“开发”“技术”“创新”“专利”“知识产权”“技术标准”“技术改造”“新产品”“产业升级”等；2）有关高新技术或战略性新兴产业领域的专有名词，如与生物新医药技术研发有关的“癌”“孢”“酶”“肽”“蛋白”“霉素”“新药”“抗生素”等，与电子信息技术研发有关的“集成系统”“机器人”“传感”“云计算”“云雷达”“云平台”等；3）政府科技支持创新政策，如“863”“973”“火炬计划”“星火计划”等政府科技项目和地方科技支持项目。

情交易者和非知情交易者之间的个股日频交易数据存在系统性偏差[①]，故此，它能够反映这两类投资者对于公司价值所存在的信息差。具体来说，非流动性比率与企业的信息不对称成正比，因此，这里将构造非流动性比率指标，用以度量企业所面临的信息不对称程度。

具体公式为：

$$ILL_{it} = \frac{1}{d_{it}}\sum_{K=1}^{d_{it}}\sqrt{\frac{r_{it}(k)}{V_{it}(k)}} \qquad \text{式（10-3）}$$

其中，$r_{it}(k)$ 表示第 i 个企业第 t 个年度的第 k 个交易日的股票收益率的绝对数值，$V_{it}(k)$ 表示日成交量，d_{it}表示当年的交易天数。

④其他控制变量组如下所示

为避免遗漏变量给结论带来的弊端，本章尽可能地控制了所有股权融资反馈的变量。

具体变量定义见表 10-1。

表 10-1　　主要变量指标说明

变量	指标	变量定义
被解释变量	社会股权融资反馈（SH_{it}）	股价 × 流通股数的自然对数
	机构股权融资反馈（Ins_{it}）	股价 × 机构投资者持股数的自然对数
解释变量	财政 R&D 资助与否（lnGS）	获得财政 R&D 补助为 1，否则为 0
	财政 R&D 资助强度（$GS\%$）	获得财政 R&D 补助/企业总资产
	信息价值（$value_{it}$）	$ILL_{it} = \frac{1}{d_{it}}\sum_{K=1}^{d_{it}}\sqrt{\frac{r_{it}(k)}{V_{it}(k)}}$

① 根据资本市场的柠檬理论，知情交易者更了解公司的经营状况和商业潜力，非知情交易者为避免由于逆向选择问题造成的潜在损失，通常要求一个“柠檬溢价”进行补偿。而柠檬溢价越高，股票的流动性也就越差。

续表

变量	指标	变量定义
控制变量	企业成立时间（*AGE*）	用现在年份 - 成立年份
	资产负债率（*LEV*）	资产/负债
	资产收益率（*ROA*）	净利润/总资产平均余额
	市场竞争程度（*MARKET*）	销售费用/营业收入
	企业所有权属性（*OW*）	若为国有企业则为 1；否则为 0
	企业规模（*SIZE*）	企业总资产的自然对数

注：企业数据来源于国泰安数据库（CSMAR）并经作者整理计算。

其二，数据来源。

本篇的数据主要来源：CSMAR（国泰安经济金融研究数据库）、Wind（万得数据库）和同花顺数据库。其中，R&D 资助数据和财务数据主要来源于 CSMAR 数据库，金融市场微观结构数据为日频数据，源自彭博终端数据库，其他财务变量均源自国泰安 CSMAR 数据库。制度环境数据由《中国分省份市场化指数报告（2018）》计算而来。其中，财政 R&D 补助数据主要从企业年度报告“计入当期损益的政府补助”指标中手工收集。为得到合适的样本数据，这部分的数据筛选工作如下。

首先，针对实证工作客观存在的数据缺失和数据遗漏问题，为兼顾实证的可靠性、数据的正确性以及实证的合理性，本章节删除股东权益小于 0 的企业、ST 类企业、金融类企业以及主要变量缺失的企业；

其次，针对异常值的问题，本章节对连续变量进行了 99% 和 1% 百分位的 Winsorize 处理。

其三，样本选择。

本篇的样本来源：中国 A 股上市公司 2013—2023 年[①]非金融

① 没有选择 2013 年之前的数据是由于：2013 年新会计准则才开始要求上市企业在财务报表中新增研发支出科目，并要求在报表附注中对政府创新补贴信息进行详细披露。

类 A 股上市企业数据[①]。由于2017 年6 月开始实施新的政府补贴会计准则，故此，为了消除统计口径不一致，将 2013—2017 年以及 2017—2023 年数据的指标进行统一，加之，考虑到初创企业进行研发的主要目标是上市，且 IPO（首次公开募股）是风险投资的主要退出方式，故此，选择了非金融类沪深 A 股上市企业首次公开上市时的情况。基于以上处理，本章节最终得到了 12109 个观测值。

10.4　描述性统计

样本主要变量的描述性统计结果见表 10 -2。

表 10 -2　　全样本的描述性统计

变量名称	变量解释	样本容量	平均值	标准差	最小值	最大值
ln*GS*	财政 R&D 资助与否	5332	0.3048	0.4628	0.0000	1.0000
GS%	财政 R&D 资助强度	5332	0.0012	0.0021	0.0000	0.0091
SH_{it}	社会股权融资反馈	9347	0.0572	0.0177	0.0001	0.4678
INS_{it}	机构股权融资反馈	5332	0.0351	0.0971	0.0000	0.5531
$VALUE_{it}$	信息价值	5332	2.7113	0.3152	0.6931	3.5552
AGE	企业年龄	12109	12.330	4.650	5.000	26.000
LEV	净资产收益率	12109	0.0507	0.0631	-0.6476	0.5981
OWNER	企业产权属性	12109	0.060	0.240	0.000	1.000
SIZE	企业规模	12109	21.8631	0.8776	19.1987	25.5225

---

① 之所以选择上市公司为样本，有如下三点考虑：一是，数据的可获得性，同花顺数据库和万得数据库可以提供上市公司比较详细的基本信息和财务数据，更重要的是上市公司披露的政府补助数据较为完备；二是，政府为促进小微企业快速发展，在样本期间内同时出台了多项补助政策，选择 A 股上市公司为样本，可以避免众多政策的交叉影响；三是，上市公司每年都要披露公司年报，相关数据更新快，相比于其他数据，上市公司数据可以保证样本期间足够长。

续表

变量名称	变量解释	样本容量	平均值	标准差	最小值	最大值
MARKET	市场竞争度	12109	37.6461	24.1592	0.2812	87.8151
ROA	资产收益率	12109	0.0551	0.0391	-0.1903	0.2356

注：本书对所有企业层面连续变量利用 STATA16 的 Winsorize 命令进行了上下 1% 的处理，以避免极端值带来的影响。后同。

表 10-2 为主要变量的描述性统计。是否参与财政 R&D 资助变量的标准误为 0.4628，说明财政 R&D 资助在不同企业间分配差异较大。财政 R&D 资助变量强度的标准误为 0.0021，也说明财政 R&D 资助强度在具体企业中存在较大差异。故此，可以均作为核心解释变量。

社会股权融资反馈和机构股权融资反馈的标准误分别为 0.0177% 和 0.0971%，说明，社会股权融资反馈和机构股权融资反馈均差异不大。

值得关注的是，以上三个变量的最小值都是 0，好在中位数还是平滑的，不存在大量齐聚左侧归并点的现象，故可以采用常规的估计方法。

为了更准确看出各数据之间的关系，本章还做了一个分组描述性统计，结果如表 10-3 所示。

表 10-3　　分样本的描述性统计

	$I_i\_rdsub=0$	均值	$I_i\_rdsub=1$	均值	均值对比
SH_i	1370	0.227	3962	0.213	0.014**
INS_i	1370	0.029	3962	0.037	-0.008***
$SIZE_i$	1370	22.551	3962	21.852	0.699***
AGE_i	1370	2.705	3962	2.714	-0.009
SOE_i	1370	0.329	3962	0.181	0.148***
RD_i	1370	0.019	3962	0.022	-0.003***
ROE_i	1370	7.000	3962	7.079	-0.080

$GROWTH_i$	1370	0.127	3962	0.140	-0.013
$LOSS_i$	1370	0.148	3962	0.151	-0.003
$DEBT_i$	1370	0.456	3962	0.386	0.070***
$CASH_i$	1370	0.049	3962	0.044	0.004**
TOP_i	1370	0.382	3962	0.342	0.040***
INS_i	1370	43.974	3962	35.458	8.516***
HHI_i	1370	348256	3962	332207	16048

注：***、**、* 分别表示均值 t 检验的显著性水平为 1%、5%、10%。

下面进行针对被解释变量与控制变量的分组样本均值对比，分组依据为是否获得企业的创新补贴。首先进行各分组样本的方差齐性检验，根据结果选择齐性方差（Equal Variances）进行均值 t 检验。统计结果汇报于表 10-3。依据均值对比的显著性结果，不论是以是否参与国家科技计划为分组依据，还是以是否获得创新补贴为分组依据，处理组（Ii=1）与对照组（Ii=0）相比，都有相对更小的规模、更低的国有企业占比、更高的研发投入水平、更低的负债水平与更分散的控制结构。有所区别的是，当以是否获得创新补贴为分组依据时，处理组相对控制组还有更高的融资约束与更低的机构持股比例，也即融资需求相对更为强烈。

从市场融资反馈的分组对比来看，在未对各控制变量的影响加以分离的前提下，参与国家科技计划似乎让企业更难获得债权市场融资；股权市场融资在参与国家科技计划时略高于未参与组，但分组均值差异并不显著。类似地，不考虑控制变量的影响下，获得创新补贴似乎也同样不利于企业获取债权市场融资；但在股权市场的融资竞争中，获得创新补贴的企业则明显较未获得的企业拥有优势。以上描述性统计结果引发了笔者通过严谨的计量设计，对控制变量影响加以分离后的真实回归效应的浓厚兴趣。同时，均值对比结果提示样本数据可能存在基于样本选择偏误带来的内生性问题，在本章后续的内生性问题分析中，将对此进行详细的检验与修正。

10.5 回归结果及分析

根据前文的文献回顾、计量理论以及数据特征，本章决定采用聚类稳健标准误来替代普通标准误、采用双向固定效应模型面板数据模型的设定形式。又由于因变量包含了大量观测值为 0 的数据，故此，采用归并回归即 Tobit 模型来克服该问题。

10.5.1 总体回归结果

这部分是总体回归结果。模型（1）—(3）是企业是否参与国家科技计划全样本的回归结果；模型（4）—(6）是企业是否获得财政 R&D 资助的估计结果；具体实证结果如表 10－4 所示。

表 10－4　全样本的实证回归结果

	(1) 固定效应面板模型	(2) 面板 Tobit 模型	(3) 混合 Tobit 模型	(4) 固定效应面板模型	(5) 面板 Tobit 模型	(6) 混合 Tobit 模型
ln*GS*	0.0059 (0.0094)	0.0003 (0.0072)	0.0002 (0.0012)	0.0051 (0.0054)	0.0002 (0.0012)	0.0002 (0.0012)
是否有控制变量	有	有	有	有	有	有
N	5332	5332	5332	5332	5332	5332
省份固定效应	*Y*	*Y*	*Y*	*Y*	*Y*	*Y*
年份固定效应	*Y*	*Y*	*Y*	*Y*	*Y*	*Y*
行业固定效应	*Y*	*Y*	*Y*	*Y*	*Y*	*Y*
F/*Wald*	66.26	48.80	77.24	66.26	48.80	77.24

注：① *** 、** 和 * 分别表示通过 1%、5% 和 10% 的显著性检验；②括号内是 t 检验值。

如表 10－4 所示，就全样本而言，财政 R&D 资助信号价值与股权融资反馈之间均存在显著的相关性。这说明：其一，获得股权融资反馈并不是参与财政 R&D 资助的关键原因；其二，获得财政 R&D 资助也不是获得股权融资反馈的关键原因。

结合 Skeels 和 Vella（1999）与 Drukker（2002）的思路发现，以上结论与我们前文的理论演绎存在偏差的原因是：对混合 Tobit 模型的扰动项进行正态性检验后存在显著性水平扭曲，扰动项不满足正态分布，为解决模型估计的一致性，由此，采用两部分模型进行拟合。

具体来说，Cragg（1971）的设定，首先生成因变量（股权融资反馈 SH_i）的虚拟变量 SH_ii，当因变量 $SH_i>0$ 时，SH_ii $=1$，反之则为 0。其次以 SH_ii 为参与决策模型的因变量对全样本数据进行 Probit 回归，自变量与控制变量与混合 Tobit 模型保持一致。最后，仅使用获得了股权融资的子样本（即 SH_ii $=1$）进行 OLS 回归，并采用聚类稳健标准误以避免可能的非正态与异方差问题。

具体来说，模型（1）—(3）是企业是否参与国家科技计划全样本的回归结果；模型（4）—(6）是企业是否获得财政 R&D 资助的估计结果；具体实证结果如表 10－5 所示。

表 10－5　　两部分模型的实证回归结果

	(1) 固定效应面板模型	(2) 面板 Tobit 模型	(3) 混合 Tobit 模型	(4) 固定效应面板模型	(5) 面板 Tobit 模型	(6) 混合 Tobit 模型
ln*GS*	−0.0042 (0.0344)	−0.0023 (0.0372)	−0.0032 (0.0412)	0.0151*** (0.0654)	0.0002*** (0.0012)	0.0002*** (0.0012)
是否有控制变量	有	有	有	有	有	有
N	5332	5332	5332	5332	5332	5332
省份固定效应	*Y*	*Y*	*Y*	*Y*	*Y*	*Y*
年份固定效应	*Y*	*Y*	*Y*	*Y*	*Y*	*Y*

续表

	(1) 固定效应面板模型	(2) 面板 Tobit 模型	(3) 混合 Tobit 模型	(4) 固定效应面板模型	(5) 面板 Tobit 模型	(6) 混合 Tobit 模型
行业固定效应	*Y*	*Y*	*Y*	*Y*	*Y*	*Y*
F/Wald	66.26	48.80	77.24	66.26	48.80	77.24

注：①*** 、** 和 * 分别表示通过 1% 、5% 和 10% 的显著性检验；②括号内是 *t* 检验值。

如表 10－5 所示，就全样本而言，企业是否参与国家科技计划与企业获得股权融资反馈之间依然不存在显著的相关性。这说明：其一，参与国家科技计划在股权融资市场并不是有效信号；其二，参与国家科技计划也不是决定企业股权融资数量的关键原因。与之对应的，企业是否获得财政 R&D 资助与企业获得股权融资反馈之间存在显著的相关性。这说明：其一，企业获得财政 R&D 资助是有效信号；其二，企业获得财政 R&D 资助是决定企业股权融资数量的关键原因。前文研究假说得证。

10.5.2 影响机制检验结果

基于以上的基本结论，此处验证具体的影响机制。即：检验信息价值与企业获得股权融资的统计相关性。具体来说，模型（1）—（3）是不控制其他变量时的回归结果；模型（4）—（6）是控制其他变量时的回归结果，具体实证结果如表 10－6 所示。

表 10－6　　影响机制的实证回归结果

	(1) 固定效应面板模型	(2) 面板 Tobit 模型	(3) 混合 Tobit 模型	(4) 固定效应面板模型	(5) 面板 Tobit 模型	(6) 混合 Tobit 模型
$value_{it}$	0.1909*** (0.0094)	0.1904*** (0.0072)	0.1903*** (0.0012)	0.1901*** (0.0054)	01902*** (0.0012)	0.1902*** (0.0012)

续表

	(1) 固定效应面板模型	(2) 面板 Tobit 模型	(3) 混合 Tobit 模型	(4) 固定效应面板模型	(5) 面板 Tobit 模型	(6) 混合 Tobit 模型
是否有控制变量	否	否	否	是	是	是
N	5332	5332	5332	5332	5332	5332
省份固定效应	*Y*	*Y*	*Y*	*Y*	*Y*	*Y*
年份固定效应	*Y*	*Y*	*Y*	*Y*	*Y*	*Y*
行业固定效应	*Y*	*Y*	*Y*	*Y*	*Y*	*Y*
F/Wald	66.26	48.80	77.24	66.26	48.80	77.24

注：①***、**和*分别表示通过1%、5%和10%的显著性检验；②括号内是 *t* 检验值。

由表10-6可知，信息价值与企业获得股权融资之间存在显著的正向相关性。即：信息越不对称时，企业获得财政 R&D 资助越能引致企业获得外部股权融资。

然而，要说明前文理论分析的“入门槛效应”，此处需要利用两部分模型将股权融资决策分离为参与决策与数量决策，通过分离企业是否进行股权融资的决策影响后，观察其中起作用的核心传导机制。具体来说，模型（1）—(3）观察企业是否获得股权融资反馈，模型（4)—(6）观察企业获得股权融资的数量。具体实证结果见表10-7。

表10-7　　“入门槛效应”的实证回归结果

	(1) 固定效应面板模型	(2) 面板 Tobit 模型	(3) 混合 Tobit 模型	(4) 固定效应面板模型	(5) 面板 Tobit 模型	(6) 混合 Tobit 模型
ln*GS*	0.0151*** (0.0654)	0.0002*** (0.0012)	0.0002*** (0.0012)	0.0059 (0.0094)	0.0003 (0.0072)	0.0002 (0.0012)

续表

	(1) 固定效应面板模型	(2) 面板 Tobit 模型	(3) 混合 Tobit 模型	(4) 固定效应面板模型	(5) 面板 Tobit 模型	(6) 混合 Tobit 模型
是否有控制变量	有	有	有	有	有	有
N	5332	5332	5332	5332	5332	5332
省份固定效应	*Y*	*Y*	*Y*	*Y*	*Y*	*Y*
年份固定效应	*Y*	*Y*	*Y*	*Y*	*Y*	*Y*
行业固定效应	*Y*	*Y*	*Y*	*Y*	*Y*	*Y*
F/Wald	66.26	48.80	77.24	66.26	48.80	77.24

注：① *** 、** 和 * 分别表示通过 1%、5% 和 10% 的显著性检验；②括号内是 *t* 检验值。

由表 10－7 可知，企业是否获得股权融资反馈与企业获得财政 R&D 资助均存在显著的正向关系，企业获得股权融资反馈的数量变化与企业获得财政 R&D 资助均不存在显著的正向关系。故此可知，参与决策模型是显著的，而数量决策不显著，因此，“入门槛效应”的研究假说得以验证。

10.5.3 稳健性检验结果及其分析

为了更好地揭示财政 R&D 资助对社会投资者的入门槛信号传递效应，本部分主要采取改变观察角度以及分组讨论来实证。具体如下：

(1) 改变观察角度

为了实证财政 R&D 资助的信息价值的关键意义在于“入门槛”，这部分改变观察视角，前文主要是通过两部分模型将股权融资决策分离为参与决策与数量决策，通过分离企业是否进行股权融资的决策影响后，从而观察其中起作用的核心传导机制。这部分主要是观察发射信息端的信息差异导致的实证结果的差异。

具体来说，是要比较企业是否获得财政 R&D 资助与企业获得财政 R&D 资助强度对于企业获得的股权融资反馈之间的关系。具体设计如下。

模型（1）—(3）是企业是否获得财政 R&D 资助与企业获得的股权融资反馈之间的关系，模型（4)—(6）是企业获得财政 R&D 资助强度对于企业获得的股权融资反馈之间的关系。具体回归结果参见表 10 - 8。

表 10 - 8　"入门槛效应"的稳健性检验

	(1)	(2)	(3)	(4)	(5)	(6)
ln*GS*	0.0151 *** (0.0654)	0.0002 *** (0.0012)	0.0002 *** (0.0012)			
GS%				0.0059 (0.0094)	0.0003 (0.0072)	0.0002 (0.0012)
是否有控制变量	有	有	有	有	有	有
N	5332	5332	5332	5332	5332	5332
省份固定效应	*Y*	*Y*	*Y*	*Y*	*Y*	*Y*
年份固定效应	*Y*	*Y*	*Y*	*Y*	*Y*	*Y*
行业固定效应	*Y*	*Y*	*Y*	*Y*	*Y*	*Y*
F/Wald	66.26	48.80	77.24	66.26	48.80	77.24

注：① *** 、** 和 * 分别表示通过 1% 、5% 和 10% 的显著性检验；②括号内是 *t* 检验值。

实证结果如表 10 - 8 所示，模型（1)—(3）是企业是否获得财政 R&D 资助与企业获得的股权融资反馈之间的关系。结果显示是显著的正相关性，且都在 1% 统计水平下显著。而模型（4)—(6）是企业获得财政 R&D 资助强度对于企业获得的股权融资反馈之间的关系。结果显示均不显著。

故此可知：财政 R&D 资助与企业获得的股权融资反馈之间的核心影响机制在于，获得了"入门槛效应"。这与上文的研究结论一致。

(2) 分组验证

上文用信息不对称指数来代理信号价值，此处认为：初创企业、中小微企业以及三农企业由于缺乏可追溯的历史信息以及规范的财务信息，故导致融资约束问题。遵循现有文献的说法，即：企业规模和企业的存续时间在一定程度上即可度量企业所面临的信息不对称程度。故这部分按照企业规模和企业存续时间进行分组检验。

具体来看，模型 (1)、模型 (2) 是企业规模的分组检验，模型 (3)、模型 (4) 是企业存续时间的分组检验。具体实证结果见表 10 - 9。

表 10 - 9　“入门槛效应”的稳健性检验 (2)

	(1) 企业规模 均值以上	(2) 企业规模 均值以下	(3) 企业存续时间 均值以上	(4) 企业存续时间 均值以下
ln*GS*	0.0151 (0.0654)	0.0002 *** (0.0012)	0.0002 (0.0012)	0.0059 *** (0.0094)
是否有控制变量	有	有	有	有
N	5332	5332	5332	5332
省份固定效应	*Y*	*Y*	*Y*	*Y*
年份固定效应	*Y*	*Y*	*Y*	*Y*
行业固定效应	*Y*	*Y*	*Y*	*Y*
F/Wald	66.26	48.80	77.24	66.26

注：① *** 、** 和 * 分别表示通过 1%、5% 和 10% 的显著性检验；②括号内是 *t* 检验值。

表 10 - 9 实证结果表明：以企业规模衡量的信号价值在回归中表现出对股权融资反馈的正向影响，而且规模越小、信息不对称程度越高的企业在获取股权融资上更具优势。研究假设得证。同时，以企业存续时间衡量的信号价值在回归中表现出对股权融资反馈的

正向影响，而且企业存续时间越短、信息不对称程度越高的企业在获取股权融资上更具优势。

由此，以上结论在替换了度量指标以及研究样本之后，结论依然稳健。

10.6　本章小结

本章结合了信号传递理论、国家创新系统理论与社会关系理论等多重理论视角，探讨了企业向市场传递权威性补贴认证信号的融资反馈效应，同时对“入门槛效应”机制进行了检验和稳健性检验。

研究发现：

①财政 R&D 资助总体上依然有信号效应，能引起社会投资者的跟投。二者呈现显著的正向关系，结论在 1% 显著度下成立。这进一步说明了财政 R&D 资助信号效应核心内涵的成立。

②财政 R&D 资助的信号效应存在显著的异质性。是否获得财政 R&D 资助与获得多少财政 R&D 资助的融资效果存在显著差异。这说明，财政 R&D 资助的信号效应的核心机制在于“入门槛效应”机制。

③财政 R&D 资助的意义主要是降低了信息不对称。

以上结论在更换盈余管理变量的度量方式以及替换子样本之后，结论依然稳健。

基于此，提出如下政策建议：

①企业应根据自身信息不对称程度，制定价值适应的信号传递策略。企业规模越小或年龄越小则信息不对称程度越高，由此带来的信号价值也越高，企业应利用自身信号价值优势，通过主动传递权威性补贴认证信号来换取更优的市场融资反馈。

②政府要避免因过度补贴、“寻租”风险等问题，造成对企业创新信号的无视或过度反应，最终导致扭曲的信号反馈。

第 11 章

隐性信用担保视角下中国财政R&D资助如何影响企业的创新融资？

当前，我国的资本市场有效性较弱，各类企业面临严重的融资约束，特别是科技型企业由于硬性财务信息不足、信息质量不高以及信用评级不准确，面临更严重的融资约束。

本章基于国家创新系统理论与社会资本理论，拟进一步探讨政府权威性补贴引导市场融资的内在机理。本章基于信息传递理论和资源理论认为：以政府作为第三方权威认证机构进行信号传递有助于缓解融资约束，其主要的机理在于可以通过增信缓解市场投资者及授信机构与上市公司之间的信息不对称①。本章将通过 2014—2018 年的深 A 上市公司数据，采用现金—现金流敏感性模型与三步中介法结合进行实证研究，主要验证了：财政 R&D 资助可以缓解上市公司的现金—现金流敏感性从而达到缓解融资约束的效果，并且验证信用评级（违约概率）是否承担中介作用②。

11.1　引　言

研究影响企业面临的融资约束问题的具体因素具有很强的理论与现实意义③。已有研究认为：融资约束的主要原因之一便是双方的信息不对称，而财政 R&D 资助是减少资本研发融资市场信息不对称的重要渠道，是解决融资约束问题的关键因素之一。

---

①　这主要是因为：信用信息这一机制不仅挖掘了上市公司可能未披露的私密信息，也验证了他们对其信息披露的理解，提高了相关信息真实性与准确性，进一步提升了信用等级的准确性与可靠性，进而缓解了融资约束的问题。

②　本章的研究创新点：本章创新性地基于信用信息机制这一新的视角，将财政 R&D 资助、信用评估、融资约束结合起来分析。其次在方法上使用赫克曼二阶段、现金—现金流敏感性与三步中介法结合，克服了以往研究的一些缺陷。最后我国主体信用评级还比较缺乏，大部分还是债权评级并且还不够完整，而且不是每一家都有评级。因此本书通过对深 A 所有上市公司 5 年的数据运用 KMV 模型进行主体信用评级，填补了相应数据，丰富了相关研究文献。

③　国务院曾在《中国企业经营者问卷跟踪调查报告》这份报告中重点强调了我国科技型企业的主要障碍是研发融资约束，并在 2019 年将融资约束列为年度政府工作主要任务之一。

获得财政 R&D 资助的项目，一般被视同获得了“高新认定”，这个认定过程历经专家团队多次案头审核甚至实地调研①。既有文献认为：专家团队的审核可以挖掘出正规渠道未知的软性信息并提高预测准确性，专家团队的研报会对资本市场产生显著的影响。

但是，目前缺乏将专家意见、违约概率及融资约束三者放置在统一分析框架下的研究，也不讨论投资者能否充分利用信息，更没有讨论通过哪种途径的意见如何提高信息效率。基于信用信息在该问题中的重要作用，本章基于信用信息机制的视角去考虑该问题。

资本市场中最不可或缺的一类成员是专家分析师，在当期信息披露欠健全、信用制度尚在完善的制度背景下，专家团队意见是否有助于缓解融资约束以及违约概率在其中的作用如何，对于本章的研究十分重要。为此，本章主要从以下两个方面进行补充。

其一，与既有文献不同，本章不去考察专家意见与上市公司融资约束的关系，而去实证财政 R&D 资助专家团队意见与违约概率以及公司融资约束之间的关系。

其二，本章不去讨论预测问题，而集中讨论信用信息机制的中介作用②。

因此，本书的具体做法是：基于现金—现金流敏感性模型残差

---

① 由同花顺 IFND 数据库及巨潮资讯网提供的数据来看，机构对财政 R&D 资助的项目进行调研、评估的次数从 2014 年的 33515 次上涨到 2018 年的 52831 次，而进行实地调研的人数从 2014 年的 38449 人次上涨到 2018 年的 56723 人次，从 2018 年一年来看，深 A 上市公司每家平均有 3.2 次实地调研，有 26.6 家机构对其进行实地调研，平均一年每家有 28.66 人次实地调研，表明了专家团队在获得上市公司相关信息中扮演越来越重要的角色。

② 为此，本书基本研究思路是分析财政 R&D 资助专家团队意见对于我国上市公司融资约束的关系，并在此基础上，从信用信息机制这一新视角对上述研究进行拓展，更为深入地研究并验证财政 R&D 资助专家团队意见是否能传递出相关信息以及提升信息可靠性来影响上市公司的信用等级，通过信用等级来进一步影响企业融资约束，检验融资约束条件下实地调研对信用等级（违约概率）以及上市公司现金—现金流敏感性的影响。最后在充分结合我国企业的实际情况的基础上，提出相应的对策建议。

结果得到的融资约束变量、KMV 模型得到的违约概率变量以及标准普尔 S&P 得的信用等级变量，采用了三步中介效应方法讨论三者之间的关系。

与既有研究相比，本章的贡献主要体现在：信用评级与实地调研两方面的相关数据与研究有创新①。具体来说：采用 KMV 模型对上市公司进行主体信用评级，使用手工结合 Python 从相关网站及年报爬取整理了实地调研相关数据。

11.2　文献综述与研究假说

本书的工作重点是，基于企业研发信息的信用机制角度验证财政 R&D 资助信号效应。因而，这部分首先做如下两项工作。

其一，本书对财政 R&D 资助的专家意见、信用等级、融资约束等进行了关键概念界定。

其二，梳理信用信息机制下相关理论以及该主题的代表性文献，主要分为财政 R&D 资助的专家意见对企业的信用等级以及企业融资约束的影响，基于信用信息机制这一视角综述财政 R&D 资助的专家意见对于信息传递、提升信息准确性等进而对信用等级产生影响，通过信用等级最后对融资约束产生影响，并在最后进行了文献述评。根据这些概念与理论提出相关假设。

(1) 评估专家意见与企业融资约束

已有文献充分认识到了机构投资者及分析师作为信息中介的作用。相关的研究集中在这些信息中介的经济后果上，这些信息中介

① 信用评级数据却非常少，或者相关数据不对外公布，也不够全面。并且大部分可以获取的信用评级数据主要还是集中在债务信用评级上，数据也有缺漏。而债务信用评级不能完全反映一家上市公司整体信用水平。而机构投资者实地调研等有关数据只有在巨潮网以及公司年报上有披露，相较于国外的不透明，我国关于实地调研的这部分披露相对透明难能可贵。

可以接触到那些非公开信息与有价值的私密信息（Cheng 等，2014；Han 等，2018）、会影响股价同步性（王攀娜和徐博韬，2017）、促进股票流动性（谢盛纹和陶然，2017）、降低股价崩盘风险以及降低融资成本（He 等，2013；Francois Derrien 和 Ambrus Kecsks，2013）。

这些结论有益于本书研究主题的探索。财政 R&D 资助中的专家意见也是上市公司与市场上广大投资者的重要信息传播中介。可以发现公司尚未发布的、更深层次的以及隐藏的信息，这有助于减少公司信息与投资者之间的信息不对称性。加之，财政 R&D 资助中的专家还有监督作用，可以有效抑制过多的投资，显著降低国企由代理问题引起的投资—现金流的高度敏感性问题。从而有利于企业缓解融资约束的问题。

因此，财政 R&D 资助中的专家意见不仅可以提高信息披露的质量，而且还可以放宽公司的融资限制，并在减少融资限制的信息传播中发挥良好的中介作用[①]。

因此，不难做出如下研究假说：

H1：财政 R&D 资助与上市公司违约概率呈显著的负相关关系。

（2）财政 R&D 资助中的专家意见、信用信息机制与融资约束

从信用信息机制这一视角来看，财政 R&D 资助中的专家意见充当了权威第三方信息传播渠道。针对科技型中小企业，由于其

① 通过前文的文献综述与理论分析，我们可以得知财政 R&D 资助中的专家意见作为市场上的中介人，他们可以提供更多的私密信息，不仅帮助了投资者，也帮助了其他的信用评级机构。信用评级机构可以通过这些特有的私密信息，更准确地对上市公司进行信用评级，提高了他们的评级精度，有了更准确的信用评级可以更好地帮助其他潜在的投融资机构、信贷机构。例如银行、私募等，他们可以通过这个更准确的信用评级决定是否对上市公司进行授信贷款等业务。而对于上市公司，机构投资者通过外部监督，可以监督管理层，缓解盈余管理，进行会计操作等。同时也督促管理层提供更高质量的信息披露。如果管理层不这样做，那么接下来的实地调研会验证他们的信息披露，并加以披露解读，同时向外界传递关键信息，从而使外界对其信用等级的了解将会更加准确。在这种监督压力下，上市公司不得不改善他们的信息披露质量并且减少盈余管理等不利于公司的经济行为，因此他们的违约概率就会降低，信用等级也会更高。

企业的轻资产特征以及知识产权保密性等特征，传统金融机构并无通过公开信息渠道去进行行业研究、获取信息、甄别信息、应用信息、产品安排、定价议价、方案制定和落实（服务方案与授信方案）、贷后预警、资产处置的业务管理和风险管理能力，在同样的市场机会中，在成本、风险可控的情况下，由于业务条线、风险条线、支撑条线都缺失了信息，而做不到信息的准确性与真实性，使得科技型中小企业成了金融机构“不愿做”“不敢做”的客户。

在此情况下，这类企业的信用数据也几乎是空白。传统的征信机构一般会有负债、资产、历史履约情况等征信信息，更多的是基于硬性数据，也就是可量化的数据。当前在数字金融发展趋势下，一些金融机构开始重视软征信，即通过非量化的个人数据或者企业数据也可以传达出上市公司的主体信用评级（违约概率）、运营总结以及未来的期望。

从传播途径上看，财政 R&D 资助中的专家意见就充当了软征信的作用，很好地补充了市场公开信息的不足，并且对上市公司所披露的信息进行分析解读，改善信息不对称。违约概率降低，上市公司的融资约束便可能得到缓解。因此本书提出以下假说：

H2：信用评级（违约概率）是中介变量，具有中介效应。

11.3　研究设计

如上文所述，本章从信用信息机制的角度继续探讨财政 R&D 资助作为政府扮演研发融资资本市场上的“引导之手”。具体来说，在上一章的基础上，主要验证财政 R&D 资助发挥信号融资的核心的机制在于：财政 R&D 资助使得研发企业具有了信用背书。

基于这个研究目的，本章的研究设计如下：

综合相关主题的前期文献，且遵循实证研究的惯例，本章采用的是层次回归的双向固定效应模型。

为了验证第一个假说，本章选取股权融资反馈作为被解释变量，选择财政 R&D 资助信号价值作为核心解释变量进行检验，构建模型如下：

$$SH_{it} = \alpha_i + \beta_1 Value_{it} + \beta X_{it} + u_i + v_t + \varepsilon_{it} \quad \text{式（11-1）}$$

式（11-1）反映了财政 R&D 资助信号价值对股权融资反馈的直接效应。X_{it}是一系列控制变量。其中 $Value_{it}$为财政 R&D 资助信号价值，SH_{it}为股权融资反馈。

为了结论的多样性，这部分还采用多种度量方式来衡量财政 R&D 资助信号价值，以及用不同信号价值的样本做子样本回归。

为了验证第二个和第三个假说，本章选取股权融资反馈作为被解释变量，选择财政 R&D 资助变量（包括资助与否以及资助强度）作为核心解释变量进行检验。构建模型如下：

$$SH_{it} = \alpha_i + \beta_1 GS_{it-1} + \beta X_{it} + u_i + v_t + \varepsilon_{it} \quad \text{式（11-2）}$$

式（11-2）反映了财政 R&D 资助变量对股权融资反馈的直接效应。X_{it}是一系列控制变量。其中 SH_{it}为股权融资反馈。综合当前的文献做法（卢馨等，2013；雷鹏等，2015；郭玥，2018；徐维祥等，2018），此处，在式（11-2）中 GS_{it-1}代表 i 市 t 年企业获得的财政 R&D 资助数额的对数值，数据主要用企业年度报告中的“计入当期损益的政府补助”指标的滞后一期来反映财政 R&D 资助政策的滞后效应。

具体来看有以下几点。

其一，变量设计。

①被解释变量——社会股权投资反馈

由于没有可以直接读取的数据，本书借鉴了资本市场以及实证会计的文献做法，将其定义为期末股价与流通股股数的乘积。为了对比分析，还另构建机构股权投资反馈，将其定义为期末股价与机构投资者持股数的乘积。

②核心解释变量——财政 R&D 资助变量

如第 4 章的做法，本章剔除非创新补贴对研究结论的噪音干扰，借鉴王刚刚等（2017）的做法，运用关键词手工搜索[①]企业年报财务报表附注“营业外收入”科目下的“政府创新补贴明细”并加总，关键词包括但不限于“研发”“创新”“科技”“火炬计划”“产学研”“863 计划”“星火计划”“首台套”等。如此可以得到 GS_{it}数据。但是本章为了验证“入门槛效应”，特意选择“是否获得财政 R&D 资助”作为变量，获得为 1，否则为 0。为了验证强度效应，特意选择“获得财政 R&D 资助占企业总资产的比重”作为度量指标。

③核心解释变量——财政 R&D 资助信息价值

鉴于前文的理论分析和文献解读，这里将信息不对称指数作为财政 R&D 资助信息价值的度量指标。由于没有可以直接读取的数据，本书借鉴了于蔚等（2012）以及李骏和万君宝（2019）关于金融市场微观结构的相关度量指标的刻画逻辑。这支文献认为：知情交易者和非知情交易者之间的个股日频交易数据存在系统性偏差[②]，故此，它能够反映这两类投资者对于公司价值所存在的信息差。具体来说，非流动性比率与企业的信息不对称成正比，因此，这里将构造非流动性比率指标，用以度量企业所面临的信息不对称程度。

---

① 具体来说，运用“关键词检索”的方法搜索政府补助明细中的具体项目名称，从而确定属于创新补助范畴的项目，通过加总得到每家上市公司每一年度的创新补助总额。创新补助项目关键词确定标准如下：（1）有关技术创新的关键词，如“研究”“开发”“技术”“创新”“专利”“知识产权”“技术标准”“技术改造”“新产品”“产业升级”等；（2）有关高新技术或战略性新兴产业领域的专有名词，如与生物新医药技术研发有关的“癌”“孢”“酶”“肽”“蛋白”“霉素”“新药”“抗生素”等，与电子信息技术研发有关的“集成系统”“机器人”“传感”“云计算”“云雷达”“云平台”等；（3）政府科技支持创新政策，如“863 计划”“973 计划”“火炬计划”“星火计划”等政府科技项目和地方科技支持项目。

② 根据资本市场的柠檬理论，知情交易者更了解公司的经营状况和商业潜力，非知情交易者为避免由于逆向选择问题造成的潜在损失，通常要求一个“柠檬溢价”进行补偿。而柠檬溢价越高，股票的流动性也就越差。

具体公式为：

$$ILL_{it} = \frac{1}{d_{it}} \sum_{K=1}^{d_{it}} \sqrt{\frac{r_{it}(k)}{V_{it}(k)}} \qquad \text{式 (11-3)}$$

式（11 -3）中，$r_{it}(k)$ 表示第 i 个企业第 t 个年度的第 k 个交易日的股票收益率的绝对数值，$V_{it}(k)$ 表示日成交量，d_{it} 表示当年的交易天数。

④其他控制变量组如下：

为避免遗漏变量给结论带来的弊端，本章尽可能地控制了所有股权融资反馈的变量。

具体变量定义见表 11 -1。

表 11 -1　　　　主要变量指标说明

变量	指标	变量定义
被解释变量	社会股权融资反馈 SH_{it}	股价 × 流通股数的自然对数
	机构股权融资反馈 INS_{it}	股价 × 机构投资者持股数的自然对数
解释变量	财政 R&D 补助与否（lnGS）	获得财政 R&D 补助为 1，否则为 0
	财政 R&D 补助强度（$GS\%$）	获得财政 R&D 补助/企业总资产
	信息价值（$VALUE_{it}$）	$ILL_{it} = \frac{1}{d_{it}} \sum_{K=1}^{d_{it}} \sqrt{\frac{r_{it}(k)}{V_{it}(k)}}$
控制变量	企业成立时间（AGE） 资产负债率（LEV） 资产收益率（ROA） 市场竞争程度（$MARKET$） 企业所有权属性（OWN） 企业规模（$SIZE$）	用现在年份 - 成立年份 资产/负债 净利润/总资产平均余额 销售费用/营业收入 若为国有企业则为 1；否则为 0 企业总资产的自然对数

注：企业数据来源于国泰安数据库（CSMAR）并经作者整理计算。

其二，数据来源。

本篇的数据主要来源：CSMAR（国泰安经济金融研究数据库）、Wind（万得数据库）和同花顺数据库。其中，R&D 资助数据和财务数据主要来源于 CSMAR 数据库，金融市场微观结构数据为日频数据，源自彭博终端数据库，其他财务变量均源自国泰安 CSMAR 数据库。制度环境数据由《中国分省份市场化指数报告（2018）》计算而来。其中，财政 R&D 补助数据主要从企业年度报告“计入当期损益的政府补助”指标中手工收集。为得到合适的样本数据，这部分的数据筛选工作如下：

首先，针对实证工作客观存在的数据缺失和数据遗漏问题，为兼顾实证的可靠性、数据的正确性以及实证的合理性，本章节删除股东权益小于 0 的企业、ST 类企业、金融类企业以及主要变量缺失的企业；

其次，针对异常值的问题，本章节对连续变量进行了 99% 和 1% 百分位的 Winsorize 处理。

其三，样本选择。

本篇的样本来源：中国 A 股上市公司 2013—2023 年[①]非金融类 A 股上市企业数据[②]。由于 2017 年 6 月开始实施新的政府补贴会计准则，故此，为了消除统计口径不一致，将 2013—2017 年以及 2017—2023 年数据的指标进行统一，加之，考虑到初创企业进行研发的主要目标是上市，且 IPO（首次公开募股）是风险投资的主要退出方式，故此，选择了非金融类沪深 A 股上市企业首次公开上市时的情况。基于以上处理，本章节最终得到了 12109 个观测值。

---

① 没有选择 2013 年之前的数据是由于：2013 年新会计准则才开始要求上市企业在财务报表中新增研发支出科目，并要求在报表附注中对政府创新补贴信息进行详细披露。

② 之所以选择上市公司为样本，有如下三点考虑：一是，数据的可获得性，同花顺数据库和万得数据库可以提供上市公司比较详细的基本信息和财务数据，更重要的是上市公司披露的政府补助数据较为完备；二是，政府为促进小微企业快速发展，在样本期间内同时出台了多项补助政策，选择 A 股上市公司为样本，可以避免众多政策的交叉影响；三是，上市公司每年都要披露公司年报，相关数据更新快，相比于其他数据，上市公司数据可以保证样本期间足够长。

11.4　描述性统计

样本主要变量的描述性统计结果见表 11－2。

表 11－2　　　　全样本的描述性统计

变量名称	变量解释	样本容量	平均值	标准差	最小值	最大值
ln*GS*	财政 R&D 资助与否	5332	0.3048	0.4628	0.0000	1.0000
GS%	财政 R&D 资助强度	5332	0.0012	0.0021	0.0000	0.0091
SH_{it}	社会股权融资反馈	9347	0.0572	0.0177	0.0001	0.4678
INS_{it}	机构股权融资反馈	5332	0.0351	0.0971	0.0000	0.5531
$VALUE_{it}$	信息价值	5332	2.7113	0.3152	0.6931	3.5552
AGE	企业年龄	12109	12.330	4.650	5.000	26.000
LEV	净资产收益率	12109	0.0507	0.0631	－0.6476	0.5981
OWNER	企业产权属性	12109	0.060	0.240	0.000	1.000
SIZE	企业规模	12109	21.8631	0.8776	19.1987	25.5225
MARKET	市场竞争度	12109	37.6461	24.1592	0.2812	87.8151
ROA	资产收益率	12109	0.0551	0.0391	－0.1903	0.2356

注：本书对所有企业层面连续变量利用 STATA16 的 Winsorize 命令进行了上下 1% 的处理，以避免极端值带来的影响。后同。

表 11－2 为主要变量的描述性统计。是否参与财政 R&D 资助变量的标准误为 0.4628，说明财政 R&D 资助在不同企业间分配差异较大。财政 R&D 资助变量强度的标准误为 0.0021，也说明财政 R&D 资助强度在具体企业中存在较大差异。故此，可以均作为核

心解释变量。

社会股权融资反馈和机构股权融资反馈的标准误分别为0.0177%和0.0971%，说明，社会股权融资反馈和机构股权融资反馈均差异不大。

值得关注的是，以上三个变量的最小值都是0，好在中位数还是平滑的，不存在大量齐聚左侧归并点的现象，故可以采用常规的估计方法。

为了更准确看出各数据之间的关系，本章还做了一个分组描述性统计，结果如表11-3所示。

表11-3　　分样本的描述性统计

	$I_i\_rdsub=0$	均值	$I_i\_rdsub=1$	均值	均值对比
SH_i	1370	0.227	3962	0.213	0.014**
INS_i	1370	0.029	3962	0.037	-0.008***
$SIZE_i$	1370	22.551	3962	21.852	0.699***
AGE_i	1370	2.705	3962	2.714	-0.009
SOE_i	1370	0.329	3962	0.181	0.148***
RD_i	1370	0.019	3962	0.022	-0.003***
ROE_i	1370	7.000	3962	7.079	-0.080
$GROWTH_i$	1370	0.127	3962	0.140	-0.013
$LOSS_i$	1370	0.148	3962	0.151	-0.003
$DEBT_i$	1370	0.456	3962	0.386	0.070***
$CASH_i$	1370	0.049	3962	0.044	0.004**
TOP_i	1370	0.382	3962	0.342	0.040***
INS_i	1370	43.974	3962	35.458	8.516***
HHI_i	1370	348256	3962	332207	16048

注：***、**、*分别表示均值 T 检验的显著性水平为1%、5%、10%。

下面进行针对被解释变量与控制变量的分组样本均值对比，分组依据为是否获得企业的创新补贴。首先进行各分组样本的方差齐性检验，根据结果选择齐性方差（Equal Variances）进行均值 T 检验。统计结果汇报于表 11－3。依据均值对比的显著性结果，不论是以是否参与国家科技计划为分组依据，还是以是否获得创新补贴为分组依据，处理组（$I_i = 1$）与对照组（$I_i = 0$）相比，都有相对更小的规模、更低的国有企业占比、更高的研发投入水平、更低的负债水平与更分散的控制结构。有所区别的是，当以是否获得创新补贴为分组依据时，处理组相对控制组还有更高的融资约束与更低的机构持股比例，也即融资需求相对更为强烈。

从市场融资反馈的分组对比来看，在未对各控制变量的影响加以分离的前提下，参与国家科技计划似乎让企业更难获得债权市场融资；股权市场融资在参与国家科技计划时略高于未参与组，但分组均值差异并不显著。类似地，不考虑控制变量的影响下，获得创新补贴似乎也同样不利于企业获取债权市场融资；但在股权市场的融资竞争中，获得创新补贴的企业则明显较未获得的企业拥有优势。以上描述性统计结果引发了笔者通过严谨的计量设计，对控制变量影响加以分离后的真实回归效应的浓厚兴趣。同时，均值对比结果提示样本数据可能存在基于样本选择偏误带来的内生性问题，在本章后续的内生性问题分析中，将对此进行详细的检验与修正。

11.5 回归结果及其分析

根据前文的文献回顾、计量理论以及数据特征，本章确定采用聚类稳健标准误来替代普通标准误、采用双向固定效应模型面板数据模型的设定形式。又由于因变量包含了大量观测值为 0 的数据，故此，采用归并回归即 Tobit 模型来克服该问题。

11.5.1　总体回归结果

这部分是总体回归结果。模型（1）—模型(3）是企业是否参与国家科技计划全样本的回归结果；模型（4)—模型(6）是企业是否获得财政 R&D 资助的估计结果，具体实证结果如表 11 - 4 所示。

表 11 - 4　　全样本的实证回归结果

	(1) 固定效应面板模型	(2) 面板 Tobit 模型	(3) 混合 Tobit 模型	(4) 固定效应面板模型	(5) 面板 Tobit 模型	(6) 混合 Tobit 模型
ln*GS*	0.0059 (0.0094)	0.0003 (0.0072)	0.0002 (0.0012)	0.0051 (0.0054)	0.0002 (0.0012)	0.0002 (0.0012)
是否有控制变量	有	有	有	有	有	有
N	5332	5332	5332	5332	5332	5332
省份固定效应	*Y*	*Y*	*Y*	*Y*	*Y*	*Y*
年份固定效应	*Y*	*Y*	*Y*	*Y*	*Y*	*Y*
行业固定效应	*Y*	*Y*	*Y*	*Y*	*Y*	*Y*
F/Wald	66.26	48.80	77.24	66.26	48.80	77.24

注：① *** 、** 和 * 分别表示通过 1%、5% 和 10% 的显著性检验；②括号内是 *t* 检验值。

如表 11 - 4 所示，就全样本而言，财政 R&D 资助信号价值与股权融资反馈之间均存在显著的相关性。这说明：其一，获得股权融资反馈并不是参与财政 R&D 资助的关键原因；其二，获得财政 R&D 资助也不是获得股权融资反馈的关键原因。

结合 Skeels 和 Vella（1999）与 Drukker（2002）的思路发现，以上结论与我们前文的理论演绎存在偏差的原因是：对混合 Tobit 模型的扰动项进行正态性检验后存在显著性水平扭曲，扰动项不满足正态分布，为解决模型估计的一致性，由此，采用两部分模型进行拟合。

具体来说，Cragg（1971）的设定，首先，生成因变量（股权融资反馈 SH_i）的虚拟变量 $SH_i i$，当因变量 $SH_i > 0$ 时，$SH_i i = 1$，反之则为 0。其次，以 $SH_i i$ 为参与决策模型的因变量对全样本数据进行 Probit 回归，自变量与控制变量与混合 Tobit 模型保持一致。最后，仅使用获得了股权融资的子样本（即 $SH_i i = 1$）进行 OLS 回归，并采用聚类稳健标准误以避免可能的非正态与异方差问题。

具体来说，模型（1）—模型(3）是企业是否参与国家科技计划全样本的回归结果；模型（4)—模型(6）是企业是否获得财政 R&D 资助的估计结果，具体实证结果如表 11－5 所示。

表 11－5　　两部分模型的实证回归结果

	(1) 固定效应面板模型	(2) 面板 Tobit 模型	(3) 混合 Tobit 模型	(4) 固定效应面板模型	(5) 面板 Tobit 模型	(6) 混合 Tobit 模型
ln*GS*	−0.0042 (0.0344)	−0.0023 (0.0372)	−0.0032 (0.0412)	0.0151*** (0.0654)	0.0002*** (0.0012)	0.0002*** (0.0012)
是否有控制变量	有	有	有	有	有	有
N	5332	5332	5332	5332	5332	5332
省份固定效应	*Y*	*Y*	*Y*	*Y*	*Y*	*Y*
年份固定效应	*Y*	*Y*	*Y*	*Y*	*Y*	*Y*
行业固定效应	*Y*	*Y*	*Y*	*Y*	*Y*	*Y*
F/Wald	66.26	48.80	77.24	66.26	48.80	77.24

注：① *** 、** 和 * 分别表示通过 1%、5% 和 10% 的显著性检验；②括号内是 *t* 检验值。

如表 11－5 所示，就全样本而言，企业是否参与国家科技计划与企业获得股权融资反馈之间依然不存在显著的相关性。这说明：其一，参与国家科技计划在股权融资市场并不是有效信号；其二，参与国家科技计划也不是决定企业股权融资数量的关键原因。与之对应的，企业是否获得财政 R&D 资助与企业获得股权融资反馈之间存在显著的相关性。这说明：其一，企业获得财政 R&D 资助是有效信号；其二，企业获得财政 R&D 资助是决定企业股权融资数量的关键原因。前文研究假说得证。

11.5.2　影响机制检验结果

基于以上的基本结论，此处验证具体的影响机制。即：检验信息价值与企业获得股权融资的统计相关性。具体来说，模型(1)—模型(3) 是不控制其他变量时的回归结果；模型 (4)—模型(6) 是控制其他变量时的回归结果，具体实证结果如表 11 - 6 所示。

表 11 - 6　　　　影响机制的实证回归结果

	(1) 固定效应面板模型	(2) 面板 Tobit 模型	(3) 混合 Tobit 模型	(4) 固定效应面板模型	(5) 面板 Tobit 模型	(6) 混合 Tobit 模型
$Value_{it}$	0.1909*** (0.0094)	0.1904*** (0.0072)	0.1903*** (0.0012)	0.1901*** (0.0054)	01902*** (0.0012)	0.1902*** (0.0012)
是否有控制变量	否	否	否	是	是	是
N	5332	5332	5332	5332	5332	5332
省份固定效应	*Y*	*Y*	*Y*	*Y*	*Y*	*Y*
年份固定效应	*Y*	*Y*	*Y*	*Y*	*Y*	*Y*
行业固定效应	*Y*	*Y*	*Y*	*Y*	*Y*	*Y*
F/Wald	66.26	48.80	77.24	66.26	48.80	77.24

注：① *** 、** 和 * 分别表示通过 1%，5% 和 10% 的显著性检验；②括号内是 *t* 检验值。

由表 11 - 6 可知，信息价值与企业获得股权融资之间存在显著的正向相关性。即：信息越不对称的时候，企业获得财政 R&D 资助越能引致企业获得外部股权融资。

然而，要说明前文理论分析的“入门槛效应”，此处需要利用两部分模型将股权融资决策分离为参与决策与数量决策，通过分离企业是否进行股权融资的决策影响后，从而观察其中起作用的核心传导机制。具体来说，模型（1）—模型(3）观察企业是否获得股权融资反馈，模型（4)—模型(6）观察企业获得股权融资的数量。具体实证结果见表 11 -7。

表 11 -7　　入门槛效应的实证回归结果

	(1) 固定效应 面板模型	(2) 面板 Tobit 模型	(3) 混合 Tobit 模型	(4) 固定效应 面板模型	(5) 面板 Tobit 模型	(6) 混合 Tobit 模型
ln*GS*	0.0151*** (0.0654)	0.0002*** (0.0012)	0.0002*** (0.0012)	0.0059 (0.0094)	0.0003 (0.0072)	0.0002 (0.0012)
是否有控制变量	有	有	有	有	有	有
N	5332	5332	5332	5332	5332	5332
省份固定效应	*Y*	*Y*	*Y*	*Y*	*Y*	*Y*
年份固定效应	*Y*	*Y*	*Y*	*Y*	*Y*	*Y*
行业固定效应	*Y*	*Y*	*Y*	*Y*	*Y*	*Y*
F/Wald	66.26	48.80	77.24	66.26	48.80	77.24

注：① *** 、 ** 和 * 分别表示通过 1%，5% 和 10% 的显著性检验；②括号内是 t 检验值。

由表 11 -7 可知，企业是否获得股权融资反馈与企业获得财政 R&D 资助均存在显著的正向关系，企业获得股权融资反馈的数量变化与企业获得财政 R&D 资助均不存在显著的正向关系。故此，可知，参与决策模型是显著的，而数量决策不显著，因此，“入门槛效应”的研究假说得以验证。

11.5.3　财政 R&D 资助意见对融资约束及中介效应检验

具体来说分两步：首先，构建 Probit 模型[①]，其次，在该模型基础上进行 Heckman 二阶段回归及中介效应检验[②]。

其一，针对是否有专家正面评价的 Heckman 回归及中介效应检验。这部分主要是验证：获得财政 R&D 资助与现金—现金流敏感性以及融资约束的关系到底是什么[③]？这部分的具体结果如表 11-8 所示。

表 11-8　　三步中介检验与 Sobel 检验结果（是否有实地调研）

	第一步	第二步	第三步		
	CFVISITS	VISITS	CFPD	CFVISITS	Sobel 检验
	系数 c	系数 a	系数 b	系数 c′	Z 值
系数	-0.0548***	-0.0026***	0.3036***	-0.0598***	0.0051***
T 或 Z 值	-26.21	-4.02	7.97	-27.52	8.64

注：*** $p<0.01$，** $p<0.05$，* $p<0.1$。

其二，Heckman 两阶段模型阶段二回归及中介效应检验（针对专家正面评价次数）。

这部分主要验证第二个假设：即获得财政 R&D 资助的上市公司，其获得专家正面评价次数越多，其现金—现金流敏感性与融资约束呈显著的正相关关系。为此，先对“获得专家正面评价次数”与融资约束进行回归，在此基础上，再对“获得专家正面评价次数”与信用等级（违约概率）进行回归，第三步将三者结合并进

① 该模型由描述的变量的所有可观察到的正值组成，然后将计算所得出的逆米尔斯比率结果带入后面的回归方程中，一定程度上消除选择偏误的问题以及负面影响。此处的结论由于还是数据处理阶段，不在此列示。

② 主要结合现金—现金流敏感性模型与三步中介法。

③ 为此，具体做法是：先对“是否获得财政 R&D 资助”与融资约束进行回归，在此基础上，再对实地调研次数与信用等级（违约概率）进行回归，第三步将结合三者结果及其中介效应检验进行经济意义分析。

行相应的中介效应检验与分析。具体结果见表 11 -9。

表 11 -9　　三步中介检验与 Sobel 检验结果

	第一步	第二步	第三步		
	CFVISITS	VISITS	CFPD	CFVISITS	Sobel 检验
	系数 c	系数 a	系数 b	系数 c′	Z 值
系数	-0.0057***	-0.0005***	0.2337***	-0.0065***	0.0047***
T 或 Z 值	-14.87	-8.59	5.77	-15.98	4.85

注：*** $p<0.01$，** $p<0.05$，* $p<0.1$。

11.5.4　稳健性检验结果及其分析

因为本书的核心解释变量是财政 R&D 资助的专家意见，之前的部分默认是：如果获得财政 R&D 资助，说明专家意见是正面的，否则为负面的。但是这种分类稍显粗糙，为了结论更具有说服力，这部分将其替换为实地调研的机构数量。具体的验证步骤如下：

第一步，Heckman 阶段二回归的结果。主要是针对实地调研机构数的稳健性检验。具体如表 11 -10 所示。

表 11 -10　　Heckman 阶段二回归检验

	OLS	FE	RE	MLE
CF	0.0101*** (12.0654)	0.0442*** (4.0042)	0.0841*** (10.0016)	0.07681*** (9.0012)
DY	0.0043*** (7.0801)	0.0053*** (6.6242)	0.0046*** (7.2316)	0.0044*** (7.0912)
CF × *DY*	-0.0438*** (-11.16)	-0.0498*** (-10.1942)	-0.0456*** (-11.2416)	-0.0441*** (-11.1512)
是否有控制变量	有	有	有	有
N	5332	5332	5332	5332
省份固定效应	*Y*	*Y*	*Y*	*Y*
年份固定效应	*Y*	*Y*	*Y*	*Y*

续表

	OLS	FE	RE	MLE
行业固定效应	*Y*	*Y*	*Y*	*Y*
F/Wald	66.26	48.80	77.24	66.26

注：① *** 、** 和 * 分别表示通过 1%，5% 和 10% 的显著性检验；②括号内是 *t* 检验值。

如表 11－10 所示，*CF*（融资约束）的系数均为正向显著，*DY*（实地调研的机构数量）的系数均为正向显著，而二者的交互项均为负向显著，这表明：调研的机构越多，越能降低企业的融资约束情况。

第二步，检验财政 R&D 资助的专家意见与上市公司的违约概率。具体的实证结果如表 11－11 所示。

验证结果如表 11－11 所示，财政 R&D 资助下该企业被实地调研的机构数量 *DY* 与上市公司的违约概率有显著的负向关系。它的经济意义是：获得财政 R&D 资助的企业被实地调研的机构数量越多，越能够让他们更多地了解上市公司的经营状况与信息，缓解上市公司与投资者之间的信息不对称问题，从而降低与缓解上市公司的违约概率。

表 11－11　　财政 R&D 资助与违约概率
（稳健性检验第二步）

	OLS	FE	RE	MLE
DY	-0.0041 *** (-9.7801)	-0.0005 *** (-8.0212)	-0.0006 *** (-9.4116)	-0.0004 *** (-9.0942)
是否有控制变量	有	有	有	有
N	5332	5332	5332	5332
省份固定效应	*Y*	*Y*	*Y*	*Y*
年份固定效应	*Y*	*Y*	*Y*	*Y*
行业固定效应	*Y*	*Y*	*Y*	*Y*
F/Wald	66.26	48.80	77.24	66.26

注：① *** 、** 和 * 分别表示通过 1%，5% 和 10% 的显著性检验；②括号内是 *t* 检验值。

第三步，检验财政 R&D 资助的专家意见、上市公司的违约概率与融资约束三者之间的关系。具体的实证结果如表 11－12 所示。

表 11－12　　机构调研、违约概率与融资约束的检验（第三步）

	OLS	FE	RE	MLE
CF	0.0371*** (22.8954)	0.0333*** (24.0642)	0.0341*** (30.0016)	0.0371*** (29.0812)
DY	0.0343*** (7.6801)	0.0054*** (16.6242)	0.0346*** (7.4524)	0.0348*** (7.5612)
CF×*DY*	－0.0057*** (－17.16)	－0.0537*** (－10.6942)	－0.0056*** (－17.2416)	－0.0041*** (－17.4512)
WY	－1.0901 (－0.96)	－0.1826 (－0.1402)	－1.1056 (－1.2016)	－1.0991 (－1.4011)
CF×*WY*	0.1837*** (4.8354)	0.1171*** (2.9542)	0.2018*** (5.4416)	0.1882*** (5.0612)
是否有控制变量	有	有	有	有
N	5332	5332	5332	5332
省份固定效应	*Y*	*Y*	*Y*	*Y*
年份固定效应	*Y*	*Y*	*Y*	*Y*
行业固定效应	*Y*	*Y*	*Y*	*Y*
F/Wald	66.26	48.80	77.24	66.26

注：①***、**和*分别表示通过1%，5%和10%的显著性检验；②括号内是 *t* 检验值。

如表 11－12 所示，*CF*（融资约束）的系数均为正向显著，*DY*（实地调研的机构数量）的系数均为正向显著，而二者的交互项均为负向显著，这表明：调研的机构越多，越能降低企业的融资约束情况，违约的系数为负向，但是不显著，而 *CF*（融资约束）与违约的交互项的系数显著为正，这表明：违约情况越少，越能降低企业的融资约束情况。

下面开始整理三步中介检验与 Sobel 检验。具体结果如表 11－13 所示。

表 11－13 机构调研、违约概率与融资约束的检验（第三步）

	第一步 $CF \times DY$	第二步 DY	第三步 $CF \times WY$	$CF \times DY$	Sobel 检验
系数	－0.0438***	－0.0003***	0.0341***	0.0371***	0.0012***
T 或 Z 值	(－10.19)	(－8.06)	(2.91)	(－10.62)	(2.12)

注：① ***、** 和 * 分别表示通过 1%，5% 和 10% 的显著性检验；②括号内是 t 检验值。

以上检验说明，信用评级发挥了中介作用。

11.5.5 进一步的分析

以上部分已证实：财政 R&D 资助有助于释放利好信息，可以影响信用评级，从而缓解被资助企业的融资约束。本部分基于以上结论，进一步对财政 R&D 资助是否能改善信息披露，是否能向外界传递更有价值的信息进行拓展研究。

为了验证这个假说，这部分主要验证：有财政 R&D 资助的上市公司，其信息披露质量比没有财政 R&D 资助的上市公司的更高。

关于信息披露质量数据[①]，本书采用深圳交易所官方发布的权威上市公司信息披露质量表。为了更好地揭示财政 R&D 资助的信用信息机制，本部分用了 OLS 回归、FE 检验、RE 检验以及 MLE 检验，实证结果如表 11－14 所示。

① 目前主要有四类：其一是标准普尔（S&P）、美国投资研究管理协会（AIMR）等权威机构对上市公司信息披露质量打分，但是这些机构对于我国的上市公司所评判的数据太少；其二是文本内容分析，其权重分配是否公正客观无法评判；其三，审计意见或者临时报告披露数量替代指标法，稍微显得不够全面并且太主观；其四，盈余信息质量法。其中，一是琼斯模型计算会计操作项目，二是盈余透明度模型，三是银行挤兑模型。

表 11－14　　信用信息机制的拓展性检验

	OLS	FE	RE	MLE
ln*GS*	0.1051*** (12.0654)	0.0442*** (4.0042)	0.0841*** (10.0016)	0.07681*** (9.0012)
是否有控制变量	有	有	有	有
N	5332	5332	5332	5332
省份固定效应	*Y*	*Y*	*Y*	*Y*
年份固定效应	*Y*	*Y*	*Y*	*Y*
行业固定效应	*Y*	*Y*	*Y*	*Y*
F/Wald	66.26	48.80	77.24	66.26

注：①***、**和*分别表示通过1%，5%和10%的显著性检验；②括号内是 *t* 检验值。

由表 11－14 可知，财政 R&D 资助有助于信息披露质量的提高。

11.6　本章小结

本章结合了信号传递理论、国家创新系统理论与社会关系理论等多重理论视角，探讨了企业向市场传递权威性补贴认证信号的融资反馈效应，同时对“信用信息”机制进行了检验和稳健性检验。

研究发现：

①财政 R&D 资助可以通过缓解研发融资的供求双方信息不对称，从而缓解融资约束。

②财政 R&D 资助可以缓解上市公司违约概率的恶化，从而提高信用评级的可信度。

③信用等级（违约概率）在财政 R&D 资助与融资约束之间起到中介作用。

以上结论在更换盈余管理变量的度量方式以及替换子样本之

后，结论依然稳健。

基于以上的结论，提出如下政策建议：

①财政 R&D 资助充当软信息的重要传播中介者与监督者，今后需要对相关信息及时、准确披露，为资本市场上外部投资者作出保障。

②完善财政 R&D 资助事后鉴定、评估制度，严格遴选项目分析师等进入市场。要使得专业过硬、业务精干、经验熟练的项目分析师能提供更好的解读，督促研发融资市场的健康运行。

第 12 章

财政R&D资助调整的信号效应验证——来自研发费用加计扣除政策的证据

已有文献发现税收优惠对创新投入有促进作用，但其中的影响机制鲜有涉及，更没有看到企业金融化抑制在其中的中介作用。本章基于2011—2022年上市A股企业数据，以研发费用加计扣除政策为切入点，从企业金融化抑制渠道实证探究税收优惠力度对企业创新投资的影响效应和机制。实证结果显示：税收优惠力度与企业研发投入呈显著正相关关系，且结论稳健；通过抑制企业金融化倾向，促使企业聚焦主业，从而发挥部分中介作用；税收优惠对企业的研发投入的影响效果因产权以及地区存在差异。本章的研究结果为进一步加大高新技术行业税收优惠，推进新质生产力高质量发展提供了经验数据。

12.1 引　言

当前，国家对加快发展新质生产力高度重视，释放出加快研发投入突破创"新"推进先进制造业产业升级增"质"的明确信号。但是，受2020年以来新冠疫情以及国际经济贸易等因素的影响，中国近三年的年均投入研发资金约24393.1亿元，增速较2019年同期减少了2.3个百分点，研发投入不足已是业界共识。为此，中国政府依然加强了对企业的研发投入支持，而实行税收优惠政策是其中一项重要的举措。在当前经济下行财政吃紧的情况下，理论上，税收优惠政策能够缓解研发企业的研发资金压力，激励企业加大研发投入实现企业创新发展。因此，研究税收优惠政策在推动企业研发投入方面的研究就显得尤为重要。

已有文献已经关注到税收优惠政策会对企业创新投入产生影响。然而，由于同时存在着"税收激励理论"（Girum，2015；Mukherjee，2017；Howell，2017）和"税收抑制论"（Wei，2018；Chen等，2021）。因此，实证结论并没有达成一致。还有一些文献进一步认为："税收激励理论"和"税收抑制论"都不科学，税收优惠对企业创新投入发挥作用是有制约条件的。由此，这促使笔者思考：就中国的实际情况而言，实证结果如何呢？

近年来，随着金融投资利润的高企和制造业利润的下滑，中国制造业不断突破主业而试水金融投资，制造业已显示出金融化的态势。根据 Wind 数据库统计显示，在 2010—2020 年中国实体企业金融资产的平均配置规模由 1.44 万亿元增长到 9.77 万亿元，年平均增长率为 6.75%。另根据安邦咨询报告（2020）数据显示，2021 年的中国国资委管理的 117 家央企中就有 98 家在不同程度上涉足金融投资，占比 76%。制造业的金融化趋势越演越激烈。这种趋势显著改变了企业的宏观运行环境，还深刻地影响了企业的经营决策与投资行为。当制造业的金融投资膨胀，金融收益占比日益增强的时候，会越来越严重影响制造业的主业投资行为。那么，就中国而言，制造业金融化对企业的创新投入是否有影响，它在不同税收优惠的程度与方式下如何发挥作用？这些问题对于正在积极寻求创新发展、转型升级的中国制造业具有特别的意义。

基于此，本书选取固定资产加速折旧、高新技术企业税收优惠、"五年规划"变更导致的产业政策扶持范围变化以及 2015 年开始实施的研发费用加计扣除政策这类"特惠型"激励产业政策为研究对象（Chen 等，2021）[①]，按照企业的盈利来源划分技术创新和金融化，选取 2011—2022 年 A 股上市企业的年度数据为样本，探讨特惠型税收优惠政策对企业研发投入的经济影响及其作用机制。结果表明：特惠型税收优惠能够促进企业的研发投入，具体的作用机制是企业的金融化倾向抑制。且这种政策效应受企业股权性质、所处地理区域管理层持股比例高低影响。

本书的贡献在于：其一，拓宽了企业研发投入影响因素的研究

① 这一年首次采取负面清单适用行业管理方法，不仅扩大了可加计扣除研发费用的范围，而且在时间和行业上区分政策差异。

视角。已有文献一般从市场结构、公司治理、企业规模、政府补贴等角度讨论企业研发投入不足的原因，但即使是与本书主题极为接近的政府补贴角度，也忽略了后疫情期中国财政吃紧的基本国情下，税收优惠是更常态的政府支持形式，有必要深入探讨这种常见形态下的实际政策效果；其二，在机制分析中，引入“企业金融化抑制”这个中介变量，验证了金融化抑制—研发投入同向变动的关系，明晰了具体的作用机制，为企业创新推动新质生产力发展路径提供证据，同时对实体企业金融化对政策效果的抵消作用探讨，切合当下的时弊，又事关金融化政策范式的重塑；其三，本书用研发费用加计扣除政策作为观察窗口去探讨具体的税收优惠政策。这种做法区分“普惠型”和“特惠型”，从而，可以剔除政策干扰项，得出比较准确的政策效应。

余文安排如下：第二部分简要介绍中国的特惠型税收优惠政策，并详细分析税收优惠政策影响企业创新的机制，同时结合中国的制度背景提出可供检验的研究假设；第三、第四部分进行变量选取和研究设计，并对研究假设进行实证检验和分析；第五部分进一步讨论了实体企业金融化在其中的中介作用，并比较了“价值管理”和“蓄水池”两种学说在特惠型税收优惠政策中的差异；最后为研究结论与启示。

12.2　文献综述与研究假设

12.2.1　中国的特惠型税收政策概述及其对创新的政策效应

中国的特惠型税收优惠政策是税务部门根据“五年规划”这

个纲领性文件[①]而出台的针对特定行业或者企业类型的产业政策。主要包括研发费用加计扣除政策、固定资产加速折旧政策和高新技术企业税收优惠等，具体包括税额式、税率式和税基式三种类型[②]。本书专注于最主要的特惠型税收优惠——研发费用加计扣除政策。

目前，关于特惠型税收优惠政策如何影响企业技术创新投入，现存文献一般将其总结为资源效应与信息效应。在资源效应方面看，众所周知，中国的民营科研型企业一直存在着知识市场失灵导致的“创新投入不足”的问题。“税收激励理论”主要从企业成长、专利增量、经营业绩角度论证了税收优惠对企业研发投入的激励效应。比如 Girum（2015）认为获得政府税收优惠的企业通常拥有更多的劳动密集型技术，更大概率提高企业的规模；Howell（2017）则认为会促进企业专利数量和经营收益的增长。

从信号效应角度看，企业研发投入不足是因为资本市场失灵，而特惠型税收优惠通过具体的税额式、税率式和税基式三种类型规定了研发优惠方向和类型，会从“质量”标签、市场前景、政治关系、风险分担等方面影响企业的股东报酬、市场价值、企业技术创新能力等，从而引导外部投资者进行创新投资[③]，它起到了“信息效应”，缓解了资本市场的信息不对称问题。

基于此，资源效应和信息效应都会增强企业的研发投入力度，本书提出如下假设：

---

① 比如，“十二五”规划中提出“改造提升制造业”“培育发展战略性新兴产业”“推动能源生产和利用方式变革”等要求；而“十四五”规划明确提出了“以创新驱动、高质量供给引领和创造新需求”的战略导向。“五年规划”确定以后，相关部门将会按照其基本要求，制定较为详细的实施方案，比如，财政部门有针对性地对企业进行补贴，税务部门出台税收优惠政策，行政部门落实审批手续，科技部门设立公共研发中心等。

② 它们的区别可总结见附表 3 所示。

③ 例如 Meuleman 和 Maeseneire（2012）认为税收优惠行为给企业贴上一个“优质”标签，向外界传递关于企业质量、企业状况的利好信号，会使其产生一个“光环效应”，影响外部投资者对企业的价值判断和企业创新项目的未来前景，降低这些投资者在信息不对称条件下选择投资项目的难度和偏误，引导更多社会资本流向创新项目的研发领域。

H1：总体上，特惠型税收优惠创新激励政策有助于促进企业的研发投入。

12.2.2　企业金融化在其中的作用

如上所述，总体看，税收优惠有助于企业的研发投入，然而，“税收抑制论”（Chen 等，2021）认为该激励效应存在异质性，受制于企业产权性质、股权激励计划、税负类型、外部市场环境、企业规模等因素影响（Mukherjee，2017），同时存在时间滞后性和“入门槛效应”（Foot In The Door Effect）（Wei - Chuan Kao，2018）。事实上，不同国别的实证结论一直也存在分歧。这说明，税收优惠与企业研发投入之间存在一个关键的中介变量。这个关键中介变量揭示了企业的投资决策，即企业的实物投资与金融投资的组合比例不同。因此，下文开始分析企业金融化在其中的关键作用。

（1）税收优惠对企业金融化的影响。尽管目前学术界的观点并不统一，但绝大部分学者认为：降低税负可以抑制企业金融化趋势，具有显著的“去金融化”效果，会显著降低实体企业金融资产配置量。首先，基于信号传递理论，税收优惠能够在一定程度上破除金融资产所带来的现金“蓄水池效应”，即融资约束的缓解以及内部现金流的增加有助于帮助企业应对风险；其次，税负的降低则可以为企业保留利润，抑制企业获取短期金融化利润的动机，减少金融资产投资；最后，在当前“去杠杆”的宏观环境中，针对先进制造业的有关税收优惠政策向银行释放出的信号会修正信贷投资方向，降低公司金融化的预期收益率，抑制持有金融化资产可能的高额利润，能在一定程度上破除金融资产所带来的“投资替代效应”。因此，税收优惠有助于抑制企业的金融化倾向。

（2）企业金融化抑制对企业研发投入的影响。这部分主要基于“蓄水池理论”进行分析。该理论认为：适度的金融化能助推企业的创新[①]。因而，为了更准确说明问题，这部分将“企业金融化抑制”等同于降低超额的金融化投资去论述。事实上，从企业内部投资决策而言，金融化抑制会提高企业研发投入是很直观的结论。基于企业金融化的“挤出效应”，非金融公司在金融以及房地产投资方面退出一些资源，将释放公司的技术创新资源，增加对无形资产研发创新的投入，使得公司拥有资金进行设备更新升级和技术创新。企业金融化投资和研发投资是一体两面，通过减少企业金融化投资，可以实现资源的集中配置，增加用于主业投资的资源，从而保障持续的研发投入。从制造业企业外部研发资源获取角度而言，基于“市场资源理论”，制造业企业降低金融化投资，聚焦企业主营业务，必然重视企业研发能力，其对创新的重视度上升，会增加企业的未来主业经营业绩，有利于企业的持续盈利。如此，可以提高企业市场价值以及信用等级，方便企业融资，缓解研发过程中的资金短缺问题，由此，金融化抑制有利于企业研发投入。

迄今为止，鲜有将税收优惠、企业金融化以及企业创新投入三者纳入同一个分析框架的文献。事实上，税收优惠的实施可以有效提升税收筹划空间，缓解税务负担，这种“富余效应”会促使企业的资金配置得到优化，减少企业对研发投资回报率和实际回报差距的落差感，起到“蓄水池效应”以及“平滑风险效应”，抑制企业金融化倾向，而制造业金融化又可以通过“加强市值管理”和增强“企业风险承担能力”，进而增加创新研发的投入。基于此，本书提出如下假设。

H2：企业金融化在特惠型税收优惠创新激励政策效应中起到了显著的中介作用。

本书的政策分析总结如图 12－1 所示。

① 当企业的金融化率超过 23% 时，企业的金融资产投资会显著抑制企业当期的创新水平。

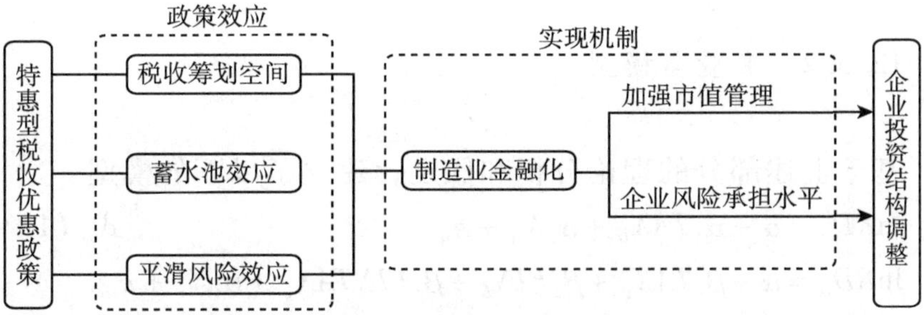

图 12-1　特惠型税收优惠政策效应和实现机制

12.3　研究设计与变量测量

12.3.1　样本选择与数据来源

本书的研究对象为2011—2022年共计11年的A股上市企业，并对以下数据进行清洗和筛选：剔除了核心解释变量以及被解释变量严重缺失的样本；删除财务状况或其他状况出现异常的ST类（Special Treatment）上市公司及金融保险证券行业的上市公司。最终得到390家企业共4440个样本观测值。

其他数据来自国泰安CSMAR（China Stock Market & Accounting Research Database，CSMAR）企业数据库以及Wind数据库，缺失的样本根据巨潮信息网（www.cninfo.com.cn）以及企业年报进行了手工补充。我们将该数据集与Wind数据库以及企业年报提供的研发支出数据集一一对应合并起来，构成了中国于2011—2022年涉及研发税收减免的企业层级数据库①。

① 该数据集包含关于每个企业年度的研发税扣除额和现金抵免额的信息。由此，通过了解具体的税收优惠方式（比如现金抵扣还是结转损失以及为中小型企业分包的研发总额，以及根据HMRC（Her Majesty's Revenue and Customs，HMRC）无形资产和研发手册，有三种主要类别的合格支出有资格申请研发税减免。其中包括人员编制费用、水电等消耗品以及直接用于研发的软件），它使我们能够准确地观察符合条件研发支出的数额和公司的状况，即它是否符合研发税收减免的资格。

12.3.2 变量与模型

基于上述部分的理论分析和假定，建立了以下的模型：

$$\ln RD_{it} = \alpha + \alpha_1 TAX_{it} + \alpha_2 X_{it} + \varepsilon_{it} \quad \text{式（12-1）}$$

$$\ln RD_{it} = \alpha + \beta_1 TAX_{it} + \beta_2 FIN_{it} + \beta_3 FINTAX_{it} + \beta_4 X_{it} + \varepsilon_{it} \quad \text{式（12-2）}$$

其中，$\ln RD_{it}$、TAX_{it}、FIN_{it}表示第 i 个样本在 t 时期的企业研发投入强度、特惠型税收优惠和企业金融化水平，一系列控制变量的集合由 X_{it}进行表示，ε 代表误差项。

1. 被解释变量：企业研发投入（$\ln RD_{it}$）。已有文献对企业的研发投入的测量主要分为两种：一是基于企业财务数据直接获得企业的研发投入绝对数；二是基于企业运营与成长数据，以研发投入绝对数与当期营业收入的比来反映企业研发投入强度。本书采用第二种测量方式。一方面，从国泰安 CSMAR 企业数据库获取该数据，在中国现行数据库中具有良好的披露性和相对客观性，另一方面，研发投入强度指标对公司的规模、研发策略、经营模式及宏观环境更敏感。考虑到税收优惠政策对企业的研发投入强度存在一定的滞后性，本书采取滞后一期的企业研发投入强度作为因变量。

2. 解释变量：特惠型税收优惠（TAX_{it}）。国泰安 CSMAR 企业数据库提供关于企业税收状况的信息，包括其应纳税利润、结转损失、交易损益和营业额。由于本书主要利用不同企业税收优惠的差异来解释企业研发力度，而中国企业的税收优惠主要体现在所得税的税收优惠上，因此，设计优惠税率的计算方法为（名义税率×利润总额－所得税费用）/当期利润总额，其中名义税率为 25%。一般而言，该数值越大代表优惠越少，越小代表优惠越多。

3. 机制变量：企业金融化（FIN_{it}）。产业资本金融化能够拓宽企业融资渠道，金融化有利于资源在空间上的配置，一定程度上能增加用于主业投资的资源，并且金融化还可以改善企业的资产负债表，从而提高企业的信用等级和融资能力。企业的金融资产包括金融化交易性金融资产、衍生金融资产、短期投资净额、可供出售资产净值、持有至到期投资净额和长期债券投资净额，非金融企业金融化主要体现在企业将原来的经营资产转化为金融资产，原有的经营资产获得经营收益，金融化进程产生的金融资产获得金融收益。因此，本书根据 Penman - Nissim 框架，采用当期金融资产总额除以企业期末总资产，以此来测度企业金融化程度。

4. 控制变量。本书还选择了企业层面的不同变量作为控制变量，包括公司规模、资产负债率、企业年龄、总资产收益率以及年份虚拟变量。本书涉及的相关变量及定义如表 12 - 1 所示。

表 12 - 1　　　　　　　　变量与定义

变量	变量名称	测量方式
因变量	企业研发投入 - 滞后一期 rd ($t+1$)	当期研发费用/当期营业收入
自变量	优惠税率（*TAX*）	(利润总额 ×25% - 所得税费用)/利润总额
中介变量	企业金融化（*FIN*）	企业金融资产加总和/期末总资产
控制变量	公司规模（*INSIZE*）	期末总资产的自然对数
	资产负债率（*LEVER*）	期末总负债/期末总资产
	企业年龄（*AGE*）	当年年份减去企业注册成立年度加 1 取自然对数
	总资产收益率（*ROA*）	净利润/总资产
	年度虚拟变量（*YEAR*）	为了避免年度差异降低实证结果的可靠性，本书通过引入哑变量来控制该不利影响。当处于该研究年度时取值为 1，否则为 0

数据来源：本书作者整理。

12.4 数据处理与假设检验

12.4.1 变量的描述性分析

本节主要变量的描述性统计如表 12－2 所示。由表 12－2 可知，所得税优惠税率的平均值是 9.8%，低于法定税率 25%，表明大多数企业都得到了税收优惠。即实施了“普惠型”财政 R&D 政策；而最大值是 0.6538，最小值是－0.5347，且标准差为 0.0409，这更说明，还同时存在着“特惠型”财政 R&D 政策。财政 R&D 资助强度的差异向市场传递了新时期中国科技发展的方向和重点领域，是产业布局战略规划，客观上是对受资助项目的技术发展前景和市场潜力进行价值认证，这会对企业以及市场投资者产生影响。企业研发投入强度的平均值为 0.0434，研发投入在公司营收中所占比重为 4.3% 左右，最大值为 0.2426，最小值为 0.0005。该结果说明在我国上市 A 股企业中，企业的研发投入强度普遍来说企业金融化现象比较突出，且企业金融化程度差别较大。

表 12－2　　全体样本的描述性统计

变量	观测值	最小值	最大值	平均值	标准差
企业研发投入强度	4440	0.0005	0.2426	0.0434	0.0409
所得税优惠税率	4440	－0.5347	0.6538	0.0987	0.1485
企业金融化水平	4440	0.0000	0.3955	0.0513	0.0737
企业规模	4440	19.9818	26.3870	22.2644	1.2705
资产负债率	4440	0.0565	0.8838	0.4379	0.1899
资产总收益率	4440	－0.4371	0.3326	0.0663	0.1043
企业年龄	4440	1.3863	3.4012	2.7661	0.3900

数据来源：根据 Stata 软件结果。

12.4.2　回归分析

（1）全样本基本回归结果

表 12-3 检验了税收优惠与企业创新投入强度之间的关系。模型（1）、模型（3）是仅控制了个体固定效应和同时控制个体和时间固定效应的无控制其他变量的基准回归；模型（2）、模型（4）表示是对模型（1）、模型（3）同时进行个体和时间双向固定的回归；模型（5）为稳健性检验，将研发投入强度替换为企业当期研发费用的对数；模型（6）为随机效应模型。

在模式（1）中，*RD* 的系数是 0.0215，也就是说，税收优惠（*TAX*）每提高 1%，则企业研发投入将提高 0.0215%。在模型（3）中，税收优惠的系数为 0.0172，并在 1% 的置信水平上显著。所以，在我国 A 股上市公司中，企业的研发投入力度受税收优惠的影响较大，而且具有显著的正向关系。在模型（2）中，企业规模（*SIZE*）、资产负债率（*LEVER*）的系数都是负数，同时企业年龄（*AGE*）的系数是正数，说明 A 股上市企业的规模小、资产负债率低对企业创新起到了促进作用，而企业年龄的增加对企业创新起到了促进作用。除此之外，企业规模（*SIZE*）不显著，这意味着公司规模在推动公司研发方面没有明显的作用。在对时间和个体进行了双向固定效应模型的分析后得到模型（4），控制变量中资产总收益率（*ROA*）的显著性有所提高，说明公司的盈利能力对其创新能力的影响有所差别，但最终对企业创新具有一定的促进作用。因此，本书通过上述实证研究认为：在中国 A 股上市公司中，税收优惠政策对其研发投资强度起到了积极的促进作用。基于回归分析，如果仅对税收优惠和企业研发的影响进行研究，税收优惠（*TAX*）每增加 1%，企业的研发投入强度就会增加 0.0215%；当采用双向固定效应模型时，税收优惠（*TAX*）每提高 1%，研发投入强度就会增加 0.0172%。因此，税收优惠对于企业的创新具有积极作用。其原因可能是，税收优惠减轻了企业的税费缴纳负担，使企业拥有更多资金用于研发投入。

（2）分组样本回归结果

按股权属性分类时，A 股上市企业中非国有企业的相关系数略大于国有企业，可能因为政府由于非国有企业具有维护市场平稳运行的作用而给予更多税收优惠，使非国有企业有更多资金进行研发投入，从而提高自身竞争力。

在企业所在地域的分组中，来自中西部的公司比在东部的公司具有更高的系数和更大的显著性，说明企业所属地理区域不同会对企业的创新能力产生影响，可能是由于中西部地区企业响应国家中东西部平衡发展的战略目标而得到了国家政策扶持，具体体现在企业获得更多税收优惠，进而有更多资金用于创新研发。

在管理层持股比例高与管理层持股比例低的两个分组中，*TAX* 的系数均为正，但是，管理层持股比例高组的显著性远远大于管理层持股比例低组，这也意味着管理水平对企业研发的促进作用有着明显的影响。

综上所述，在税收优惠与企业创新中，企业金融化发挥了重要的中介作用。

表 12－3　　　　全样本的回归结果

	(1) rd	(2) rd	(3) rd	(4) rd	(5) lnrd1	(6) rd
TAX	0.0215*** (－5.8229)	0.0157*** (－4.595)	0.0172*** (－4.6128)	0.0156*** (－4.3322)	0.4387*** (－5.2118)	0.0169*** (－4.8373)
SIZE		－0.0043*** (－6.7760)		－0.0005 (－0.7416)	0.9645*** (－61.2316)	－0.0013** (－2.0392)
LEVER		－0.0675*** (－16.8039)		－0.0693*** (－16.3438)	－1.2676*** (－12.8035)	－0.0805*** (－20.1005)
ROA		0.0002 (－1.1011)		0.0003* (－1.6822)	0.0066* (－1.8343)	0.0002 (－1.2546)

续表

	(1) rd	(2) rd	(3) rd	(4) rd	(5) lnrd1	(6) rd
AGE		-0.0225 *** (-10.6576)		0.0033 (-1.5948)	0.2584 *** (-5.4136)	-0.0051 *** (-2.8183)
_CONS	0.0424 *** (-51.6794)	0.2311 *** (-15.8039)	0.0428 *** (-53.4621)	0.0755 *** (-5.2815)	-3.5652 *** (-10.6821)	0.1202 *** (-9.3561)
N	4440	4440	4440	4440	4428	4440
个体固定效应	*Y*	*Y*	*Y*	*Y*	*Y*	*N*
时间固定效应	*N*	*N*	*Y*	*Y*	*Y*	*N*
R^2	0.0076	0.1582	0.0052	0.0797	0.5157	0.0759

注：① *** 、** 以及 * 分别表示通过 1%，5% 和 10% 的显著性检验；②括号内是对应的 *t* 检验值。

为研究企业金融化在 A 股上市企业的税收优惠与企业研发投入强度之间的影响，以下将以企业股权性质、地理区域特征和管理层持股比例高低为标准对企业金融化水平进行分组，进一步探讨企业金融化的中介作用。

国有和非国有企业因产权不同而存在不同的治理结构，这种治理结构的差异可能会使企业对一系列金融资产的投资意愿或能力产生一定影响。除此之外，国有企业受政府的约束更强，所以其投资决策更加稳健，对金融资产的投资受到的干预较多，所以其金融化水平较低。因此本书对 A 股上市公司进行分类，其中将非国有企业分为金融化水平高组，将国有企业分为金融化水平低组。

企业金融化水平还受到地区经济发展环境的因素影响，中国东部地区的经济发展及市场化水平比中国中西部地区更高，抑制了企业的“蓄水池”动机，受到的外部融资约束更大，所以中西部地区比东部地区的金融化水平更高。所以本书用了 1986 届全国人民代表大会“七五”规划确定的区域区划办法，将我国企业分为东部地区企业和中西部地区企业。

增加的管理层股权将妨碍企业金融化，也就是说，管理层持有的股份越少，企业金融化水平越高。这可能是由于管理层的持股比例越高，管理者和股东的利益越接近，管理者的决策就会更加注重股东的利益，不会因为金融资产的短期收益而轻易进行投资。

表 12 -4　　　　　　　　　分样本回归

	金融化程度强			金融化程度弱		
	(1)	(2)	(3)	(4)	(5)	(6)
	非国有企业	中西部地区	管理层持股比例低	国有企业	东部地区	管理层持股比例高
	rd	rd	rd	rd	rd	rd
TAX	0.0169*** (-2.9712)	0.0209*** (-3.6292)	0.0023 (-0.4784)	0.0163*** (-3.7577)	0.0105** (-2.2218)	0.0327*** (-5.4453)
SIZE	0.0005 (-0.4)	-0.0011 (-1.0491)	-0.0004 (-0.4633)	-0.0001 (-0.2110)	-0.0007 (-0.7904)	-0.0015 (-1.2287)
LEVER	-0.0874*** (-12.4427)	-0.0433*** (-6.5286)	-0.0517*** (-9.2011)	-0.0491*** (-9.7473)	-0.0772*** (-13.7723)	-0.0923*** (-13.4854)
ROA	-0.0120*** (-2.7548)	0.0002* (-1.6973)	0.0002 (-1.6414)	0.0002* (-1.8136)	-0.0001 (-0.3181)	-0.0070* (-1.7958)
AGE	-0.0014 (-0.4486)	0.0320*** (-8.8761)	-0.0033 (-1.0740)	0.0111*** (-4.2345)	-0.0033 (-1.2822)	0.0106*** (-3.5179)
_CONS	0.0779*** (-2.9462)	-0.0088 (-0.3899)	0.0757*** (-4.066)	0.0292* (-1.8686)	0.1042*** (-5.4882)	0.0945*** (-3.8545)
N	2466	1344	2219	1974	3096	2221
R^2	0.0798	0.1444	0.0558	0.0898	0.0816	0.1233
个体效应	显著	显著	不显著	显著	显著	显著

注：① ***、** 和 * 分别表示通过 1%，5% 和 10% 的显著性检验；②括号内是对应的 t 检验值。

如表 12 -4 所示，通过对企业金融化水平进行分类，得出如下分析和结论：

（1）税收优惠对企业创新的影响受其股权性质影响

通过对公司股权属性的分类，非国企的系数显著高于国企，这可能是由于政府对其金融资产的限制较多，所以非国企的财务状况对其研发投入的影响要大于国企。

（2）税收优惠对企业创新的影响受所处地理区域影响

对上市A股企业的所属省份按照区域划分，进行分组回归，根据分样本回归结果，可以发现样本企业中所处中西部地区的企业系数明显比处于东部地区的企业大，而且更加显著，说明中西部地区的上市A股企业的金融化水平在税收优惠影响企业创新中具有更加显著的促进作用。

（3）税收优惠对企业创新的影响受管理层的持股比例影响

以管理层持股的中位数为标准分成两组进行回归分析，发现公司的金融化水平随着管理层的持股比例的降低而提高。

根据以上分样本回归结果，税收优惠对A股上市企业的研发投入强度的促进作用受企业产权性质、企业所处地理区域和管理层持股比例高低的影响，其影响在金融化水平弱组的显著性更高，而在强组的显著性不高，说明企业金融化显著影响着税收优惠对企业创新的促进作用。因此，为了验证企业金融化在税收优惠影响企业创新的过程中是否发挥中介作用，下文将对企业金融化这一变量进行进一步回归分析，如表12-5所示。

表12-5　　中介机制回归结果

	(1) rd	(2) rd	(3) rd	(4) rd	(5) lnrd1	(6) rd
TAX	0.0172 *** (−4.6128)	0.0156 *** (−4.3322)	0.0206 *** (−4.8363)	0.0203 *** (−4.5138)	0.3608 *** (−3.4418)	0.0229 *** (−5.2509)
FIN			0.0401 *** (−3.5201)	0.0448 *** (−3.6975)	−1.4629 *** (−5.1851)	0.0366 *** (−3.1411)
FINTAX			−0.1227 ** (−2.1483)	−0.1204 ** (−1.9849)	2.3324 * (−1.6503)	−0.1436 ** (−2.4580)
SIZE		−0.0005 (−0.7416)	−0.0046 *** (−7.0966)	−0.0007 (−1.0624)	0.9732 *** −61.6821	−0.0014 ** (−2.3034)

续表

	(1) rd	(2) rd	(3) rd	(4) rd	(5) lnrd1	(6) rd
LEVER		-0.0693*** (-16.3438)	-0.0652*** (-15.9327)	-0.0664*** (-15.3497)	-1.3803*** (-13.7018)	-0.0787*** (-19.3139)
ROA		0.0003* (-1.6822)	0.0002 (-1.0578)	0.0003 (-1.6354)	0.0070* (-1.9537)	0.0002 (-1.2381)
AGE		0.0033 (-1.5948)	-0.0234*** (-10.9432)	0.0026 (-1.2548)	0.2839*** (-5.9431)	-0.0057*** (-3.1042)
_CONS	0.0428*** (-53.4621)	0.0755*** (-5.2815)	0.2360*** (-15.9695)	0.0789*** (-5.5054)	-3.7089*** (-11.1107)	0.1233*** (-9.4931)
N	4440	4440	4440	4440	4428	4440
模型设定	FE	FE	FE	FE	FE	RE
个体固定效应	*Y*	*Y*	*N*	*Y*	*Y*	*N*
时间固定效应	*Y*	*Y*	*Y*	*Y*	*Y*	*N*
R^2	0.0052	0.0797	0.1605	0.0829	0.5194	0.0784

注：①***、**和*分别表示通过1%，5%和10%的显著性检验；②括号内是对应的 *t* 检验值；③“FE”和“RE”分别表示固定效应模型和随机效应模型。

在对我国上市公司“金融化”的影响进行的实证研究中，模型(3)—模型(6)中，中介变量（*FIN*）和交叉项（*FINTAX*）都是显著的，表明企业金融化起到了中介作用。其中，在模型（3）和模型（4）中，交叉项的系数都能在5%的置信水平下显著，且都是负数，说明企业金融化的抑制能够增加企业研发投入强度，其抑制作用能够增强税收优惠对企业创新的作用。

模型（5）是将被解释变量替换为公司研发成本对数进行的稳健性测试，而模型（6）是将该模型设置为随机效果模型而进行的稳健性测试。两种稳健性检验的结果均显著，说明了本部分研究的实证分析结论是正确的。由此，假设 H2 得以验证。

12.5　结论及政策启示

本书揭示了研发和创新政策的信号功能及创新情境与实体企业金融化的匹配。以往关于研发的税收奖励计划政策效应的研究散见于创新经济学、公司金融和组织行为学领域，但缺乏从信号功能角度对研发的税收奖励计划政策效应的针对性考察。并且，由于缺乏数据和与估算的内生性有关的问题，这些计划的有效性证据有限。本部分研究发现了税收优惠对企业研发的影响是正向积极的，且发现了研发和创新政策的信号功能的关键情境因素。与企业金融化程度低的企业相比，企业金融化程度高的企业在税收优惠促进企业创新的影响中发挥着更为重要的作用。这显示了间接财政研发资助所代表的“质量信号”在企业的创新融资中具有重要的解释力。本部分研究的实证结果表明，发挥产业政策的信号功能集聚社会创新资源，构建财政资金的创新融资引导机制，是政府推动创新驱动发展战略的必经之路。

本书通过对比分析，探索了研发和创新政策的信号功能及其情境适用性。从分样本回归的结果来看，企业股权性质、企业所处地理位置和管理层持股比例高低、企业经营状况（比如资产负债率、企业规模、总资产收益率等指标）也是企业创新的重要影响因素。税收优惠可以激励企业经营投资并缓解企业融资约束，产生“投资替代效应”，削弱企业的“金融化”，产生“蓄水池”作用，进而促进企业创新。当前，科技成果产业化前期的资金要求金额逐渐加大，单纯依靠国家投入已不现实，且理论界对政府补助资金的“馅饼”抑或“陷阱”效应争论已久且还在持续发酵，所以要充分考虑财政介入创新驱动发展战略的恰当方式、程度与时机等重要问题，更好发挥“信号功能”。

本书对实体企业金融化以及市场失灵的研究进行了有益的补充。当前，在国际贸易摩擦不断升级和国内市场需求渐趋饱和的双重压力下，加之实业投资回报率不断下滑，许多实体企业进行金融化转型。而这正说明企业创新过程中出现了知识市场和资本市场的双失灵。知识市场失灵可用财政资金去弥补创新成本从而增强企业的创新意愿，而资本市场的核心要素是信息，资本市场失灵的解决之道在于有效发挥信息机制。而国内相关研究未能跟上企业实践的步伐。本书揭示了企业创新活动中政企博弈逻辑下财政资助行为的市场效应。由于存在“扶弱”和“培优”两种规则的权衡，“培优”规则下的财政研发补贴信息公告能增进创新资源配置效率；而“扶弱”倾向下的财政 R&D 资助对于市场投资者是信息噪音，会误导其投资决策，从而损害资本市场的资源配置效率。

第 13 章

结　　语

13.1 主要结论

伴随国家创新发展改革的逐步深化，创新的“瓶颈”问题也日渐凸显。企业不仅依然存在着创新动力不足的问题，在为创新进行外部融资时，也依然面临着诸多现实的困境。创新企业不仅面临高企的市场融资成本，甚至难以获取到有效的外部融资渠道，创新资金的约束问题严重阻碍了国家创新驱动发展战略的深入推进。基于上述现实背景，各国政府都在积极干预创新融资市场，为企业提供融资支持。然而，受制于信息不对称问题，不论是市场还是政府的创新资金供给，都面临着较高的逆向选择风险。除了知识市场的失灵，在企业的创新融资上还存在严重的资本市场失灵。

然而，在以企业获取的政府补贴认证信息向市场传递信号方面，既有研究针对这一特殊信号所能产生的企业、政府与市场间的信息与资源交互机制的探讨尚不充分，且研究结论也尚存争议，本书亦对此进行了理论与实证两个方面的补充与完善。

本书针对企业创新活动普遍面临的融资约束问题，尝试从缓解信息不对称的视角，探讨企业创新信号传递引致资本市场创新融资的基本原理与内在机制。具体地，围绕企业为获取创新资金而采取的创新信号传递行动展开理论与实证探讨，并尝试提炼出一套针对企业创新信号传递的管理实践方案和与之配套的制度安排建议。针对企业创新信号传递与对来自政府与对市场两方面的创新融资反馈的深入探索，有助于帮助企业通过主动创新来传递积极信号、获取创新资源，由此改善创新活动所面临的现实困境，并最终得以助推国民经济向创新驱动的增长路径持续发展。以期抛砖引玉。

本书的主要结论有以下几点。

13.1.1 财政 R&D 资助具有信号功能

中国财政 R&D 资助体系是资金流和信息流的集合体。从宏观上看，财政 R&D 资助体系包括两大特征，一是资助方向，二是资助强度。它们会影响企业创新行为，进而影响创新融资。从微观上看，财政资金流是财政 R&D 资助体系形成和发展的条件，它内生的资金流和信息流引导创新资源集聚。

本书的第 3 章通过理论基础、文献分析了各类财政 R&D 资助间存在基于创新的功能分工以及功能分工产生的内在机理以及基本条件，并剖析了这种功能分工如何引导长期创新融资。具体来说，在财政 R&D 资助结构既定、拥有多个资助方向的条件下，财政 R&D 资助具有信号传递作用，并起到对企业创新的融资效应，具体来说，财政 R&D 资助体系由各种创新方向的资助构成。财政 R&D 资助方向向市场传递了新时期中国科技发展的方向和重点领域，是产业布局战略规划，客观上是对受资助项目的技术发展前景和市场潜力进行价值认证，这会对企业以及市场投资者产生影响。

本书的第 4 章通过典型事实呈现了财政 R&D 资助强度对企业创新融资的信号传递机理。具体来说，我们考察以下内容：①基于集聚经济和拥挤效应的合力，财政 R&D 资助强度的优化如何促进新技术的开发，进而推动外部融资。②基于风险共担与技术分工的权衡，财政 R&D 资助强度的优化如何促进新技术的应用，从而推动外部融资。③基于竞争效应和逆向外溢的合力，财政 R&D 资助强度的优化如何加快新技术的引进和吸收，进而推进外部融资。得到的基本结论是：财政 R&D 资助强度通过引导财政资金流的集散向市场释放了受资助企业的技术创新能力水平、受资助项目的技术质量、创新价值等方面的软信息和隐性知识，增强了企业创新方面的信息透明度，降低了信息不对称程度。如果财政资金流集中于少数企业，将增强市场对企业创新价值和潜力的信任，从而带来创新要素的集聚和创新资金的扩大，有利于分散创新风险，并促进竞争，因此，集聚会推动创新。而由于拥挤效应、难以在企业间形成“创新—应用”的分工格局和逆向外溢等原因，垄断也会阻碍创新，最终将影响企业的创新融资。

本书的第 5 章主要是通过理论模型推演财政 R&D 资助变动对企业创新融资的信号传递机理。已有研究认为，中国财政 R&D 资助存在“培优”和“扶弱”这两类规则的权衡，二者都有助于企业的创新融资，但创新资源配置效率迥异。基于以上的认识，这章理论模型的构建思路是：从财政 R&D 资助动机切入，考察中国财政 R&D 资助“培优”和“扶弱”这两类规则间的权衡是否影响中国财政 R&D 资助的信号配置效率，据此整合中国财政 R&D 资助变动、信号传递机制与企业创新融资的相关研究，验证中国财政 R&D 资助的信号传递机制的经济效果。最后的模拟结论是：若“培优”倾向更重，则财政 R&D 资助信息将对创新融资市场发送有用、有价值的质量信号，能有效引导创新资源配置；若“扶弱”动机更明显，则财政 R&D 资助信息对于处于信息劣势方的市场投资者而言是信息噪音，会增加他们的信息甄别成本，从而降低创新资源配置效率。

这几部分的结论提示了这样的事实：当前新常态下财政高研发投入和低劳动生产率并存的难题，亟需优化企业间财政 R&D 资源配置。中国地方政府日前严峻的企业间财政 R&D 资源错配问题与知识市场失灵（尤其是信息不对称）有关，需要进一步规范财政 R&D 资源资助过程中企业研发信息的披露问题、树立引导企业 R&D 投入的社会融资机制，使得地方政府的财政 R&D 资源配置遵循科研规律以及科技市场的资本运作规律。至于如何落实这个政策导向，有待进一步研究。

13.1.2 财政 R&D 资助的信号功能有助于提高企业的研发融资

相对于发达国家，中国面临着迥异的市场环境与政府角色，财政 R&D 资助的信号功能具有一定的复杂性。

一方面，财政 R&D 资助基于科学严密的项目筛选论证程序（包括事前全面审查评估、事中信息公开以及事后的动态监督管理）以及社会规划者独特的身份优势（包括信息优势、专家库技术优势和国家信用优势），使得政府能够较准确地识别企业真实质量和投资价值（Feldman 和 Kelley，2006；Kleer，2010），财政 R&D 资助信息公告会提供受资助企业的技术创新能力水平、受资助项目的技术质量、发展前景、经济贡献等方面的信息披露认证、创新质量认证以及隐性信用担保，有助于企业吸引外部资金，缓解融资约束，具有信号功能（郭晓丹和何文韬，2011；Soderblom 等，2015；杨洋等，2015；王刚刚等，2017；郭玥，2018）。

另一方面，由于政府资助目的多元化、政企投资逻辑的不一致且政府传递信息存在局限性，财政资助信息未必能增加企业的外部融资（Jaggi 和 Baydoum，2001；Riedl 和 Srinivasan，2007）。而且，就创新融资的市场配置效率而言，中国的财政资助存在“扶弱”和“培优”两种规则的权衡（唐清泉和罗党论，2007；朱松和陈运森，2009；邵敏和包群，2011；孔东民等，2013），“培优”规则下的财政研发补贴信息公告能增进创新资源配置效率（Feldman 和 Kelley，2006；谢小芳等，2009；Kleer，2010）；而“扶弱”倾向下的财政 R&D 资助对于市场投资者是信息噪音，会误导其投资决策，从而损害资本市场的资源配置效率（林南，2004；李敏才和刘峰，2012）。

因此，本书用了四个章节从各个角度实证中国治理背景下的财政 R&D 资助的信号效应实际经济效果。

本书的第 6 章基于财政 R&D 资助的信号属性，实证财政 R&D 资助是否推动了企业的研发投资，故此，本章运用 2012—2019 年中小板上市企业数据探讨政府创新资助促进中小板上市企业 R&D 投资的信号功能的逻辑机理。实证结果表明：全样本来看，政府创新资助与中小板上市企业 R&D 投资显著正相关；分样本而言，政府创新资助对中小企业 R&D 投资的拉动效果与企业股权性质、资产负债率水平及利息保障倍数大小有关，融资约束是政府补助效果的关键中介变量。将融资约束作为解释变量加入实证模型中进一步研究发现，政府创新资助大大缓解了中小板上市企业的外部融资约束，外部投资者显著提升了中小企业的 R&D 投资。本章的研究结论丰富了该主题在中小板市场的相关研究，有利于政府充分发挥产业政策的作用，使政府补助资源效用最大化。

本书的第 7 章以政府补助的信号传递机制和信息不对称理论为理论基础，利用 2012—2019 年非金融类沪深 A 股上市企业为研究样本探讨财政 R&D 资助对风险投资的影响，并分析了二者之间的关系。研究结论显示：财政 R&D 资助与风险投资的持股比例呈显著负相关，而与风险投资的投资规模呈显著正相关，风险投资与政府创新资助具有协同效应，结论显著且稳健。

本书的第 8 章利用中国 A 股上市公司 2007—2023 年金融、财务数据，通过构造信息不对称指数进一步验证信号效应，并对不同子样本进行了异质性检验，此后，进行了稳健性检验。研究发现：①财政 R&D 资助有助于缓解信息不对称。二者呈现显著的负向关系，结论在 1% 显著度下成立。这进一步说明了财政 R&D 资助信号效应核心内涵的成立。②财政 R&D 资助的信号效应存在异质性。③财政 R&D 资助的信号效应结论稳健。

本书的第 9 章利用国民经济产业编码中的二分位产业中的全部国有企业与规模以上非国有企业数据，考察了财政 R&D 资助偏祖性以及变动对于产业 TFP 的影响效应。实证结果表明：就全样本而言，财政 R&D 资助偏向与产业 TFP 之间呈现正相关关系，且排除了反向因果关系，结论稳健。就分样本（垄断产业与竞争产业、高价值链产业与低价值链产业）而言，竞争产业与高价值链产业并没有出现财政 R&D 资助的调整与全要素生产率的波动性之间存在显著的正向相关关系；在垄断产业与低价值链产业，产业财政 R&D 资助的调整幅度越高，全要素生产率的波动性更强，且均通过了 5% 的显著性水平检验。就传导机制而言，政府冲击型财政 R&D 资助对所有产业的全要素生产率都有效应，而国际贸易冲击型财政 R&D 资助主要通过低价值链产业的要素重置来推动产业的全要素生产率波动。

这几部分的结论提示了这样的事实：中国的财政 R&D 资助的信号功能确实有助于企业获得各种渠道的创新资源。财政 R&D 资助向市场投资者释放受资助企业创新的积极信号。然而，就创新融资的市场配置效率而言，中国的财政资助存在“扶弱”和“培优”两种规则的权衡，“培优”规则下的财政研发补贴信息公告能增进创新资源配置效率；而“扶弱”倾向下的财政 R&D 资助对于市场投资者是信息噪音，会误导其投资决策，从而损害资本市场的资源配置效率。

13.1.3 财政 R&D 资助信号效应发挥渠道多元化

已有文献为我们提供了深刻的洞见，但也存在着“重实证分析，轻机制探讨”的不足。在信号功能视角下，围绕财政 R&D 资助方向和财政 R&D 资助强度对企业创新融资效应的影响，已有研究以实证居多，在影响路径和作用机制上探讨不足，且未能充分考虑新常态下产业政策中“有限有为政府”定位的现实背景，研究结论的适用性存在局限，也缺乏有针对性的政策评估与设计。

鉴于此，本书这部分以既有成果为起点，在以下方面寻求推进：一是机制分析。从财政 R&D 资助体系的结构特征和微观条件着手，搭建信息视角下评估财政 R&D 资助绩效以及提升创新资源配置效率的研究框架。二是现实背景。紧扣新常态下中国财政R&D资助体系变迁、企业创新环境和创新资源配置效率的特征事实，发掘中国财政R&D资助引导社会融资机制的优化路径，为促进创新驱动战略提供政策指引。

而本书之前的章节考虑到异质性，这其实显示了中国财政R&D资助的信号效应发挥渠道的多元化。故此，其后的章节，本书开始探讨具体的传导机制。

本书第10章利用中国A股上市公司2007—2023年金融、财务数据，通过盈余管理视角分析社会投资者跟投的机制。具体来说，首先，在PSM合理匹配财务亏损企业和非财务亏损企业之后，总体分析了财政R&D资助的信号效应；接着，分析了子样本（机构投资者和个人投资者的区别，财务亏损企业与非财务亏损企业的区别）的信号效应的异质性；紧接着，通过将盈余管理（应计盈余管理和真实盈余管理）变量加入模型并构造交互项，从而验证了盈余管理的影响机制；最后，做了稳健性检验。

研究发现：①财政R&D资助总体上依然有信号效应，能引起社会投资者的跟投。二者呈现显著的正向关系，结论在1%显著度下成立。这进一步说明了财政R&D资助信号效应核心内涵的成立。②财政R&D资助的信号效应存在显著的异质性。机构投资者会仔细甄别财务困境企业和非亏损企业的差异，而个人投资者则未加区分；对于扶持类和奖励类以及第一产业类和第二产业类的财政R&D资助的信号效应存在分化。③财政R&D资助会同时释放“未来前景利好”的信号以及“财务风险提示”信号，盈余管理是关键的中介变量。当企业采用真实盈余管理之后再去公布财政R&D资助，其信号效应非常显著，说明真实盈余管理通过粉饰和美化财务数据，会引起社会投资者的非理性跟投。

以上结论在更换盈余管理变量的度量方式以及替换子样本之后，结论依然稳健。

本书的第11章结合了信号传递理论、国家创新系统理论与社会关系理论等多重理论视角，探讨了企业向市场传递权威性补贴认证信号的融资反馈效应，同时对“入门槛效应”机制进行了检验和稳健性检验。

研究发现：①财政 R&D 资助总体上依然有信号效应，能引起社会投资者的跟投。二者呈现显著的正向关系，结论在 1% 显著度下成立。这进一步说明了财政 R&D 资助信号效应核心内涵的成立。②财政 R&D 资助的信号效应存在显著的异质性。是否获得财政 R&D 资助与获得多少财政 R&D 资助的融资效果存在显著差异。这说明，财政 R&D 资助的信号效应的核心机制在于“入门槛效应”机制。③财政 R&D 资助的意义主要是降低了信息不对称。

以上结论在更换盈余管理变量的度量方式以及替换子样本之后，结论依然稳健。

本书第 12 章结合了信号传递理论、国家创新系统理论与社会关系理论等多重理论视角，探讨了企业向市场传递权威性补贴认证信号的融资反馈效应，同时对“信用信息”机制进行了检验和稳健性检验。

研究发现：财政 R&D 资助可以通过缓解研发融资的供求双方信息不对称从而缓解融资约束；财政 R&D 资助可以缓解上市公司违约概率的恶化，从而提高了信用评级的可信度；信用等级（违约概率）在财政 R&D 资助与融资约束之间起到中介作用。以上结论在更换盈余管理变量的度量方式以及替换子样本之后，结论依然稳健。

这几部分的结论提示了这样的事实：中国的财政 R&D 资助的信号功能发挥渠道存在多元化，这提醒我们：①基于财政 R&D 资助体系的结构与变迁，将信息传递机制的思路整合到创新驱动发展战略的实践中，为在财政治理过程中探索行之有效的创新促进模式、构建开放高效的创新资源信息共享网络提供新的实践思路。②从企业发布创新信息的动机着手，对财政 R&D 资助政策的效果进行评估，能揭示新型财政治理策略、创新驱动发展战略和供给侧改革的关联，实现政策联动，为提升财政 R&D 资助效率、激发企业创新活力、优化创新资源配置效率提供政策支持。③财政 R&D 资助信号效应的发挥除了信息传递机制、价值认证机制外，还有信任背书的渠道，通过向市场投资者释放受资助企业创新的积极信号，降低外部投资者对企业的风险评估，有利于企业外部融资。

13.2 政策启示

基于财政 R&D 资助对企业创新融资的形成机制、经济效应的结论，本书提出以下启示。

（1）就财政 R&D 资助信号功能的形成机制而言，在中国当前的政治经济体制下，政府在经济发展中起着十分重要的作用。就财政 R&D 资源效率而言，政府对 R&D 资源的规划、管理与干预，影响了财政 R&D 资源要素的使用效率。因而，优化资源配置，一方面是要加快政府职能由“管理型”向“服务型”转变。改革开放后，我们国家的党代会报告中的基本思想是：正确处理政府和市场的关系，尊重市场规律。另一方面，改变政府官员晋升的考核机制，从源头上遏制官员干预要素配置的动力。第一，要加强教育培训，帮助官员树立效率思维，改变过去“所有制歧视”“规模歧视”“预算软约束”的简单思维方式，转变为提高经济质量的 TFP 上来。第二，构建多重政绩考核体系。多年来，GDP 单一考核机制使得官员有意无意地通过扭曲资源的配置，进行过度投资，从而损害经济运行的效率。建议政府应当对官员的政绩考核指标进行改革和完善，可以借鉴国际上有用的经验，例如，在设定考核值指标时加入 TFP 的增长率目标，因为 TFP 的增长更加依靠效率、技术进步，以 TFP 为核心的考核有助于要素的优化配置和经济的长期高效发展。

基于此，政策建议有以下几点。

其一，要继续深化产权的改革。要更加重视对中小企业、小微企业的财政 R&D 资源支持；构建一个科学的、信息化的有关劳动力和资本的财政 R&D 资源错配监测平台。由各级人力资源和社会保障部门和各级金融办牵头，首先建立各种所有制企业信贷信息和劳动力信息数据平台，并通过互联网实现数据共享和信息化管理。这样实时、全面反映资本和劳动力的配置状况和要素成本，既能为管理层的决策提供参考，又能为资本和劳动力的流动指引方向。其次，加强各部门的交流与合作，争取做到监测不重复不遗漏，为信息平台的使用者提供咨询和培训。最后，设立财政 R&D 资源错配程度的监测预警，对于财政 R&D 资源错配系数超过临界值的地区（产业），要及时有针对性地作出反应，避免错配程度的继续加深。

其二，完善财政 R&D 资源配置资金的分配机制，对资金进行监督和规范管理，一方面增强地方政府的执行力，另一方面用于对比评估资金拨付后的使用效果。瞄准财政 R&D 支出对微观企业创新能力、中观产业结构优化升级以及宏观经济稳定的作用机制，着力提升财政 R&D 支出的配置和使用效率。微观层面根据市场发展状况调整政府补助规模，在一定规模内，合理配置政府补助资源，持续加大财政 R&D 支出力度，提高财政 R&D 支出的配置效率促进企业的创新能力；通过打出“组合拳”确保产业结构高度化和合理化进程，推动产业结构优化升级。进一步优化财政 R&D 支出的内部结构。由于不同类型财政 R&D 支出对产业结构优化升级的效应存在差异，因此，在增加财政 R&D 支出的同时应该分清轻重缓急，力争“好钢用在刀刃上”；被偏向区域、产业的地方政府应增强当地微观主体的创新能力，营造创新的制度环境，有效规避“转型激励陷阱”。

其三，除了优化财税制度和政策安排外，还必须发挥市场机制的作用，建立对地方政府与官员的长期激励机制，着力提高技术进步与生产率。强调“有效市场与有为政府”，合理界定市场和政府在产业结构优化升级中的角色定位。充分发挥市场“看不见的手”与政府“看得见的手”的协同作用。比如：根据市场化规律与趋势去配置产业之间的比重，优化产业间的结构比例。以往的政策中为了扶持“主导产业”或者“重点产业”，政府倾向于直接进行大量的财政资金支持或者税收、土地等优惠政策，这些获得扶持的某一类或某一些产业得到了大量的倾斜型资源。尽管政府是出于“引导产业结构优化升级”的初衷，但是，由于行政指令违背了市场规律，政府干预的结果反而是资源错配的根源之一。因此，尽量减少政府干预，少出台违背市场规律的创新战略或者倾向性产业政策，更加尊重资本市场的规律，逐步推进研发创新资源以及要素的市场化程度，降低产业间研发资源的再配置障碍，从而矫正产业间财政 R&D 资源错配，推动我国经济持续、健康、稳定地增长。

（2）就财政 R&D 资助信号功能的实施效果而言，是有效的信息传递工具，能显著促进创新融资。由于财政 R&D 资助机构的特殊性，其具有信息优势、能力优势以及专家团队优势，且具有结构洞优势，因此能较好传递积极信号，可以显示被资助企业内部质量优良以及得到政策支持偏好。这种积极的信号更易被外部资金供给者接收并认可。实证结果也显示：财政 R&D 资助信号功能可以有效降低研发融资供求之间的信息不对称，增加研发融资的概率以及额度。

因此，作为政策层面，需要完善第三方权威认定政策，具体来说有以下几点。

其一，确保高新认定能够准确反映企业创新质量，持续发挥资本市场信号作用。这就需要进一步完善高新认定的遴选机制，优化遴选指标。

其二，完善中介机构监管机制。由于资本市场将以此为重要依据，因此，政府应加强对资本信用评估中介机构的监管。

其三，完善专家审核机制。专家审核是财政 R&D 资助信号功能中最核心的环节。因此，政府应完善专家审核机制，比如建立动态的专家库，推行专家盲审机制，避免专家垄断与合谋，提高项目评估的权威性与独立性。最后，建立专家评审意见复核制度，对严重失当的专家列入黑名单以及禁入机制。

（3）财政 R&D 资助信号功能的实施依托于良好的外部制度环境以及政策的一致性。这从财政 R&D 资助的调整效应以及政府官员调整效应章节的实证结论可知。值得说明的是，针对科技型企业融资难融资贵的难题，尽管已经构建起多层次资本市场体系，但这些市场的管理运行机制依然存在不适应的地方。比如科技型中小企业很难达到入市标准，从而无法发挥这些平台的融资功能，再如科技型中小企业的资产质量和财务信息不符合现行传统债券市场和产权交易市场的授信要求，从而无法为科技型中小企业提供直接融资服务。由此得到以下启示。

其一，优化外部融资环境。宏观方面主要表现为健全信息网络、发展金融中介机构、完善知识产权保护和资本市场发展以及完善高新认定政策等。

其二，搭建科技型中小企业信息共享平台，建立健全科技型中小企业信用评级以及增信机制，探索知识产权证券化、知识产权抵押融资等新模式，盘活科技型中小企业的知识产权、发明专利等无形资产，为知识产权向资本的转化提供新路径，增加融资来源。

13.3 进一步研究的方向

虽然本书在已有文献的研究基础上，就财政 R&D 资助对企业创新融资的影响机制从理论与实证方面，就资助强度、资助方向以及资助的变动三个维度进行了比较全面的分析，这对于理解当前财政引导社会科技资源配置的形成机制、经济效应以及优化路径具有一定的积极意义。然而，客观来讲，本书受到篇幅、时间以及作者研究水平所限，很多问题尚未能展开充分的讨论，并且在实证方案和研究深度上依然存在局限性。本书仅是一个阶段性的研究成果，其中还存在一些不足，需要在以后的研究中进一步完善与补充。

第一，本书主要基于信息经济学研究范式论述企业信号，暂未涉及基于社会学研究范式的“声誉”信号问题，未来可作为本书的理论与实证拓展方向。同时，本书主要基于信号传递理论、国家创新系统理论与社会资本理论来构建理论分析框架，然而体制理论关于强制或模仿同形化压力、体制正当性等理论视角，以及资源依赖理论关于组织间权利关系不对等程度等理论视角，也提供了关于企业、政府、市场间信息与资源交互机制的有力解释路径。如何更好地将这些理论视角引入既有的理论分析框架，提升该框架对本书主题的解释力，是未来研究中可以继续努力的方向。

第二，本书主要研究企业如何传递政府认证信号并获取市场融资反馈两部分内容，尚未充分探讨政府机制、企业与市场机制三方如何共同作用来实现创新信号传递并获取创新融资反馈。例如企业除了可以获取到政府权威性补贴的认证信号，还可能同时获取金融中介机构的投资背书，这种来自政府与市场综合作用下的企业创新信号传递，在什么情况下可以带来显著更强的融资反馈效果，而什么情况可能产生消极影响，此类问题值得未来进行更加深入的理论机制研究与实证探索。

第三，在企业与政府间的信号传递与反馈的实证设计中，未能实现针对不同信号选择类型的对比分析。企业如果纳入2—3种不同类别的信号手段，将可以更好地对不同类型的企业信号可能产生的效应做出基于实证的评估总结，并进一步讨论政府之于不同信号传递手段的差异化反馈机制。与此同时，本书在企业与市场间的信号传递与反馈的实证设计中，未能对信号传递受到内外部因素影响的理论基础展开充分讨论，仅作为分组讨论来展现是比较可惜的，未能进行从理论分析到研究假设到实证检验的规范分析过程，在未来研究中，笔者会循着这一思路继续探索下去。

第四，本书的研究范畴仅限于对企业信号传递获取创新融资的探讨，并未涉及对创新融资反馈带来的创新产出的讨论。探讨创新产出才能完成针对信号接收者关于初始信念是否与实际相符的研究闭环。也就是说，本书虽然检验了信号接收者是否依照自身信念基于获取的创新信号执行创新资源的反馈分配，却未能验证这种初始信念是否与企业实际的创新能力或创新产出能力是相符合的。若信号接收者发现自身秉持的信念与实际产出并不相符，那么自然会修正初始信念，原有的信息与资源交互机制也就将不复存在。在未来的研究中，笔者也会循着这一思路继续探索。

第五，受现有统计数据的限制，本书事实描述对产业指标的测算以及实证部分的变量数据均采用的是 1998—2007 年中国工业企业数据库，由于目前可获得工业企业数据库的时间跨度为 1998—2009 年，2008 年和 2009 年的数据质量较差，因此面板数据的时间较短，只能描述 10 年的变化趋势及财政 R&D 资源错配与全要素生产率波动的关系，后续研究如果有条件应该将研究范围拓展到近期，结果可能相似或有差别，这也是今后继续研究的过程。

第六，本书默认政府发送的创新信号传递满足信号传递有效性三个前提要求，即信号存在共知性合理信念、具有可识别性、满足可分离条件，默认企业根据自身能力类型并综合评估当前的信号类型、信号质量、信号传递对象等信息，对所选创新信号的成本与收益进行比较分析，由此做出最优的信号决策。然而，根据（Hopenhayn，1993）的研究结果，企业能否自由进入和退出机制是要素流动摩擦影响经济效果的重要的内生因素，如果在模型中加入此因素，将会放大初始冲击对于创新融资的影响。把以上内容的变动纳入统一的框架进行分析，这将是我们下一步研究的重点。

参考文献

[1] 白俊，连立帅．信贷资金配置差异：所有制歧视抑或禀赋差异？[J]．管理世界，2012（06）：30－42，73.

[2] 陈东琪．进一步转变政府经济职能的若干设想［J］．中国青年政治学院学报，2002（01）：76－81.

[3] 陈永伟，胡伟民．价格扭曲、财政R&D资源错配和效率损失：理论和应用［J］．经济学（季刊），2011（04）：1401－1422.

[4] 邓建平，曾勇．金融关联能否缓解民营企业的融资约束[J]．金融研究，2011（08）：78－92.

[5] 邓翔，李双强，李德山．政府采购、融资约束与企业创新［J］．科技进步与对策，2018，35（12）：92－98.

[6] 傅利平，李小静．政府补贴在企业创新过程的信号传递效应分析——基于战略性新兴产业上市公司面板数据［J］．系统工程，2014，32（11）：50－58.

[7] 高强，张旭丽，孙志梅．高新技术企业认定专项审计质量探究[J]．财会通讯，2015（25）：106－107.

[8] 郭春野，庄子银．知识产权保护与“南方”国家的自主创新激励［J］．经济研究，2012（09）.

[9] 郭丽虹，徐晓萍．中小企业融资约束的影响因素分析[J]．南方经济，2012（12）：36－48.

[10] 郭研，刘一博．高新技术企业研发投入与研发绩效的实证分析——来自中关村的证据［J］．经济科学，2011（02）：117－128.

[11] 郭玥．政府创新补助的信号传递机制与企业创新［J］．

中国工业经济，2018 (09).

[12] 国家计委，科技部，中国科学院“赴美创业投资基金考察团”. 美国创业投资基金产业的发展及其借鉴意义 [J]. 投资与证券，1999 (08): 117 - 126.

[13] 韩国珍，李国璋. 财政 R&D 资源错配与中国工业增长 [J]. 经济问题，2015 (01): 69 - 76.

[14] 雷根强，郭玥. 高新技术企业被认定后企业创新能力提升了吗——来自中国上市公司的经验证据 [J]. 财政研究，2018 (09): 32 - 47.

[15] 李科，徐龙炳. 融资约束、债务能力与公司业绩 [J]. 经济研究，2011, 46 (05): 61 - 73.

[16] 李莉，高洪利，陈靖涵. 中国高科技企业信贷融资的信号博弈分析 [J]. 经济研究，2015 (06): 162 - 174.

[17] 李莉，闫斌，顾春霞. 知识产权保护、信息不对称与高科技企业资本结构 [J]. 管理世界，2014 (11).

[18] 李彰，苏竣. 政府研发资助信号功能的实证研究：基于 863 计划的分析 [J]. 中国软科学，2017 (02): 54 - 65.

[19] 梁榜，张建华. 中国普惠金融创新能否缓解中小企业的融资约束 [J]. 中国科技论坛，2018 (11): 94 - 105.

[20] 林毅夫，李永军. 中小金融机构发展与中小企业融资 [J]. 经济研究，2001 (01): 10 - 18, 53 - 93.

[21] 刘志伟，王大鹏，刘澄. 政府的公共补贴对风险投资的促进作用 [J]. 管理学报，2007, 4 (06): 833 - 838.

[22] 卢君生，张顺明，朱艳阳. 高新技术企业认证能缓解融资约束吗? [J]. 金融论坛，2018, 23 (01): 52 - 65.

[23] 罗军. 融资约束与民营企业技术创新类型选择 [J]. 软科学，2018, 32 (01): 73 - 77.

[24] 马九杰，董琦. 中小企业信贷约束的成因与衡量：理论背景及分析框架 [J]. 中国软科学，2004 (03): 59 - 68

[25] 马莹，王永琦．高新技术企业认定存在问题及建议[J]．经济研究导刊，2012（30）：41－42.

[26] 毛其淋，许家云．政府补贴对企业新产品创新的影响——基于补贴强度“适度区间”的视角[J]．中国工业经济，2015（06）.

[27] 梅冬州，王子健，雷文妮．党代会召开、监察力度变化与中国经济波动[J]．经济研究，2014（03）：47－61.

[28] 石晓军，张顺明．商业信用、融资约束及效率影响[J]．经济研究，2010，45（01）：102－114.

[29] 宋华，杨漩，喻开．信息不对称下中小企业如何获得融资绩效[J]．中国流通经济，2017（09）：89－99.

[30] 孙刚，孙红，朱凯．高科技资质认定与上市企业创新治理[J]．财经研究，2016，42（01）：30－39，82.

[31] 孙刚．“科技认定”、代理成本与创新绩效——基于上市公司专利申请的初步证据[J]．科学学研究，2018，36（02）：249－263.

[32] 孙慧，王慧．政府补贴、研发投入与企业创新绩效——基于创业板高新技术企业的实证研究[J]．科技管理研究，2017，37（12）：111－116.

[33] 唐清泉，肖海莲．融资约束与企业创新投资—现金流敏感性——基于企业R&D异质性视角[J]．南方经济，2012（11）：40－54.

[34] 王刚刚，谢富纪，贾友．R&D补贴政策激励机制的重新审视——基于外部融资激励机制的考察[J]．中国工业经济，2017（02）.

[35] 王立清，胡滢．供应链金融与企业融资约束改善——基于产融结合与战略承诺的调节作用分析[J]．中国流通经济，2018，32（06）：122－128.

[36] 王展祥，龚广祥，郑婷婷．融资约束及不确定性对非上市制造业R&D投资效率的影响——基于异质性随机前沿函数的实证研究[J]．中央财经大学学报，2017（11）：27－37.

[37] 温军，冯根福，刘志勇．异质债务、企业规模与 R&D 投入 [J]．金融研究，2011 (01)：167 - 181.

[38] 肖文，林高榜．政府支持、研发管理与技术创新效率——基于中国工业行业的实证分析 [J]．管理世界，2014 (04)：71 - 80.

[39] 肖兴志，王伊攀．政府补贴与企业社会资本投资决策——来自战略性新兴产业的经验证据 [J]．中国工业经济，2014 (09)：148 - 160.

[40] 谢海洋，曹少鹏，高敏．高科技资质认定政策有效性研究——基于双重差分 PSM 方法的检验 [J]．现代经济探讨，2017 (09)：75 - 82.

[41] 许玲玲，郑春美．高新技术企业认定公告的市场反应研究 [J]．科研管理，2016，37 (12)：1 - 9.

[42] 许玲玲．高新技术企业认定、制度环境与企业技术创新 [J]．科技进步与对策，2018，35 (07)：82 - 87.

[43] 严若森，姜潇．关于制度环境、政治关联、融资约束与企业研发投入的多重关系模型与实证研究 [J]．管理学报，2019，16 (01)：72 - 84.

[44] 阳佳余．融资约束与企业出口行为：基于工业企业数据的经验研究 [J]．经济学 (季刊)，2012，11 (04)：1503 - 1524.

[45] 杨国超，刘静，廉鹏，芮萌．减税激励、研发操纵与研发绩效 [J]．经济研究，2017，52 (08)：110 - 124.

[46] 馨乐．财政支持、企业家社会资本与文化企业融资——基于信号传递分析视角 [J]．金融研究，2015 (01)：117 - 133.

[47] 杨洋，魏江，罗来军．谁在利用政府补贴进行创新？所有制和要素市场扭曲的联合调节效应 [J]．管理世界，2015 (01)：75 - 86，98 - 188.

[48] 余明桂，回雅甫，潘红波．政治联系、寻租与地方政府财政补贴的有效性 [J]．经济研究，2010 (03)：65 - 77.

[49] 袁立华，张超林．银行业竞争、融资约束与企业技术效

率——基于随机前沿模型的实证检验［J］. 云南财经大学学报，2019，35（02）：70－79.

［50］庄子银．知识产权、市场结构、模仿和创新［J］. 经济研究，2009（11）.

［51］张国平，周俊．《新认定办法》对我国经济发达的县域高新技术企业的影响——以江苏常熟市为例［J］. 科技管理研究，2010，30（09）：30－33.

［52］张杰，芦哲，郑文平，陈志远．融资约束、融资渠道与企业R&D投入［J］. 世界经济，2012（10）：66－90.

［53］张佩，马弘．借贷约束与资源错配——来自中国的经验证据［J］. 清华大学学报（自然科学版），2012（09）：1303－1308.

［54］张晓玫，宋卓霖，何理．银企关系缓解了中小企业融资约束吗——基于投资—现金流模型的检验［J］. 当代经济科学，2013，35（05）；32－39，125.

［55］张子余，杨丹，张碧秋．高新技术企业资格认定过程中的费用操控行为研究［J］. 南开管理评论，2019，22（05）：155－164.

［56］张子余，张碧秋，王芳．高新技术企业认定过程中的会计信息质量研究［J］. 证券市场导报，2015（08）：9－14.

［57］赵语秋，席志国．高新技术企业认定申请中研发费用存在的问题探讨［J］. 科技创业月刊，2017，30（04）：24－26.

［58］郑烨，王焕．政府支持中小企业创新：理论基础、政策表征与作用路径［J］，现代经济探讨，2017，10：126－132.

［59］钟成林．科技型中小企业融资困境及金融支持政策研究［J］. 南京审计大学学报，2016（03）：96－104.

［60］周黎安，刘冲，厉行．财政R&D支出努力、征税机构与财政R&D支出增长之谜［J］. 经济学（季刊），2012（01）；1－18.

［61］周茄，刘斌，刘志成．地区劳动力流动、资产专用性与劳动者报酬——基于中国分省分产业的经验研究［J］. 南开经济研究，2012（05）：79－93.

[62] 朱建林．高新技术企业认定专项审计业务中若干具体政策把握问题探讨 [J]．中国注册会计师，2018 (08)：82 -84.

[63] 朱世香，张顺明．商业信用对银行信用的替代研究 [J]．经济经纬，2017，34 (05)：147 -152.

[64] 朱治理，温军，赵建兵．政府研发补贴、社会投资跟进与企业创新融资 [J]．经济经纬，2016，33 (01)：114 -119.

[65] 邹彩芬，刘双，代亚利．政府 R&D 补贴、企业技术创新及其创值能力研究 [J]．中国科技论坛，2014 (05)：20 -26.

[66] Acemoglu D, Shimer R J. Productivity Gains from Unemployment Insurance [J]. European Economic Review, 2000, 44 (07): 1195 -1224.

[67] Agell, J., H. Ohlsson, and Skogmann Thoursif P. Growth Effects of Government Expenditure and Taxation in Rich Countries: A comment European Economic Review, 2006, 50: 211 -218.

[68] Aghion B P, Howitt P, Murtin F. The Relationship Between Health and Growth: When Lucas Meets Nelson - Phelps [J]. Review of Economics and Institutions, 2011, 2 (01): 1 -24.

[69] Ahsan M, Musteen M. Multinational enterprises, Entry Mode Strategies and Uncertainly: A Review and Extension [J]. International Journal of Management Reviews, 2011, 13 (04): 376 -392.

[70] Aidt T S, Jensen P S. The Taxman Tools up: An Event History Study of the Introduction of the Personal Income Tax [J]. Journal of Public Economics, 2009, 93 (1 -2): 160 -175.

[71] Akerlof G A. The Market for "Lemons": Quality Uncertainty and the Market Mechanism [J]. The Quarterly Journal of Economics, 1970, 84 (3): 488 -500.

[72] Allen F, Qian J, Qian M. Law, Finance and Economic Growth in China [J]. Journal of financial economics, 2005, 77 (01): 57 -116.

[73] Almeida H, Campello M, Weisbach M S. The cash flow sensitivity of cash [J]. The Journal of Finance, 2004, 59 (04): 1777-1804.

[74] Amano R. Wirjanto T. Government Expenditures and the Permanent-Income Model, Review of Economic Dynamics, 1998, 1: 719-730.

[75] Amihud Y. Illiquidity and Stock Returns: Cross-section and Time-series Effects [J]. Journal of Financial Markets, 2002, 5 (01): 31-56.

[76] Ang J B. Do Public Investment and FDI Crowd in or Crowd out Private Domestic Investment in Malaysia? Applied Economics, 2009, 41: 913-919.

[77] Anna Brown. Graeme Wells. Substitution Between Public and Private Consumption in Australian States, Discussion paper, 2008.

[78] Aoki S. A Simple Accounting Framework for the Effect of Resource Misallocation on Aggregate Productivity [J]. Journal of the Japanese & International Economies, 2008, 26 (04): 473-494.

[79] Aoki S. Was the Barrier to Labor Mobility an Important Factor for the Prewar Japanese Stagnation? [C]. University Library of Munich, Germany, 2008.

[80] Arellano M, Bond S. Some Tests of Specification for Panel Data: Monte Carlo Evidence and an Application to Employment Equations. [J]. Review of Economic Studies, 1991, 58 (02): 277-297.

[81] Arellano M, Bover O. Female Labour Force Participation in the 1980s: the Case of Spain [J]. Invesigaciones Economicas, 1995, 19 (02): 171-194.

[82] Armey D. The Freedom Revolution [M]. Washington: Regnery Publishing, 1995.

[83] Arye L. Hillman. Public Finance and Public Policy: Responsibilities and Limitations of Government, Cambridge University Press, 2003.

[84] Aschauer D. Fiscal Policy and Aggregate Demand [J]. American Economic Review, 1985, 75 (1): 117 - 127.

[85] Asker J, Collard - Wexlerr A, De Loecker J. Productivity Volatility and the Misallocation of Resources in Developing Economies [J]. Cepr Discussion Papers, 2011.

[86] Asker J, Loecker J D. Dynamic Inputs and Resource (Mis) Allocation [J]. Journal of Political Economy, 2014, 122 (05): 1013 - 1063.

[87] Atkinson AB, Stiglitz J E. The Design of Tax Structure: Direct Versus Indirect Taxation [J]. Journal of Public Economics, 1976, 6 (1 - 2): 55 - 75.

[88] Bai C E, Hsieh C T, Qian Y. The Return to Capital in China [J]. Brookings Papers on Economic Activity, 2006, 74 (02): 61 - 102.

[89] Bailey M. National Income and the Price Level: A Study in Macroeconomic Theory, Second Edition [M]. New York: Mc Graw Hill, 1971.

[90] Baker M, Gom Per PA. An Analysis of Execu - tive Compensation, Ow nership, and Control in Closely Held Firms [R]. Boston: Harvard Business School, 1999.

[91] Baneqee AV, Duflo E, Munshi K. The (Mis) Allocation of Capital [J]. Journal of the European Economic Association, 2003, 1 (2 - 3): 484 - 494.

[92] Banerjee AV, Moll B. Why Does Misallocation Persist? [J]. American Economic Journal Macroeconomics, 2010, 2 (01): 189 - 206.

[93] Barro R J, Sala - i - martin X. Public Finance in Models of Economic Growth [J]. Review of Economic Studies, 1992, 99 (04): 645 - 661.

[94] Barro R J. Human Capital and Growth in Cross - country Re-

gression [J]. Economic Growth, 1999.

[95] Barro R J. Output Effects of Government Purchases [J]. Journal of Political Economy, 1981, 84: 343 - 350.

[96] Bartel A, Ichniowski C, Shaw K. How Does Information Technology Affect Productivity? Plant - Level Comparisons of Product Innovation, Process Improvement, and Worker Skills [C]. NBER Working Papers, 2005, 122 (04): 1721 - 1758.

[97] Bartelsman E J, Doms M. Understanding Productivity: Lessons from Longitudinal Microdata [J]. Journal of Economic Literature 2000, 38 (03): 569 - 594.

[98] Bartelsman E J, Haltiwanger J C, Scarpetta S. Cross Country Differences in Productivity: the Role of Allocation and Selection [J]. American Economic Review, 2013, 103 (01): 305 - 334.

[99] Battese G E, Coelli T J. A Model for Technical Inefficiency Effects in a Stochastic Frontier Production Function for Panel Data [J]. Empirical Economics, 1995, 20: 325 - 332.

[100] Bauer PW. Recent Developments in the Economic Estimation of Frontier. Journal of Econometrics, 1990 (46): 39 - 56.

[101] Baum JA, Oliver C. Institutional Linkages and Organizational Mortality [J]. Administrative Science Quarterly, 1991, 36 (02).

[102] BaumoL W J, Panzar J C, Willig R D. Contestable Markets and the Theory of Industry Structure [M]. New York: Harcourt Brace Jovanovich, 1982.

[103] Bayraktar N, Moreno - Dodson B. Impact of Public Spending and its Composition on Growth: An Empirical Analysis for Fast versus Slow Growing Developing Countries [C]. The 25th European Economic Association Congress, EEA, Glasgow - UK, August, 2010.

[104] Behn R D. Why Measure Performance? Different Purposes

Require Different Measures [J]. Public Administration Review, 2003, 63 (05): 586 - 604.

[105] Berger AN, Udell G F. The Economics of Small Business Finance: The Roles of Private Equity and Debt Markets in the Financial Growth Cycle [J]. Journal of Banking & Finance, 1998, 22 (6 - 8): 613 - 673.

[106] Berglund T P, Johansson E. The Entre - preneur's Initial Contact with a Venture Capitalist - Why Good Projects May Choose to Wait [BD/OL]. 1999 - 08 - 03. http: //w ww. ssrn. com.

[107] Berman E, Wang X. Performance Measurement in U. S. Counties: Capacity for Reform [J]. Public Administration Review, 2000, 60 (05): 409 - 420.

[108] Bernanke B, Gertler M, Gilchrist S. The financial accelerator and the flight to quality [J]. Review of Economics and Statistics, 1996, 78 (01): 1 - 15.

[109] Bernanke B S. Irreversibility, Uncertainty, and Cyclical investment [J]. The Quarterly Journal of Economics, 1983, 98 (01): 85 - 106.

[110] Bhagwati J. International Trade and Development by Gerald M. Meier [J]. Journal of Political Economy, 1964, 72 (06).

[111] Bharath S, Dahiya S, Saunders A, et al. So What do I Get? The Bank's View of Lending Relationships [J]. Journal of Financial Economics, 2007, 85 (02): 368 - 419.

[112] Bhattacharya S. Imperfect Information, Dividend Policy, and "the Bird in the Hand" Fallacy [J]. The Bell Journal of Economics, 1979: 259 - 270.

[113] Bils M, Klenow P J, Does Schooling Cause Growth? [J]. American Economic Review, 2000, 90: 1160 - 1183.

[114] Binz H L, Czarnitzki D. Financial Constraints: Routine Ver-

sus Cutting Edge R&D Investment [R]. ZEW Discussion Papers, 2008.

[115] Bishop M, Kay J. Does Privatisation Work? Lessons from the UK [C]. Centre for Business Strategy, London Business School, 1988.

[116] Blackwell M, Iacus S M, King G, et al. Cem: Coarsened Exact Matching in Stata [J]. Stata Journal, 2009, 9 (04): 524 -546.

[117] Bloom N, Reenen J V. Measuring and Explaining Management Practices Across Firms and Countries [J]. Quarterly Journal of Economics, 2007, 122 (01): 1351 -1408.

[118] Boeing P. The Allocation and Effectiveness of China's R&D Subsidies - Evidence from Listed Firms [J]. Research Policy, 2016, 45 (09): 1774 -1789.

[119] Boldrin M, Levine D K. Rent - seeking and Innovation [C]. Federal Reserve Bank of Minneapolis, 2004: 127 -160.

[120] Boot AWA, Milbourn T T, Schmeits A. Credit Ratings as Coordination Mechanisms [J]. The Review of Financial Studies, 2006, 19 (01): 81 -118.

[121] Bosworth B, Collins S M, Virmani A. Sources of Growth in the Indian Economy [C]. India Policy Forum. National Council of Applied Economic Research, 2007.

[122] Brandt L, Van Biesebroeck J, Zhang Y. Creative Accounting or Creative Destruction? Firm - level Productivity Growth in Chinese Manufacturing [C]. National Bureau of Economic Research, Inc, 2009: 339 -351.

[123] Brandt L, Zhu X. Accounting for China's Growth [J]. Iza Discussion Papers, 2010.

[124] Brandt L, Tombe T, Zhu X. Factor Market Distortions Across Time, Space, and Sectors in China [J]. Review of Economics Dynamics, 2012, 16 (01): 39 -58.

[125] Branscomb L., Auerswald P. E.. Between Invention and In-

novation an Analysis of Funding for Early – stage Technology Development [J]. NIST GCR, 2002: 2 – 841.

[126] Brown A, Wells G. Substitution Between Public and Private Consumption in Australian States [C]. Proceedings Australasian Meeting of The Econometric, 2008.

[127] Brubaker E. The Tragedy of the Public Budgetary Commons. The Independent Review, 1997, 1 (03): 353 – 370.

[128] Buera F J, Shin Y. Self – insurance vs. self – financing: A Welfare Analysis of the Persistence of Shocks [J]. Journal of Economic Theory, 2011, 146 (03): 845 – 862.

[129] Carl G, Thoh. How to Find, Select and Display Performance Meas, ures in Government. Cost Management, 2003, 17 (03): 31 – 38.

[130] Carlstrom C T, Fuerst T S. Agency costs, Net worth, and Business Fluctuations: a Computable General Equilibrium Analysis [J]. Social Science Electronic Publishing, 1997, 87 (05): 893 – 910.

[131] Caves D W, Christensen L R, Diewert W E. Multilateral Comparisons of Output, Input, Productivity Using Superlative Index Numbers. [J]. Economic Journal, 1982, 92 (365): 73 – 86.

[132] Chao J C P. And Herbert Grubel. Optimal Levels of Spending and Taxation in Canada, In Herbert Grubel, eds. How to use the fiscal surplus Vancouver: The Fraser Institute, 1998: 53 – 68.

[133] Chari V V, Kehoe P J, Ellen R. Mc Grattan. Business Cycle Accounting [J]. Econometrica, 2012, 75 (03): 781 – 836.

[134] Chari V V, Kehoe P J, Megrattan E R. Can Sticky Price Models Generate Volatile and Persistent Real Exchange Rate [J]. Review of Economic Studies, 2002, 69 (03): 533 – 563.

[135] Chari V V, Megrattan E R. Accounting for the Great Depression [J]. American Economic Review, 2003, 92 (Spr): 2 – 8.

[136] Chen J, Heng C S, Tan B C Y, et al. The Distinct Signaling Effects of R&D Subsidy and Non - R&D Subsidy on IPO Performance of IT Entrepreneurial Firms in China [J]. Research Policy, 2018, 47 (01): 108 - 120.

[137] Chen K, Irarrazabal A. Misallocation and the Recovery of Manufacturing TFP after a Financial Crisis [J]. Norges Bank: Working Papers, 2013.

[138] Chen K, Song Z. Financial Frictions on Capital Allocation: A Transmission Mechanism of TFP Fluctuations [J]. Journal of Monetary Economics, 2013, 60 (06): 683 - 703.

[139] Chow G C, Li K. China's Economic Growth: 1952 - 2010 [J]. Economic Development & Cultural Change, 2002, 51 (01): 247 - 256.

[140] Cifci M. Accounting Choice and Earnings Quality: The Case of Software Development [J]. European Accounting Review, 2010, 19 (03): 429 - 459.

[141] Clementi G L, Palazzo D. Entry, Exit, Firm Dynamics, and Aggregate Fluctuations", American Economic Journal: Macroeconomics, 2016, 8 (03): 1 - 41.

[142] Coelli T J. A Guide to Frontier Version 4.1: A Computer Program for Stochastic Frontier Production and Cost Function Estimation [C]. CEPA working papers, No. 7/96, Department of Econometrics, University of New England, Armidale, 1994.

[143] Colombier C. Growth Effects of Fiscal Policies: An Application of Robust Modified M - estimator [J]. Applied Economics, 2009 (41): 899 - 912.

[144] Colombo M G, Croce A, Guerini M. The Effect of Public Subsidies on Firms' Investment - cash Flow Sensitivity: Transient or Persistent? [J]. Research Policy, 2013, 42 (09): 1605 - 1623.

[145] Colombo M G, Grilli L, Murtinu S. R&D Subsidies and the Performance of High - tech Start - ups [J]. Economics Letters, 2011, 112 (01): 97 - 99.

[146] Connelly B L, Certo S T, Ireland R D, et al. Signaling Theory: A Review and Assessment [J]. Journal of Management, 2011, 37 (01): 39 - 67.

[147] Cooper R, Gong G, Yan P. Costly Labor Adjustment: General Equilibrium Effects of China's Employment Regulations and Financial Reforms [J]. The Economic Journal, 2018 (128): 1879 - 1922.

[148] Cooper R, Gong G, Yan P. Dynamic Labor Demand in China: Public and Private Objectives [J]. Rand Journal of Economics, 2015, 46 (03): 577 - 610.

[149] Cumming D. Government Policy Towards Entrepreneurial Finance: Innovation Investment Funds [J]. Journal of Business Venturing, 2007, 22 (02): 193 - 235.

[150] Cummins J G, Hassett KA, Oliner S D. Investment Behavior, Observable Expectations, and Internal Funds [J]. American Economic Review, 2006, 96 (03): 796 - 810.

[151] Czarnitzki D. Research and Development in Small and Medium - sized Enterprises: The Role of Financial Constraints and Public Funding [J]. Scottish Journal of Political Economy, 2006, 53 (03): 335 - 357.

[152] Dahiya S, Puri M, Saunders A. Bank Borrowers and Loan Sales: New Evidence on the Uniqueness of Bank Loans [J]. Journal of Business, 2003, 76 (04): 563 - 582.

[153] David J, Hopenhayn H A, Venkateswaran V. Information, Misallocation and Aggregate Productivity [C]. National Bureau of Economic Research, Inc, 2014.

[154] David N, King. Fiscal tiers: the Economics of Multi - lev-

el Government, London; Boston: G. Allen & Unwin, on Federal Financial Relationsthe Australian National University, 1984.

[155] Denison E F. Sources of Postwar Growth in Nine Western Countries [J]. American Economic Review, 1967, 57 (02): 325 -336.

[156] Dennis S A, Mullineaux D J. Syndicated loans [J]. Journal of Financial Intermediation, 2000, 9 (04): 404 -426.

[157] Diamond D W. Financial Intermediation as Delegated Monitoring [J] Review of Economic Studies, 1984, 51 (03): 393 -414.

[158] Diamond PA. Wage Determination and Efficiency in Search Equilibria [J]. Review of Economic Studies, 1982, 49 (02): 217 -227.

[159] Dias DA, Marques C R, Richmond C. Misallocation and Productivity in the Lead up to the Eurozone Crisis [J]. Journal of Macroeconomics, 2015 (49): 46 -70.

[160] Dickinson V. Cash Flow Patterns as a Proxy for Firm Life Cycle [J]. The Accounting Review, 2011, 86 (06): 1969 -1994.

[161] Doeringer PB, Piore M J. Internal Labor Markets and Manpower Analysis [J]. Industrial & Labor Relations Review, 1970: 344.

[162] Driscoll J C, Kraay A. Spatial Correlations in Panel Data. World Bank Policy Research Working Paper, No. 1553, 1995.

[163] Duarte M, Restuccia D. The Role of the Structural Transformation in Aggregate Productivity [J]. Quarterly Journal of Economies, 2009, 125 (01): 129 -173.

[164] Earlr, Brubaker. The Tragedy of the Public Budgetary Commons. The Independent Review, 1997, Vol. I No. 3: 353 -370.

[165] Efhyvoulou G, Vahter P. Financial Constraints, Innovation Performance and Sectoral Disaggregation [J]. The Manchester School, 2016, 84 (02): 125 -158.

[166] Ellwood S. Cost Based Pricing in the NHS Internal Market

[J]. Aston university, 1996.

[167] Ennew C T, Binks M R. The Provision of Finance to Small Businesses: Does the Banking Relationship Constrain Performance [J]. The Journal of Entrepreneurial Finance, 1995, 4 (01): 57 - 73.

[168] Erickson T, Whited T M. Measurement Error and the Relationship between Investment and q [J]. Journal of Political Economy, 2000, 108 (05): 1027 - 1057.

[169] Erosa A. Gonzalez B. Taxation and the Life Cycle of Firms [J]. Journal of Monetary Economics, 2019 (105): 114 - 130.

[170] Esteve V, Sanchis - Llopis J. Estimating the Substitutability between Private and Public Consumption: The Case of Spain, 1960 - 2003 [J]. Applied Economics, 2005, 37: 2327 - 2334.

[171] Fan J PH, Wong T J, Zhang TY. Politically Connected CEOs, Corporate Governance, and Post - IPO Performance of China's Newly Partially Privatized Firms [J]. Journal of Financial Economics, 2007, 84 (02): 330 - 357.

[172] Fan S, Rao N. Public Spending in Developing Countries - Trends, Determination and Impact. Environment and Production Technology Division. Discussion Paper No. 99. International Food Policy Research Institute (IFPRI) Washington, DC, 2003.

[173] Fan S, Saurkar A. Public Spending in Developing Countries: Trends, Determination and Impact (mimeo). FAO (Food and Agriculture Organisation of the United Nations), FAOSTAT online databases, Rome (http: // faostat. faoorg/default. aspx), 2006.

[174] Fare R, Chambers F L, Grosskopf S. Efficiency, Quantity Indexes, and Productivity Indexes: a Synthesis [J]. Bulletin of Economic Research, 1994, 46 (01): 1 - 21.

[175] Farrell M J. The Measurement of Technical Efficiency [J]. Journal of the Royal Statistical Society, Series A, General, 1957.

[176] Fazzari S, Hubbard R G, Petersen B. Investment, Financing Decisions, and Tax Policy [J]. American Economic Review, 1988, 78 (02): 200-205.

[177] Feldman M P, Kelley M R. The ex Ante Assessment of Knowledge Spillovers: Government R&D Policy, Economic Incentives and Private Firm Behavior [J]. Research Policy, 2006, 35 (10): 1509-1521.

[178] Finkelstein S, Boyd B K. How Much does the CEO Matter? The Role of Managerial Discretion in the Setting of CEO Compensation [J]. Academy of Management Journal, 1998, 41 (02): 179-199.

[179] Firth M, Lin C, Liu P, et al. Inside the Blackbox: Bank Credit Allocation in China's Private Sector [J]. Journal of Banking & Finance, 2009, 33 (06): 1144-1155.

[180] Fisher T C G, Waschik R G. Union Bargaining Power, Relative Wages, and Efficiency in Canada [J]. Canadian Journal of Economics/revue Canadienne D'conomique 2000, 33 (03): 742-765.

[181] Fisman R, Svensson J. Are Corruption and Taxation Really Harmful to Growth? Firm Level Evidence [J]. Journal of Development Economics, 2007, 83 (01): 63-75.

[182] Foster J E, Szekely M. Is Economic Growth Good for the Poor? Tracking Low Incomes Using General Means [J]. International Economic Review, 2008, 49 (04): 1143-1172.

[183] Foster L, Grim C, Haitiwanger J. Reallocation in the Great Recession: Cleansing or Not? [J]. Journal of Labor Economics, 2013, 34 (SI): 520-559 (40).

[184] Foster L, Haitiwanger J, Krizan C J. Reallocation, Firm Turnover, and Efficiency: Selection on Productivity or Profitability? [J]. American Economic Review, 1998 (01): 394-425.

[185] Freeman C. The Economics of Industrial Innovation [M].

2nd ed. London: Francis Pinter, 1982.

[186] GA. The Market for "lemons": Quality Uncertainty and the Market Mechanism [A]. Diamond P, Rothschild M. Uncertainty in Economics: Readings and Exercises [C]. New York: Academic Press, 1978.

[187] Gatti S, Kleimeier S, Megginson W L, et al. Arranger Certification in Project Finance [R]. EFA Athens Meetings Paper, 2008.

[188] Gibbons R. Game Theory for Applied Economists [M]. Princeton: Princeton University Press, 1992: 27 - 28.

[189] Gilchrist S, Himmelberg C P. Evidence on the Role of Cash Flow for Investment [J]. Journal of Monetary Economics, 1995, 36 (03): 541 - 572.

[190] Gill I, Kharas H. An East Asian Renaissance: Ideas for Economic Growth [J]. World Bank Publications, 2007.

[191] Goldstein M, Lardy N R. Debating China's Exchange Rate Policy [J]. Morris Goldstein, 2008 (01): 262 - 277.

[192] Griffith M, Mehra V, Woollen R. System and Method for Web Application Extensibility: US, US7814484 [P]. 2010.

[193] Guner N, Ventura G, Xu Y. Macroeconomic Implications of Size - dependent Policies [J]. Review of Economic Dynamics, 2007, 11 (04): 721 - 744.

[194] H. Leibenstein, Allocative Efficiency vs. X - Efficiency, The American Economic Review, June, 1966, Vol. 56, No. 3: 392 - 415.

[195] Hall B H, Lerner J. The Financing of R&D and Innovation [J]. Handbook of the Economics of Innovation, 2010, 1: 609 - 639.

[196] Hall R E, Jones C I, Why Do Some Countries Produce So Much More Output per Worker than Others? [J]. Quarterly journal of Economics, 1999, Vol. 114, No. 1: 83 - 116.

[197] Hall R E. Employment Fluctuations with Equilibrium Wage Stickiness [J]. American Economic Review, 2005, 95 (01): 50 - 65.

[198] Hallwood C P, Macdonald F L, Marsh I W. Realignment Expectations and the US Dollar, 1890 - 1897: Was there a 'Peso problem'? [J]. Journal of Monetary Economics, 2000, 46 (03): 605 - 620.

[199] Harding D, Negara S. Exploring the Role of Permanent and Transitory Shocks in Explaining the Business Cycle, Reserve Bank of Australia Workshop on Monetary Policy in Open Economies, Sydney, 2007.

[200] Harhoff D. Are there Financing Constraints for R&D and Investment in German Manufacturing firms? [M]//The Economics and Econometrics of Innovation. Springer, Boston, MA, 2000: 399 - 434.

[201] Harris J R, Todaro M P. Migration Unemployment and Development: a Two - sector Analysis [J]. American Economic Review, 1970, 60 (01): 126 - 142.

[202] Harrison AE, McMillan M S. Does Direct Foreign Investment Affect Domestic Credit Constraints? [J]. Journal of International Economics, 2003, 61 (01): 73 - 100.

[203] Hausmann R, Hwang J, Rodrik D—What you Export Matters [J]. Journal of Economic Growth, 2006, 12 (01): 1 - 25.

[204] Hayami Y, Kikuchi M. Investment Inducements to Public Infrastructure: Irrigation in the Philippines [J]. The Review of Economics and Statistics, MIT Press, 1978, 60 (01): 70 - 77.

[205] He Z, Milbradt K. Endogenous Liquidity and Defaultable Bonds [J]. Econometrica, 2014, 82 (04): 443 - 1508.

[206] Heitger B. The Scope of Government and Its Impact on Economic Growth in OECD Countries, Kiel Working Paper No. 1034, Kiel Institute of World Economics, 2001.

[207] Hellerstein J K, Neumark D. Workplace Segregation in the

United States: Race, Ethnicity, and Skill [J]. Review of Economics & Statistics, 2006, 90 (03): 459 -477.

[208] Henderson D J, Tochkov K, Badunenko O. A Drive up the Capital Coast? Contributions to Post - Reform Growth Across Chinese Provinces [J]. Journal of Macroeconomics Economics, 2007 (29): 569 -594.

[209] Henry O, Olekalns N. Are Private Sector Consumption Decisions Affected by Public Sector Consumption? [J]. Economic Record, 2001, 77 (239): 361 -373.

[210] Hibbs DA. Political Parties and Macroeconomic Policy [J]. American Political Science Review, 1977, 71 (71): 1467 -1487.

[211] Hicks A, Misra J. Two Perspectives on the Welfare State: Political Resources and the Growth of Welfare in Affluent Capitalist Democracies, 1960 - 1982 [J]. American Journal of Sociology, 1993, 99 (03): 668 -710.

[212] Hillman AL. Public Finance and Public Policy: Fesponsibilities and Limitations of Government [M]. Cambridge: Cambridge University Press, 2003.

[213] Ho T W, Nieh C C. Does the Expansionary Government Spending Crowd out the Private Consumption? Cointegration Analysis in Panel Data [J]. Quarterly Review of Economics and Finance, 2006, 46: 133 -148.

[214] Ho T W. Consumption and Government Spending Substitutability Revisited: Evidence from Taiwan [J]. Scottish Journal of Political Economy, 2001, 48 (05): 589 -604.

[215] Holmstrom B, Tirole J. Financial Intermediation, Loanable funds, and the Real Sector [J]. The Quarterly Journal of Economics, 1997, 112 (03): 663 -691.

[216] Holmstrom B, Milgrom P. Multitask Principal - Agent Ana-

lyses: Incentive Contracts, Asset Ownership, and Job Design [J]. Journal of Law, Economics and Organization, 1991 (07): 24 -52.

[217] Hopenhayn HA, Rogerson R. Job Turnover and Policy Evaluation: A General Equilibrium Analysis [J]. Journal of Political Economy, 1993, 101 (5): 915 -938.

[218] Hopenhayn HA. Entry, Exit and Firm Dynamics in Long Run Equilibrium [J]. Econometrica, v 1992, 60 (05): 1127 -1150.

[219] Hopenhayn HA. Firms, Misallocation, and Aggregate Productivity: A Review [J]. Annual Review of Economics, 2014, 6 (01): 735 -770.

[220] Howell S T. Financing Constraints as Barriers to Innovation: Evidence fom R&D Grants to Energy Startups [J]. SSRN 2687457, 2015.

[221] Howell S T. Financing innovation: Evidence from R&D Grants [J]. American Economic Review, 2017, 107 (04): 1136 -1164.

[222] Hsieh C T, Klenow PJ. Misallocation and Manufacturing TFP in China and India [J]. Quarterly Journal of Economics, 2009 (124): 1403 -1448.

[223] Huang J, Pang J -S, Option Pricing and Linear Complementarity [M]. Ithaca: Cornell University, 2003.

[224] Hulten C. The Measurement of Capital, in Berndt, Ernst R. and Jack Triplett eds. Fifty Years of Economic Measurement [M]. Chicago: University of Chicago Press, 1990.

[225] Hyytinen A, Toivanen O. Do Financial Constraints Hold back Innovation and Growth? Evidence on the Role of Public Policy [J]. Research Policy, 2005, 34 (09): 1385 -1403.

[226] Iacus S M, King G, Porro G, et al. Multivariate Matching Methods that are Monotonic Imbalance Bounding [J]. Journal of the American Statistical Association, 2011, 106 (493): 345 -361.

[227] Iacus S M, King G, Porro G. Matching for Causal Infer-

ence without Balance Checking [J]. 2008.

[228] Islam M, Fremeth A, Marcus A. Signaling by Early Stage Startups: US Government Research Grants and Venture Capital Funding [J]. Journal of Business Venturing, 2018, 33 (01): 35 -51.

[229] Jacques K T. Procyclicality, Bank Lending, and the Macroeconomic Implications of a Revised Basel Accord [J]. Financial Review, 2010, 45 (04): 915 -930.

[230] Jappellli T, Pagano M. Consumption and Capital Market Imperfection: An International Comparison [J]. American Economic Review, 1989, 79 (05): 1088 -1105.

[231] Jensen M C. Agency Costs of Free Cash Flow, Corporate Finance, and Takeovers [J]. American Economic Review, 1986, 76 (02): 323 -329.

[232] Jo I H, Senga T. Aggregate Consequences of Credit Subsidy Policies: Firm Dynamics and Misallocation [J]. Review of Economic Dynamics, 2019 (32): 68 -93.

[233] Jones C I. Misallocation, Economic Growth, and Input - Output Economics [J]. American Economic Journal: Macroeconomics, 2011 (03): 1 -28.

[234] Jones L E, Manuelli R E, Siu H E. Fluctuations in Convex Models of Endogenous Growth, 11: Business Cycle Properties [J]. Review of Economic Dynamics, 2005, 8 (04): 805 -828.

[235] Jorgenson D. Capital and Labor in Production: Comment. In the Theory and Empirical Analysis of Production, Studies in Income and Wealth [M]. New York: Columbia University Press, 1967. No. 31: 467 - 471.

[236] Jowett P, Rothwell M. Performance Indicators in the Public Sector [M]. London: Macmillan Press, 1988.

[237] Kakwani N, Son H H. How Costly is it to Achieve the Mil-

lennium Development Goal of Halving Poverty between 1990 and 2015 [C]. International Poverty Center Working Paper 19, UNDP, 2006.

[238] Kalirajan K PY, Shand R T. Causality between Technical and Allocative Efficiencies: an Empirical Testing [J]. Journal of Economic Studies, 1992, 19: 3 - 17.

[239] Kaplan SN, Stromberg P. Venture Capitals as Principals: Contracting, Screening, and Monitoring [J]. American Economic Review, 2001, 91 (02): 426 - 430.

[240] Kaplan SN, Zingales L. Do Investment - cash Flow Sensitivities Provide Useful Measures of Financing Constraints? [J]. The Quarterly Journal of Economics, 1997, 112 (01): 169 - 215.

[241] Karras G. Government Spending and Private Consumption: Some International Evidence, Journal of Money, Credit and Banking, 1994, 26 (01): 9 - 22.

[242] Kato R, Kiyotaki N, Moore J. Credit Cycles [J]. Journal of Political Economy, 1997, 105 (02): 211 - 248.

[243] Khan, A, Thomas J K. Credit Shocks and Aggregate Fluctuations in an Economy with Production Heterogeneity [J]. Journal of Political Economy, 2013, 121 (06), 1055 - 1107.

[244] King D N. Fiscal tiers: the Economics of Multi - level Government [M]. London: George Allen & Unwin, on Federal Financial Relations the Australian National University, 1984.

[245] Kleer, R. Government R&D Subsidies as a Signal for Private Investors [J]. Research Policy, 2010 Va1. 39 (10): 1361 - 1374.

[246] Koren M, Tenreyro S. Volatility and Development [J]. Quarterly Journal of Economics, 2005, 122 (01): 243 - 287.

[247] Kormendi R C. Government Debt, Government Spending, and Private Sector Behavior, American Economic Review, 1983, 73: 994 - 1010.

[248] Kornai J S. Contradictions and Dilemmas [M]. Massachusetts: MIT press, 1986.

[249] Kortums, Lerner J. Does Venture Capital Sput Innovation? [R]. Cambridge, MA: National Bureau of Economic Research, 1998.

[250] Kriiger J J, Cantner U. Micro – heterogeneity and Aggregate Productivity Development in the German Manufacturing Sector [J]. Journal of Evolutionary Economics, 2008, 18 (02): 119 – 133.

[251] Krishna, P., Levchenko, A. A.. Comparative Advantage, Complexity, and Volatility [J]. Journal of Economic Behavior & Organization, 2013, 94 (02): 314 – 329.

[252] Krueger AB, Forslund A. An Evaluation of the Swedish Active Labor Market Policy: New and Received Wisdom [J]. Social Science Electronic Publishing, 1994: 267 – 298.

[253] Kuznets S. Modem Economic Growth: Rate, Structure, and Spread [C]. Yale: Yale University Press, 1966.

[254] Laeven L. Does Financial Liberalization Relax Financing Constraints on Firms? [J]. Policy Research Working Paper, 2010, 23 (01): 27 – 49.

[255] Lagos R. A Model of TFP [J]. Review of Economic Studies, 2006, 73 (04): 983 – 1007.

[256] Landry R, Lamari M, Amara N. The Extent and Determinants of the Utilization of University Research in Government Agencies [J]. Public Administration Review, 2003, 63 (02): 192 – 205.

[257] Lee Y, Mukoyama T. A Model of Entry, Exit, and Plant – level Dynamics over the Business Cycle [J]. Journal of Economic Dynamics and Control, 2018, 96 (C): 1 – 25.

[258] Leibenstein H. Allocative Efficiency vs. X – Efficiency [J]. The American Economic Review, June, 1966, 56 (03): 392 – 415.

[259] Leland H E, Pyle D H. Informational Asymmetries, Finan-

cial Structure, and Financial Intermediation [J]. The Journal of Finance, 1977, 32 (02): 371 -387.

[260] Lerner J. When Bureaucrats Meet Entrepreneurs: The Design of Effective Public Venture Capital Programmes [J]. The Economic Journal. 2002, 112 (477): 73 -84.

[261] Lerner J. The Government as Venture Capitalist: The Long - Run Impact of the SBIR Program [J]. The Journal of Business, 1999, 72 (03): 285 -318.

[262] Levinsohn J, Petrin A. Estimating Production Function Using Inputs to Control for Observables [J]. Review of Economic Studies, 2000, 70 (02): 317 -341.

[263] Li Q Y, Zhao Q, Li J, et al. The Study of FDI, Financial Development and Local Capital Allocation Efficiency [J]. Journal of Financial Research, 2010, 35 (03): 103 -121.

[264] Loecker J D, Goldberg P K. Finn Performance in a Global Market [J]. Annual Review of Economics, 2014, 6 (01): 201 -227.

[265] Madrid - Guijarro A, Garcia - Perez - de - Lema D, Van Auken H. Financing Constraints and SME Innovation during Economic Crises [J]. Academia Revista Latinoamericana de Administracion, 2016, 29 (01): 84 -106.

[266] Maechler A, Roland - Holst D. Empirical Specifications for a General Equilibrium Analysis of Labor Market Policies and Adjustments [J]. OECD Development Centre Working Papers, 1995.

[267] Malmquist S. Index Numbers and Indifference Surfaces [J]. Trabajos De Estadistica, 1953, 4 (02): 209 -242.

[268] Mandl U, Dierx A, Ilzkovitz F. The Effectiveness and Efficiency of Public Spending [J]. Economic papers 301, February 2008.

[269] Marti J, Quas A. A Beacon in the Night: Government Certification of SMEs Towards Banks [J]. Small Business Economics,

2018, 50 (02): 397 -413.

[270] McKay A, Reis R. The Role of Automatic Stabilizers in the US Business Cycle [J]. Econometrica, 2016, 84 (01): 141 -194.

[271] McMillan M S, Rodrik D. Globalization, Structural Change and Productivity Growth [C]. Working Paper 17143. National Bureau of Economic Research 1050 Massachusetts Avenue Cambridge, MA 02138 June 2011.

[272] Meeusen W, Broeck J V D. Efficiency Estimation from Cobb - Douglas Production Functions with Composed Error [J]. International Economic Review, 1977, 18 (18): 435 -444.

[273] Melitz M J, Helpman E, Yeaple S R. Export versus FDI [C]. Harvard - Institute of Economic Research, 2003.

[274] Melitz M J. The Impact of Trade on Intra - Industry Reallocations and Aggregate Industry Productivity [J]. CEPR Discussion Papers, 2004, 71 (06): 1695 -1725.

[275] Meuleman M, De Maeseneire W. Do R&D Subsidies Affect SMEs'access to External Financing? [J]. Research Policy, 2012, 41 (03): 580 -591.

[276] Midrigan V, Xu DY. Finance and Misallocation: Evidence from Plant - Level Data [J]. American Economic Review, 2010, 104 (15647): 422 -458.

[277] Moll B, Itskhoki O. Optimal Development Policies with Financial Frictions [J]. NBER Working Papers, 2014: 228 -243.

[278] Moll B. Capital Misallocation and Productivity Losses from Financial Frictions [J]. Dissertations & Theses - Gradworks, 2010, 75 (04): 32 -41.

[279] Moll B. Hopenhayn Model in Continuous Time [EB/OL]. https: //www. princeton. edu/ ~moll/HACTproject/hopenhayn. pdf, 2018.

[280] Moll, Benjamin. 2018, "Hopenhayn Model in Continuous

Time ", https://www.princeton.edu/~ moll/HACT project/hopenhayn.pdf.

[281] Mortensen D T, Pissarides CA. Unemployment Responses to u Ski 11 - biased M Technology Shocks: The Role of Labour Market Policy [J]. Economic Journal, 1999, 109 (455): 242 - 265.

[282] Moyen N. Investment - cash flow sensitivities: Constrained Versus Unconstrained Firms [J]. The Journal of Finance, 2004, 59 (05): 2061 - 2092.

[283] Mulkay B, Hall B H, Mairesse J. Firm Level Investment and R&D in France and the United States: A Comparison [M]. Springer, Berlin, Heidelberg, 2001: 229 - 273.

[284] Musgrave RA, Peggy B. Public Finance in Theory and Practice (5th Edition) [Hardcover] [M]. New York: Mcgraw - Hill Book Company, 1989.

[285] Musgrave RA. Reconsidering the Fiscal Role of Government [J]. American Economic Review, 1997, 87: 156 - 159.

[286] Myers S C, Majluf N S. Corporate Financing and Investment Decisions when Firms have Information that Investors do not have [J]. Journal of Financial Economics, 1984, 13 (02): 187 - 221.

[287] Neumeyer PA S, Leris G, Neumeyer PA. Understanding Productivity During the Argentine Crisis [J]. Business School Working Papers, 2010.

[288] Nicholson - Crotty S, Theobald NA, Crotty JN. Disparate Measures: Public Managers and Performance - Measurement Strategies [J]. Public Administration Review, 2006, 66 (01): 101 - 113.

[289] Niskanen WA. Bureaucracy and Representative Government [J]. Transaction Publishers, 2007.

[290] Nordhaus W D. The Political Business Cycle [J]. Review of Economic Studies, 1975, 42 (02): 169 - 190.

[291] Oates W E. Fiscal Federalism [M]. New York: Harcourt Brace Jovanovich, 1972.

[292] Olley S. The Dynamics of Productivity in the Telecommunication Equipment Industry [J]. Econometrica, 1996 (64): 1263 - 1297.

[293] Olson M. The Logic of Collective Action. Cambridge: Harvard University Press, 1965.

[294] O'Toole C, Newman C. Investment Financing and Financial Development: Evidence from Viet Nam [J]. Review of Finance, 2017, 21 (04): 1639 - 1674.

[295] Ottonello P, Winberry T. Financial Heterogeneity and the Investment Channel of Monetary Policy [J]. National Bureau of Economic Research, 2018, No. w24221.

[296] Parkin M. Discriminating Between Keynesian and Classical Theories of the Business Cycle: Japan 1967 - 1982 [J]. 1984.

[297] Peden EA. Productivity in the United States and Its Relationship to Government Activity: An Analysis of 57 Years, 1929 - 1986 [J]. Public Choice, 1991, 69 (2): 153 - 173.

[298] Peek J, Rosengren E S, Tootell G M B. Identifying the Macroeconomic Effect of Loan Supply Shocks [J]. Journal of Money Credit & Banking, 2000, 35 (06): 931 - 946.

[299] Peng M W, Heath P S. The Growth of the Firm in Planned Economies in Transition: Institutions, Organizations, and Strategic Choice [J]. Academy of Management Review, 1996, 21 (02): 492 - 528.

[300] Peng M W, Tan J, Tong TW. Ownership Types and Strategic Groups in an Emerging Economy [J]. Journal of Management Studies, 2004, 41 (07): 1105 - 1129.

[301] Pevcin P. Does Optimal Size of Government Spending Exist? [EB/OL]. http: // soc. kulluven. Be /io / egpa/fin/paper/slov, 2004.

[302] Pot Erbaj. How Burdensome Are Capital Gains Taxes? Evidence from the United States [J]. Journal of Public Economics, 1987, 33 (02): 157 - 172.

[303] Psacharopoulos G. Returns to Investment in Education: Aglobal Update [J]. World Development. 1994, 22 (09): 1325 - 1343.

[304] Psillaki M, Eleftheriou K. Trade Credit, Bank Credit, and Flight to Quality: Evidence from French SMEs [J]. Journal of Small Business Management, 2015, 53 (04): 1219 - 1240.

[305] Ranis G, Fei J C H. Development of the Labor Surplus Economy: Theory and Policy [J]. Economic Journal, 1964 T 77 (306).

[306] Restuccia D, Rogerson, R. Policy Distortions and Aggregate Productivity with Heterogeneous Establishments [J]. Review of Economic Dynamics, 2008, 11 (04): 707 - 720.

[307] Rich Countries: A comment [J]. European Economic Review, 2006, 50: 211 - 218.

[308] Richard Abel Musgrave and Peggy B. Muscrave, Public Finance in Theory and Practice (5th Edition) [Hardcover], Mcgraw - Hill College, 1989.

[309] Robert E. Hall, Charlesi. Jines, Why Do Some Countries Produce So Much More Output per Worker than Others? Quarterly journal of Economics, 1999, Vol. 114, No. 1: 83 - 116.

[310] Robert Gibbons. Game Theory for Applied Economists. Princeton University Press, 1992: 27 - 28.

[311] Rodrik D, Kaplan E. Did the Malaysian Capital Controls Work? [C]. Harvard: Harvard University, John F. Kennedy School of Government, 2002.

[312] Rodrik D. What's So Special about China's Exports? [J].

China & World Economy, 2006, 14 (5): 1 – 19.

[313] Rogerson R. Structural Transformation and the Deterioration of European Labor Market Outcomes [J]. Journal of Political Economy, 2007, 116 (116): 235 – 259.

[314] Romzek B S, Dubnick M J. Accountability [M] //Jay M. Shafritz (Ed.), International Encyclopedia of Public Policy and Administration, 1998: 6 – 11.

[315] Ross S A. The Determination of Financial Structure: the Incentive – signalling Approach [J]. The Bell Journal of Economics, 1977: 23 – 40.

[316] Salvatore Schiavo – Campo. Strengthening Performance Public Expenditure Management. Asian Review of Public Administration, Vol. XI, 1999, No. 2: 23 – 44.

[317] Satchi M, Temple J. Labor Markets and Productivity in Developing Countries [J]. Review of Economic Dynamics, 2009, 12 (01): 183 – 204.

[318] Scaramozzino P, Temple J, Vulkan N. Implementation Cycles in the New Economy [J], Jonathan Temple, 2005.

[319] Schaltegger CA, Torgler B. Growth Effects of Public Expenditure on the State and Local Level: Evidence from a Sample of Rich Governments [J]. Applied Economics, 2006, 38: 1181 – 1192.

[320] Schertler. Venture Capital Contracts: A Sur – vey of the Recent Literature [R]. Kiel: Institute of World Economics, 2000.

[321] Schiavo – Campo S. Strengthening Performance Public Expenditure Management [J]. Asian Review of Public Administration, 1999, XI (02): 23 – 44.

[322] Schumpeter JA. Business Cycles: A Theoretical Historical and Statistical Analysis of the Capital Process [M]. New York: McGraw – Hill Book press, 1939 (02).

[323] Scully G W. What Is the Optimal Size of Government in the United States? NCPA Policy Report No. 188. Dallas: National Centre for Policy Analysis, 1994.

[324] Sean Nicholson—Crotty, NICK A. Theobald and Jill Nicholson Crotty. Disparate Measures: Public Managers and Performance—Measurement Strategies Public Administration Review. 2006, 66 (1): 101 – 113.

[325] Sedlacek P, Sterk V. Reviving American Entrepreneurship? Tax Reform and Business Dynamism [J]. Journal of Monetary Economics, 2019 (105): 94 – 108.

[326] Seifor LM. Data Envelopment Analysis: the Evolution of the State of the Art (1978 – 1995) [J]. The Journal of Productivity Analysis, 1996 (07): 99 – 137.

[327] Semenov R. Financial Systems, Financing Constraints and Investment: Empirical Analysis of OECD Countries [J]. Applied Economics, 2006, 38 (17): 1963 – 1974.

[328] Sheila Ellwooi. Cost Based Pricing in the NHS Internal Market, CIMA Publishing, 1996.

[329] Shepherd W G. Contestability vs. Competition [J]. American Economic Review, 1984, 74 (04): 572 – 587.

[330] Singh J V, Tucker D J, House R J. Organizational Legitimacy and the Liability of Newness [J]. Administrative Science Quarterly, 1986: 171 – 193.

[331] Söderblom A, Samuelsson M, Wiklund J, et al. Inside the Blackbox of Outcome Additionality: Effects of Early – stage Government Subsidies on Resource Accumulation and New Venture Performance [J]. Research Policy, 2015, 44 (08): 1501 – 1512.

[332] Solow R M. R Technical Change and the Aggregate Production Function [J]. Review of Economics & Statistics, 1957, 39

(03): 554 -562.

[333] Spence M. Job Market Signaling [J]. The Quarterly Journal of Economics, 1973, 87 (03): 355 -374.

[334] Stiglitz J E. Markets, Market Failures, and Development [J]. The American Economic Review, 1989, 79 (02): 197 -203.

[335] Stolper W F, Samuelson PA. Protection and Real Wages [J]. Review of Economic Studies, 1941, 9 (01): 58 -73.

[336] Syrquin B M, Chenery H B. Patterns of Development, 1950 to 1983 [M]. World Bank, 1989.

[337] Syrquin B M. Productivity Growth and Factor Reallocation, in Industrialization and Growth: A Comparative Study [J]. London: Oxford University Press, 1986.

[338] Syverson, C. What Determines Productivity? [J]. Journal of Economic Literature, 2011, 49 (15712): 326 -365.

[339] Temple - Raston D, Attfield C. Measuring Trend Output: How Useful are the Great Ratios? [J]. Social Science Electronic Publishing, 2004.

[340] Temple - Raston D. The Week the Fed Saved the World: an inside Glimpse at the Greenspan McDonough Ferguson Team's Backroom Maneuvering, Federal Reserve [J]. International Economy, 2001 (12).

[341] Tether B S. Who Co - operates for Innovation, and why: An empirical analysis [J]. Research Policy, 2002, 31 (06): 947 -967.

[342] Thomas J K, Khan A. Credit Shocks and Aggregate Fluctuations in an Economy with Production Heterogeneity [C]. Meeting Papers. Society for Economic Dynamics, 2010.

[343] Thor C G. How to Find, Select and Display Performance Measures in Government [J]. Cost Management, 2003, 17 (03): 31 -38.

[344] Timmer M P, Szirmai A. Productivity Growth in Asian Manufacturing: the Structural Bonus Hypothesis Examined [J]. Structural Change & Economic Dynamics, 2000, 11 (04): 371 - 392.

[345] Todaro M P. A Model for Labor Migration and Urban Unemployment in Less Developed Countries [J]. American Economic Review, 1969, 59 (01): 138 - 148.

[346] Tombe T, Winter J. Taxes Versus Standards (Again): Misallocation and Productivity Consequences of Energy and Emission Intensity Targets [C]. Working Paper, University of Calgary, 2012, 15 (01): 117 - 152.

[347] Treisman Daniel, Decentralization and the Quality of Government [C]. Working Paper, University of California, Los Angeles, November, 2000.

[348] Tsung - Wu HO. Consumption and Government Spending Substitutabilty Revisited: Evidence from Taiwan, Scottish Journal of Political Economy, 2001, Vol. 48, No. 5: 589 - 604.

[349] Ulrike Mandl, Adriaan Dierx, Fabienne Ilzkovitz. The Effectiveness and Efficiency of Public Spending. Economic Papers 301, February 2008.

[350] Wahab M. Economic Growth and Government Expenditure: Evidence from a New Test Specification [J]. Applied Economics, 2004 (36): 2125 - 2135.

[351] Wang H - J, Schmidt P. One - Step and Two - Step Estimation of the Effects of Exogenous Variables on Technical Efficiency Levels [J]. Journal of Productivity Analysis, 2002, 18: 129 - 144.

[352] Wang H - J. Nominal Data and the Production Smoothing Hypothesis [J]. Economics Letters, 2002, 76 (02): 245 - 250.

[353] Whalley J, Zhang S. A Numerical Simulation Analysis of (HUKOU) Labor Mobility Restriction in China [J]. Journal of Devel-

opment Economics, 2007, 83 (02): 392 -410.

[354] Whited TM, Wu G. Financial Constraints Risk [J]. The Review of Financial Studies, 2006, 19 (02): 531 -559.

[355] Whynes D K. Can Performance Monitoring Solve the Public Services Principle - agent Problem? [J]. Scottish Journal of Political Economy, 1993, 40 (04): 434 -446.

[356] William Aniskanen. Bureaucracy and Representative Government. Transaction Publishers, 2007.

[357] William J. Baumol, John C. Panzar, and Robert D. Willig, Contestable Markets and the Theory of Industry Structure, New York: Harcourt Brace Jovanovich, 1982.

[358] Williamson S D. Sectoral Shifts, Labor Market Sorting, and Aggregate Fluctuations [J]. International Economic Review, 1990, 31 (04): 935 -952.

[359] Wurgler J. Financial Markets and the Allocation of Capital [J]. Journal of Financial Economics, 1999, 58 (1 -2): 187 -214.

[360] Yavas A. Does too Much Government Investment Retard Economic Development of a Country [J]. Journal of Economic Studies, 1998, 25 (04), 296 -308.

[361] Yeaple S R, Keller W. Multinational Enterprises, International Trade, and Productivity Growth; Firm - Level Evidence from the United States [C]. International Monetary Fund, 2003.

[362] Younis T A. Quality Service: Consumer Responsiveness in the Public Sector in L. Montanheiro et al. (eds), Public and Private Sector Partnerships in the Global Context [M]. Sheffield: Sheffield Hallam University, 1995.

[363] Zhang X, Tan K. Incremental Reform and Distortions in China's Product and Factor Markets [J]. World Bank Economic Re-

view, 2007, 21 (02): 279 - 299.

[364] Ziebarth N L. Are China and India backward? Evidence from the 19th century U. S. Census of Manufactures [J]. Review of Economic Dynamics, 2011, 16 (01): 86 - 99.

附　　录

附表1　　新的政府补助会计准则及其账务处理（2017年5月）

内容清单	具体内容
明确适用范围	来源于政府的经济资源并不一定都属于政府补助，必须同时符合“无偿性”（“无对价”）指的特征
新增“净额法”进行会计处理	针对资产类和收益类的政府补助，允许企业在“总额法”和“净额法”之间进行选择。“净额法”是允许政府补助冲减相关资产账面价值或冲减相关会计期间的成本费用
新增“其他收益”项目	①要求企业区分收到的政府补助是否与日常活动相关，并据此判断应纳入营业利润还是营业外利润。然而企业时常难以区分 ②如果政府补助与其日常活动联系紧密，却计入了“营业外收入”，这属于操纵盈余 ③要求采用“总额法”核算政府补助的企业，增设“其他收益”会计科目，同时在利润表中的“营业利润”项目之上增加“其他收益”项目
资产类政府补助不再统一按“直线法”分摊	某些固定资产和无形资产本身的折旧或摊销方法并不是直线法，简单按照直线法摊销，未必合理。故此，递延收益的摊销由“平均分配”改为“按照合理、系统的方法”

续表

内容清单	具体内容
规范了财政贴息资金的会计处理	①按照拨付对象分情况做会计处理。若拨付给贷款银行，贷款银行以优惠利率为企业提供贷款，贷款企业可以选择简化处理，或是按公允价值计量并调整实际利率两种方法进行账务处理。若直接拨给贷款企业，企业应将贴息冲减借款费用； ②正确理解准则中的"借款费用"，是准确把握财政贴息是否计入资本化金额的关键； ③按照《企业会计准则第 17 号——借款费用》中的规定，借款费用应该资本化的，财政贴息冲减相关资产的成本；借款费用应该费用化的，财政贴息冲减"财务费用"，企业直接从政府取得的财政贴息资金不再计入"营业外收入"

附表 2　　政府补助相关信息的披露要求（2013 年 9 月）

《解释性公告第 2 号》条款	具体内容
1. 公司应在财务报表附注的会计政策部分披露相关的具体会计政策	①区分与资产类、收益类的具体标准，以及划分相关的判断依据； ②相关的递延收益的摊销方法以及摊销期限的确认方法； ③政府补助的确认时点
2. 报告期末按应收金额确认的会计处理	①公司应按补助单位和补助项目逐项披露应收款项的期末余额、账龄以及预计收取的时间、金额及依据； ②如公司未能在预计时点收到预计金额的政府补助，公司应披露原因
3. 重要性原则	①对涉及政府补助的负债项目，在财务报表附注的相关项目下，逐项披露相关期初余额、本期新增补助金额、本期计入营业外收入金额、本期转入资本公积金额以及期末余额； ②对于相关文件未明确规定补助对象的政府补助项目，公司还应单独说明其划分依据； ③对于计入当期损益的政府补助，分项披露本期发生额及上期发生额

续表

《解释性公告第 2 号》条款	具体内容
4. 非经常性损益	公司应根据《公开发行证券的公司信息披露解释性公告第 1 号——非经常性损益》的相关规定披露计入当期损益的政府补助是否属于非经常性损益，如作为经常性损益，则应在财务报表补充资料中逐项披露理由

附表 3　　特惠型产业政策的具体内容

特惠种类	具体内容
税额式	①从事国家重点扶持的公共基础设施项目投资经营的所得（三免三减半）；②从事符合条件的环境保护、节能节水项目所得（三免三减半）；③符合条件的技术转让所得（免征或者减征）；④企业购置用于环境保护、节能节水、安全生产等专用设备的投资额，按投资设备额 10% 抵税
税基式	①企业综合利用资源，生产符合国家产业政策规定的产品所得收入，减按 90%；②企业开发新技术、新产品、新工艺发生的研发费用加计 50% 扣除；③三新费用形成的无形资产，按照 150% 摊销；投资未上市中小高新企业 2 年以上的，按投资额的 70% 抵扣相应的纳税所得额；④鼓励技术进步型企业固定资产加速折旧
税率式	①小型微利企业，符合条件则减按 20% 计征企业所得税；②国家重点扶持的高新技术企业，减按 15% 的税率征收企业所得税

附表 4　　研发费用加计扣除政策的变迁

时间段	文件名称	主要内容表述	文件意义
1996—2002 年	《财政部　国家税务总局关于促进企业技术进步有关财务税收问题的通知》（财工字〔1996〕41 号）	国有、集体工业企业的三新费用增长幅度在 10% 以上的，经主管税务机关审核批准，可再按实际发生额的 50% 抵扣应税所得额	首次明确了研发费用税前加计扣除问题

续表

时间段	文件名称	主要内容表述	文件意义
1996—2002年	《国家税务总局关于促进企业技术进步有关税收问题的补充通知》（国税发〔1996〕152号）		对相关政策执行口径进行了细化
2003—2007年	《关于扩大企业技术开发费用加计扣除政策适用范围的通知》（财税〔2003〕244号）	所有财务核算制度健全，实行查账征收企业所得税的各种所有制的工业企业均可享受优惠	扩大了研发费用加计扣除政策享受主体
	《财政部　国家税务总局关于企业技术创新有关企业所得税优惠政策的通知》（财税〔2006〕88号）	在工业企业基础上，扩大到“财务核算制度健全、实行查账征税的内外资企业、科研机构、大专院校等”	进一步对享受研发费用加计扣除主体进行扩围
	《关于做好已取消和下放管理的企业所得税审批项目后续管理工作的通知》（国税发〔2004〕82号）	明确研发费用加计扣除政策，改由纳税人自主申报扣除	主管税务机关审核批准制度被取消
2008—2012年	《企业研究开发费用税前扣除管理办法（试行）》（国税发〔2008〕116号）	对研发费用加计扣除政策做出了系统而详细的规定	将研发费用加计扣除优惠政策以法律形式予以确认
	《国家税务总局关于企业所得税若干税务事项衔接问题的通知》（国税函〔2009〕98号）	“企业技术开发费加计扣除部分已形成企业年度亏损，可以用以后年度所得弥补，但结转年限最长不得超过5年”	明确新旧税法衔接问题

续表

时间段	文件名称	主要内容表述	文件意义
2013 年至今	《关于研究开发费用税前加计扣除有关政策问题的通知》（财税〔2013〕70 号）		试点政策推广到全国
	《关于完善研究开发费用税前加计扣除政策的通知》（财税〔2015〕119 号）	放宽了享受优惠的企业研发活动及研发费用的范围，大幅减少了研发费用加计扣除口径与高新技术企业认定研发费用归集口径的差异	首次明确了负面清单制度
	《国家税务总局关于企业研究开发费用税前加计扣除政策有关问题的公告》（国家税务总局 2015 年第 97 号		简化了研发费用在税务处理中的归集、核算及备案管理，进一步降低了企业享受优惠的门槛
	《关于提高科技型中小企业研究开发费用税前加计扣除比例的通知》（财税〔2017〕34 号）	将科技型中小企业享受研发费用加计扣除比例由 50% 提高到 75%	
	《关于提高科技型中小企业研究开发费用税前加计扣除比例有关问题的公告》（国家税务总局公告 2017 年第 18 号）	进一步明确政策执行口径，保证优惠政策的贯彻实施	三部门还印发了《科技型中小企业评价办法》，明确了科技型中小企业评价标准和程序

续表

时间段	文件名称	主要内容表述	文件意义
2013 年至今	《国家税务总局关于研发费用税前加计扣除归集范围有关问题的公告》（国家税务总局公告 2017 年第 40 号）		聚焦研发费用归集范围，完善和明确了部分研发费用掌握口径

附表 5　　两类市场失灵概念的比较

失灵类型	成因	经济后果	研发激励政策主旨	税收优惠行为逻辑
知识市场的失灵	知识的正外部性	企业研发投入意愿不足	弥补创新成本	关注政策的创新增量效应本身
资本市场的失灵	企业家与投资人信息不对称	企业投入的财务实力不足	缓解融资约束	关注政策对企业外部融资的信号效应

附：此表按照李彰和苏竣（2017）提出的增量—信号分析框架以及国外专家关于政府科技计划前沿问题的说法制作而成。

附表 6　　高新认定条件

项目	主要内容
2008 年版，需同时满足 6 个条件	①在中国境内（不含港、澳、台地区）注册的企业，近 3 年内通过自主研发、受让、受赠、并购等方式，或通过 5 年以上的独占许可方式，对其主要产品（服务）的核心技术拥有自主知识产权
	②产品（服务）应属于《国家重点支持的高新技术领域》规定的范围
	③具有大学专科以上学历的科技人员占企业当年职工总数的 30% 以上，其中研发人员占企业当年职工总数的 10% 以上

续表

项目	主要内容
2008 年版，需同时满足 6 个条件	④近三个会计年度（实际经营期不满三年的按实际经营时间计算）的研究开发费用总额占销售收入总额的比例不低于如下要求： 1. 最近一年销售收入≤5000 万，比例≥6%； 2. 5000 万 < 收入≤20000 万，比例≥4%； 3. 收入 >20000 万元，比例≥3%； 其中，在中国境内发生的研究开发费用总额占全部研究开发费用总额的比例不低于 60%
	⑤高新技术产品（服务）收入占企业当年总收入的 60% 以上
	⑥研究开发组织管理水平、科技成果转化能力、自主知识产权数量、销售与总资产成长性等指标符合《高新技术企业认定管理工作指引》的要求
2016 年版需同时满足 8 个条件	①申请认定时须注册成立一年以上
	②通过自主研发、受让、受赠、并购等方式，获得对其主要产品（服务）在技术上发挥核心支持作用的知识产权的所有权
	③对企业主要产品（服务）发挥核心支持作用的技术属于《国家重点支持的高新技术领域》规定的范围
	④从事研发和相关技术创新活动的科技人员占企业当年职工总数的比例不低于 10%
	⑤近三个会计年度（实际经营期不满三年的按实际经营时间计算，下同）的研究开发费用总额占同期销售收入总额的比例符合如下要求： 1. 最近一年销售收入≤5000 万，比例≥5%； 2. 5000 万 < 最近一年销售收入≤20000 万，比例≥4%； 3. 最近一年销售收入 >20000 万元，比例≥3%。 其中，在中国境内发生的研究开发费用总额占全部研究开发费用总额的比例不低于 60%
	⑥近一年高新技术产品（服务）收入占企业同期总收入的比例不低于 60%
	⑦创新能力评价应达到相应要求
	⑧申请认定前一年内未发生重大安全、重大质量事故或严重环境违法行为